JOURNAL DE FIDUS

JOURNAL DE FIDUS

LA RÉVOLUTION
DE SEPTEMBRE

PARIS ASSIÉGÉ

PARIS

NOUVELLE LIBRAIRIE PARISIENNE
ALBERT SAVINE, ÉDITEUR
18, Rue Drouot, 18

1889

La France était prospère; l'Empire puissant et fort semblait un édifice élevé sur de solides fondements. A ce moment, l'attention de quelques observateurs fut éveillée par un craquement suivi bientôt d'autres de plus en plus menaçants et, levant les yeux, ils virent dans l'édifice une fissure déjà profonde, qui en annonçait la destruction prochaine, sans que ceux qui l'habitaient parussent s'en apercevoir.

Les pages que l'on va lire sont d'un de ces observateurs qui, les regards attachés sur l'Empire miné, consterné de l'inertie des gouvernants, en face de l'imminente catastrophe, notait d'heure en heure les symptômes de sa ruine, et, témoin impuissant, attendait avec anxiété l'inévitable effondrement.

JOURNAL DE FIDUS

PRÉLUDES DE LA RÉVOLUTION

Premiers symptômes de la conspiration républicaine à Paris, — en Province, — à la Chambre. — Le ministère Ollivier. — Le Parlementarisme. — Le meurtre de Victor Noir. — Le Plébiscite. — Le peintre Courbet. — La Guerre et l'opinion. — Premiers échecs. — L'Émeute et la Chambre. — Inertie du Ministère. — Prévision de la Catastrophe.

Octobre 1868. — Passage à Paris de mon ami, M. le baron Jorant, premier avocat général à Bordeaux, lequel est allé voir quatre ministres : MM. Baroche, Duruy, Pinard et Forcade de la Roquette, pour leur signaler la violence de l'opposition en province. M. Baroche a dit qu'il était malade de la vessie, que, dans trois mois, il ne serait plus ministre, et qu'on le laissât tranquille ; M. Duruy, que la loi sur les réunions, etc., existait, et qu'il fallait simplement l'exécuter ; M. Forcade, que les gens de province s'exagéraient singulièrement toutes choses, s'en faisaient des montagnes, etc. ; M. Pinard a reconnu le danger, mais a ajourné, pour y remédier, au lendemain des élections ; alors, on revisera les lois, s'il y a lieu.

22 *Mars* 1869. — Entretien avec M. Louis Veuillot, que je n'avais pas vu depuis long-temps : il juge la catastrophe sociale imminente, voit le gouvernement aveuglé, le triomphe des ennemis du Christianisme, prochainement, jusqu'à ce que...

7 *Juin*. — Aux secondes élections, M. Thiers est nommé. M. *** est allé, le soir, au comité, qui se tient dans l'ancien appartement de M. Berryer. Il y avait trois à quatre cents personnes qui comptaient les résultats partiels. Quand le résultat définitif fut connu, des applaudissements éclatèrent; on appela M. Thiers, qui parut; M. Dufaure lui adressa un discours; M. Thiers répondit, au milieu des acclamations et des bravos : il dit qu' « il vivrait toujours pour la liberté »; mais, après quelques mots, soit l'émotion du moment, soit la détente d'une action si longue, depuis trois semaines, les larmes lui vinrent aux yeux et il ne put poursuivre. On l'accompagna dans la rue et l'ovation se continua jusque chez lui. Cette élection est un grave échec pour le gouvernement.

16 *Juin*. — M. le général ***, aide de camp de l'Empereur, me parle de la mauvaise organisation de la garde mobile, et de son impuissance; elle sera forcément supprimée ou modifiée. Il me rapporte aussi un fait important, non connu, à propos des dernières émeutes. On était fort inquiet aux Tuileries, les rapports inquiétaient; l'Impératrice était pour l'action énergique immédiate; l'Empereur, pour la douceur, jusqu'au moment où ce serait indispensable. On apprit qu'il y avait un plan ainsi conçu : les émeutiers, par bandes de dix, et que ce petit nombre ne ferait pas soupçonner, se seraient avancés vers les Tuileries ; à une minute fixée, ils y auraient pénétré de tous côtés, avant que les troupes fussent sur pied et prêtes, auraient envahi le palais et tué l'Empereur. On prit des précautions extraordinaires : outre le bataillon de service, on consigna dans la salle des Etats un bataillon tout entier, sac au dos, toute la nuit. Il me confirme, du reste, que les ordres les plus doux avaient été donnés aux chefs de corps, pour éviter toute effusion de sang et ne pas tirer.

22 *Juin*. — On craint des troubles pour le 28, jour de la convocation des Chambres; les lettres que je reçois de province témoignent de l'anxiété générale.

15 *Juillet*. — M. Thoinnet de la Turmelière, député et chambellan, que je connais depuis de longues années, me dit que, dès son retour à Paris, il y a trois semaines, il s'était décidé à se jeter dans le tiers-parti, ce qui signifie que, du premier moment, il a vu (ou cru voir, j'espère) les dispositions de l'Empereur. En suivant avec un peu d'attention la conduite des courtisans, on devinerait, par la marche de ces satellites, l'orbite que décrit le grand astre.

20 *Juillet.* — M. Migneret, qui est souvent commissaire du gouvernement à la Chambre, en qualité de conseiller d'État, a remarqué, me dit-il, que, depuis les élections, la violence de langage et de gestes des membres de la gauche s'est beaucoup accrue; « mais cette violence est affectée, particulièrement chez M. J. Simon; ils tiennent à paraître à la hauteur de leur tâche, vis-à-vis de leurs électeurs : les femmes de ces députés suivent assiduement les séances et expriment énergiquement leur opinion par leurs exclamations et les invectives qu'elles adressent aux adversaires de leurs époux ».

Août-septembre. — (En province.) *A Nantes,* on vient de fonder un nouveau journal légitimiste : la *Gazette de l'Ouest.* Il y en avait déjà un : l'*Espérance du peuple* ; mais les partis sont si exaspérés par le désir de renverser le gouvernement, qu'on n'a pas trouvé l'*Espérance* assez énergique; on veut battre le pouvoir de tous côtés et incessamment. On a adressé un appel à la Bretagne, à l'Anjou, à la Vendée, et fait les fonds d'un journal, dont a été nommé rédacteur en chef M. de Rorthays. La fondation d'un journal semblable à Rennes a été également décidée.

En même temps, les républicains vont fonder un journal plus violent que le *Phare de la Loire*, à Nantes. Tout conspire pour une bataille générale, les ennemis de l'Empire annoncent d'avance leur triomphe.

(En Poitou.) M. Bonnet, président de chambre à la cour de Poitiers, avec qui je viens de passer quelque temps à la campagne, m'a appris que Mᵍʳ Pie, évêque de Poitiers, était raccommodé avec le gouvernement, depuis le mois d'août 1868, et il m'en a donné ce qu'il a appelé une *preuve officielle*. En qualité de président de chambre, il remplit, pendant une partie des vacances, les fonctions de Premier président. Or, au commencement du mois d'août 1868, il reçut du ministre une dépêche, où on l'avertissait que, les rapports de l'Évêque et du gouvernement étant changés, la Cour aurait désormais à le visiter et à le traiter comme les autres hauts fonctionnaires. En effet, peu de temps après, l'Évêque alla dîner chez le préfet, le maire, etc.

6 *Octobre*. — (A Paris.) Je me suis entretenu longuement de la situation politique avec M. Bourbeau, ministre de l'instruction publique, qui a été mon professeur de droit à Poitiers, et qui m'a même donné des répétitions de droit. Je lui ai fait part de mes observations en province; je l'ai trouvé fort effrayé.

« La France, m'a-t-il dit. qui a demandé des

libertés, ne sait pas au juste ce qu'elle veut;
il y a quelque doute que cet essai se fasse
sans troubles graves; ce que l'on poursuit,
en réalité, ce n'est pas seulement un changement politique, mais un bouleversement
social. » Ses sentiments en faveur de la
défense de la Religion se sont aussi très énergiquement manifestés. Il prépare une loi sur
la liberté de l'enseignement supérieur : « mais,
a-t-il ajouté, je la présenterai, parce que, si je
ne le faisais pas, les députés l'exigeraient !
Seulement, l'effet sera plus mauvais que bon,
le clergé s'abuse; ce n'est pas à ses cours
religieux que le public ira, mais aux cours de
Taine et de Renan. »

26 *Octobre.* — Ce jour-ci était la date fixée
pour une manifestation, qui pouvait devenir
une révolution; malgré le désistement des
journaux les plus hostiles et les conseils des
députés de l'Opposition, on s'attendait à
quelque chose; tout Paris était dans l'anxiété,
les affaires suspendues. Le gouvernement
avait pris les plus grandes précautions, l'armée
avait reçu des cartouches, toutes les troupes
étaient consignées. — Il n'y a eu aucun
trouble.

Cependant, les journaux démocratiques ont
tellement excité les populations qu'elles en
sont comme insensées. Des renseignements me
sont donnés de plusieurs côtés sur l'état des

esprits en province : en Berry, l'on s'attend à une révolution d'ici à la fin de l'année, et l'on parle du partage des biens ; en Bourgogne, les châtelains n'osent plus sortir qu'avec des armes ; ils sont insultés par les paysans ; à L***, ville calme de l'Ouest, et population douce, les ouvriers abusés se sont d'avance partagé les châteaux et les propriétés : ils s'appellent du nom de ces châteaux : M. de Verrière, M. de La Motte, M. de Sautone, etc. Mme la comtesse d'O***, qui a su que son fer-blantier s'était adjugé son château de Verrière, est allée chez lui, et lui a dit : « En attendant que vous en soyiez devenu possesseur, je vous prie de ne plus y remettre les pieds, et je vous ôte ma pratique. »

Ces inquiétudes ont fait perdre beaucoup d'argent au commerce ; de toutes parts, on a cessé les commandes ; tout se traite au comptant.

27 *Octobre.* — Le seul fait marquant de la journée d'hier a été l'incartade de M. Gagne, le célèbre fou, au pied de l'obélisque, où il s'est mis à déclamer des vers, devant quelques badauds, et aussi devant quelques farceurs qui, affectant de le prendre pour un mendiant, lui jetèrent des sous, ce qui fut imité par le reste des assistants. Le soir même, M. E. S***, rédacteur du *Moniteur*, rencontra, rue du Dragon, M. Georges Seigneur, accom-

pagné d'un monsieur : « Avez-vous vu la manifestation ? demanda M. G. Seigneur à M. E. S***. — Il n'y a rien eu, dit M. E. S***, excepté M. Gagne, à qui l'on a jeté des sous. » Il allait continuer, quand M. G. Seigneur lui dit : « Je vous présente M. Gagne. — Ah ! monsieur, s'écria celui-ci, je me croyais au-dessus de toutes les insultes, mais je ne m'attendais pas à celle-ci ; elle m'a frappé au cœur ! » — M. Gagne est le mari d'une femme poète, qui, sous le nom d'Elise Moreau, débuta avec quelque talent et attira l'attention des écrivains les plus distingués. Elle avait du bon sens alors ; depuis, elle semble partager la folie de son mari.

6 *Novembre.* — M. le docteur Bourdin, de Choisy-le-Roy, qui a assisté au congrès de statistique tenu à la Haye, comme délégué de la *Société de statistique* de France, m'a rapporté l'incident le plus intéressant de la session : M. Pascal Duprat a fait une motion où se trouvaient ces mots : « Dans l'état actuel de l'Europe, etc. », et qui tendait à démontrer la nécessité d'une prochaine révolution sociale ; M. le docteur Bourdin s'y est opposé, ne voulant pas qu'on introduisît la politique dans un congrès tout spécial. Là-dessus, vive réplique de M. Pascal Duprat, qui a été appuyé par presque tous les journalistes et par la majorité des membres Belges. Hollandais, Alle-

mands et Français, parmi lesquels dominait l'élément révolutionnaire. Le roi a été fort mécontent de cet esclandre.

L'unique langue que l'on parlait au congrès était le Français ; pour parler dans une autre langue, il fallait en demander la permission, ce que personne n'a fait.

18 *Novembre*. — A un grand dîner, hier, chez M. ***, M. Pelletan a raconté la séance du club de Clichy, où les députés de la gauche furent si malmenés. M. Pelletan, entre autres détails, a rapporté celui-ci, que je n'ai pas vu dans les journaux: « Quand les députés entrèrent, on s'écria : Voici nos commis ! couvrons-nous ! »

10 *Décembre*. — M. Bourbeau m'a demandé ce que l'on disait des modifications ministérielles. Je lui ai répondu que l'on ne doutait pas qu'elles n'eussent lieu prochainement, mais que son nom était maintenu sur toutes les listes, sauf une, avec le nom des ministres de la guerre et de la marine, que j'en avais eu, du reste, la confirmation, en voyant défiler, à sa dernière réception du 8, tous les chefs du centre gauche et du centre droit : « Oui, m'a dit le ministre, *je suis bien avec tous ces messieurs.* » Mot caractéristique du changement politique qui s'est fait depuis six mois. Autrefois, un ministre eût dit: L'Empereur tient à moi, il me gardera ! — Aujourd'hui, il dit: Je

suis bien avec la fraction de la Chambre qui fait et défait les ministres; je resterai.

M. le général ***, aide de camp de l'Empereur, me dit que ce qui frappe le plus dans la vie intime de tous les jours qu'il mène avec lui, c'est son calme inaltérable et sa gaieté : l'Empereur saisit toutes les occasions de mettre les gens en train, et s'y met lui-même.

28 *Décembre.* — Les ministres ont donné aujourd'hui leur démission; reste à savoir ceux qui demeureront ministres. Mme E. L... est allé voir Mme Bourbeau, qui n'avait — à son jour — qu'une autre dame en visite, Mme Hippeau. Elle semblait assez préoccupée, et il lui est échappé un mot véritablement comique. Les petits journaux ont monté contre M. Bourbeau, dès son début, ce qu'on appelle une *scie;* ils disaient de lui, à tout instant : Bourbeau *manque de prestige;* ce mot a fini par ne plus être séparé de son nom, et ce ridicule jeté, sans le connaître, sur un homme de valeur, a peut-être contribué à le renverser. Or, la conversation vaguant de sujets en sujets, les trois dames en sont venues à parler de la Chambre et des divers députés en renom; on a cité M. Glais-Bizoin, et Mme Bourbeau s'est échappée à dire: « Oh! il *manque de prestige !*» Elle n'a, pour ainsi dire, pas fini le mot, tant la réflexion est venue vite; mais il était lancé, et ses deux interlocutrices se mordaient les

lèvres et n'osaient se regarder, de peur d'éclater de rire. Il y a eu un petit temps d'arrêt, toutes trois étant diversement embarrassées, puis on a repris la conversation.

1870. — L'année a commencé par la retraite de M. Bourbeau, ce qui a étonné le public, son nom ayant figuré sur les listes ministérielles jusqu'au dernier moment, et n'ayant été rayé que le jour même où a été signé le décret. Il part regretté de l'administration et considéré comme un très honnête homme. Il aura été victime de l'avidité d'ambitieux, à qui la curée ordinaire ne suffisait pas, pour qui il a fallu créer deux ministères et sacrifier deux ministres qu'on voulait conserver. Du reste, on doit convenir que ce nouveau ministère est bien accueilli par l'opinion ; on en espère beaucoup. Jamais, en outre, même sous la Restauration, il n'y eut un ministère composé de plus d'hommes religieux.

6 *Janvier*. — Je suis allé voir M. Bourbeau qui, jusqu'ici, n'a pas eu de dédommagement. Je l'ai trouvé dans un hôtel garni, rue de Baune, 7, au deuxième étage, petite porte, ses souliers à la porte, dans une chambre de 4 francs au plus, avec deux fauteuils et deux chaises, un secrétaire et une table. Il était encore couché : je suis entré, après avoir frappé et j'ai ouvert ses rideaux. Il s'est levé précipitamment et s'est efforcé d'allumer son feu lui-

même, en entassant les journaux. C'était saisissant de voir ce changement instantané après les salons dorés du ministère. Il a été fort touché de ma visite. Il m'a raconté comment il avait été de la combinaison ministérielle jusqu'au 2 janvier. Il m'a fait lire une lettre de M. Emile Ollivier qui, le 2 janvier, lui disait : « Il fallait un ministère à Segris ; il n'y avait que l'instruction publique. Sans cette concession, tout était rompu ; mais j'espère que ce n'est qu'une séparation momentanée. » Là-dessus, il m'a dit : « On m'a fait entendre que je rentrerais, et le fait est que Segris a déjà eu une attaque de paralysie. »

Il a jugé ensuite le nouveau ministère : « Ce sont d'honnêtes gens ; mais, qu'on ne s'y trompe pas, il y a là une nuance Orléaniste et de la *Gazette de France*. La droite n'est pas contente et une partie va les combattre. »

Il m'a assuré, à plusieurs reprises, qu'il n'avait rien demandé pour lui, et qu'il ne ferait aucune allusion à sa situation, quand il verrait l'Empereur. Il a été député, à son corps défendant ; il a abandonné sa position de Doyen de la Faculté de droit, de maire, d'avocat ; il gagnait quarante mille francs par an ; le voilà à la portion congrue ; on lui doit une réparation. — J'ai vu, par cette conversation, combien même les hommes les plus sages sont froissés de n'être plus ministres : ses regrets lui échappaient, malgré lui, par ces petites critiques, et ses espérances par le mot sur M. Segris.

Je lui ai dit, et je le pense, que je n'avais pas foi dans ce nouveau ministère : 1° parce qu'on l'accueille bien, et l'engouement à Paris ne dure pas ; 2° parce qu'il est issu du régime parlementaire, et que vingt autres députés avides de devenir ministres vont le combattre bientôt ; 3° parce que le temps des grandes choses est passé, et qu'est venu celui des grands discours et des compétitions de portefeuilles.

9 *Janvier*. — Les nouveaux ministres sont si peu habitués aux grandeurs, qu'ils croyaient ne pouvoir venir voir l'Empereur et lui parler, sinon tous ensemble, en conseil, et n'osaient se présenter séparément. L'un d'eux, enfin, l'a tenté, en s'excusant : le général ***, aide de camp de service, lui a dit : « Mais monsieur le ministre, tous vos prédécesseurs n'agissaient pas autrement. » De sorte qu'il est entré bravement et, depuis, les autres en ont fait autant.

13 *Janvier*. — J'ai revu M. Bourbeau, à son hôtel garni de la rue de Baune : « Ce ministère aura une majorité flottante, a-t-il dit, et nous l'aurions eue, nous, bien plus complète. » Ce en quoi je crois qu'il s'abuse, comme la plupart des exilés du pouvoir ou de leur patrie.

Il m'a reconduit jusque sur l'escalier, et

m'a dit qu'un jeune homme qui venait d'entrer était son fils, qui sert dans l'infanterie de marine : « Il est venu, en permission, vous voir ? — Non, il est à Cherbourg, et il a été appelé, *avec son corps*, à cause des affaires de ces jours-ci (le meurtre de Victor Noir par le prince Pierre Bonaparte, les funérailles et l'émeute que l'on craignait). Ces troupes, appelées de Cherbourg, repartent ce soir. » Ce détail donne la mesure de l'étendue de la conspiration, du plan d'insurrection et des craintes qu'avait le gouvernement. Dans Paris, il y avait, non pas effroi, mais très vive inquiétude : on ne doutait pas que l'insurrection ne fût comprimée, mais on s'attendait à ce qu'elle éclatât.

Voici quelques renseignements sur le meurtre de Victor Noir : M. de Forcade la Roquette se trouvait, le 10, à un café, quand il entendit deux messieurs, à une table voisine, qui se disaient : « Il est telle heure, le prince Pierre Bonaparte doit avoir son affaire ! » M. de Forcade ne fit pas grande attention à ce propos et ne le comprit pas ; mais, le soir, il en eut l'explication. Il semble, d'après ce mot, qu'on avait, au moins, l'intention de pousser le Prince à des violences, qui amèneraient des voies de fait.

Mme ***, qui possède un bel hôtel, boulevart Maillot, à Neuilly, nous raconte qu'elle a vu passer, devant sa porte et le long de son jardin, la foule qui se rendait aux funérailles de Victor Noir, et elle entendait la canaille, qui fait toujours le fond de ces multitudes, dire, en montrant son hôtel : « C'est nous qui aurons cela et y demeurerons. » Elle a eu une véritable indisposition des émotions de cette journée.

L'effet de cette manifestation a été prompt sur le commerce : je sais deux ateliers d'orfèvrerie, l'un de 140 ouvriers, qui ont reçu avis d'arrêter les commandes ; il n'y en a plus une seule pour l'intérieur ; tout le travail se fait pour l'exportation.

L'effroi causé par la multitude en mouvement, le 12 janvier, a été plus grand même que je ne pensais. Les ecclésiastiques, qui voient le peuple de près et connaissent ses instincts, ne doutent pas qu'une révolution ne leur serait hostile. Les Pères de *** étaient fort inquiets et cette inquiétude leur a suggéré l'idée de prendre des précautions : le père S... est allé acheter des vêtements laïcs à la *Belle Jardinière*; le père L.. est venu me demander de lui donner quelque vieille défroque et a emporté un paletot, un pantalon et un chapeau, le père P... va, m'a-t-il dit, acheter un revolver, ne voulant pas se laisser tuer sans résistance. Tout ceci est assez significatif.

21. — On est fort inquiet dans le public de

la journée de demain, où M. Rochefort sera jugé. On craint une manifestation, et beaucoup de gens sont décidés à ne pas sortir de chez eux. On commence à dire partout — ce qu'on eût pu dire depuis huit mois — qu'une nation ne peut vivre avec ce régime de trouble, et qu'il faut ou en supprimer la cause, les excitations des journaux, ou frapper un coup violent, si la plèbe descend dans la rue.

29 Janvier. — Le nouveau Procureur général s'appelle M. Fabre. Voici comment il a été nommé : le ministère parlementaire, sous lequel nous vivons, et dont on est, pour le moment, engoué, a pensé, pour ce grand poste, à M. Odilon Barrot. Oui ! il a cru utile d'appeler à son aide ce théoricien creux et sonore, qui a fait la révolution de Juillet, sans savoir pourquoi, et laissé faire la révolution de 1848, en prétendant l'empêcher. Il a eu, pourtant, un jour de bon sens; c'est celui où il a jugé qu'il était arrivé à l'âge de la retraite et du repos, et où il a refusé la place de Procureur général. Mais les ministres étaient si désireux de le posséder, ne fût-ce que par des attaches, qu'ils lui ont laissé la faculté de désigner celui qui occuperait le siège de Merlin et de Dupin ; il a désigné son neveu, très capable, d'ailleurs, et modeste. — Tout prend une teinte de révolution.

3 *Février*. — Les ennemis de l'Empire ne se tiennent pas pour battus : il y a dix ou douze jours, sans que Paris s'en doute, un complot a failli éclater : c'était un jour de bal aux Tuileries; il ne s'agissait de rien moins que d'attaquer le palais. Les troupes furent consignées et les précautions prises si ostensiblement, que ces messieurs comprirent qu'il n'y avait rien à faire. Cependant, quelques bandes se tinrent aux environs du palais; on insulta les invités, on leur cria : « Vous allez danser! Nous vous ferons danser d'une autre façon. »

6 *Février*. — A la soirée de M. Edouard Fournier, M. Guillaume Guizot disait, dans un groupe : « Mon père est dans la joie; il se félicite d'avoir pu vivre jusqu'au moment où il a vu la réalisation de son rêve : le rétablissement du gouvernement parlementaire; c'est la consolation de sa vieillesse, il n'a plus rien à désirer. » Cet homme est l'incarnation de l'orgueil; il a fait s'écrouler une dynastie sans s'en apercevoir, et il se réjouit que l'on reprenne son œuvre ; cette si vive satisfaction n'est pas propre à nous rassurer.

20 *Février*. — Le général d'Hugues, qui m'est venu voir, m'a raconté qu'il avait connu, étant colonel en Afrique, le prince Pierre Bonaparte; qu'il s'était comporté avec une bravoure vraiment héroïque au siège de Zaat-

cha; qu'il n'abandonna son poste que par une pique irréfléchie contre le Président, son cousin, dont il attendait sa nomination au grade de chef de bataillon dans l'armée Française, grade qu'il avait au titre étranger, et qu'à son gré le Président tardait trop à lui conférer. Le général d'Hugues m'a affirmé que tout ce que l'on rapporte des violences du Prince est pures calomnies; qu'il s'est jeté jeune dans les complots en Italie, mais qu'on n'a rien à lui reprocher de contraire à l'honneur. Il ne doute pas que les faits, tels que les rapporte le Prince, dans son affaire avec Victor Noir, ne soient exacts. Il est allé le visiter dans sa prison : il l'a trouvé fort calme, il est seulement indigné des attaques aussi violentes qu'injustes des journaux démocratiques. Le général d'Hugues est un fort loyal soldat, et son témoignage mérite d'être pris en sérieuse considération.

8 *Février.* — On ne saurait trop insister, pour marquer combien est complète la révolution opérée par le gouvernement parlementaire restauré. Les emplois même secondaires sont envahis par les parlementaires ou leurs adhérents. M. Laboulaye n'est pas seulement de la commission d'enquête pour la ville de Paris; son fils est attaché au ministère de l'instruction publique; M. Prévost-Paradol, du *Journal des Débats*, a une ambassade, et le

ministre de la justice, M. Émile Ollivier, a obtenu de son collègue de l'instruction publique l'engagement de nommer, à la première vacance, conservateur dans les bibliothèques M. Louis Ratisbonne, aussi du *Journal des Débats*. C'est ce que m'a appris M.***, chef du cabinet du ministre : mais il ne m'a rien appris de nouveau en me racontant comment le ministre n'avait le temps de rien faire, en dehors de la politique et de la Chambre : les affaires les plus intéressantes, il ne peut s'en occuper; elles demeurent à l'état d'embryons qui n'éclosent pas; M. *** n'a pu lui parler de plusieurs affaires importantes depuis quinze jours; il ne le voit souvent, dans une journée, qu'en passant. Il faudra, il le prévoit, revenir au système de Louis-Philippe, créer des sous-secrétaires d'État, c'est-à-dire, avoir un ministre pour l'administration et un ministre pour la tribune. Et, déjà, la nécessité a fait ce changement : le secrétaire général fait tout, dirige tout, connaît tout, et décide tout; c'est le vrai ministre, bien plus puissant, en réalité, que le ministre de nom.

7, 8, 9 *Février*. — Émeutes conduites par M. G. Flourens, fils du savant, mais aussi incapable que son père était érudit. Les professeurs du Jardin des Plantes, MM. Decaisne, Chevreul, etc., disent qu'ils ont tout fait pour lui inculquer un peu de science, et qu'ils ont trouvé son esprit absolument fermé. Son père avait voulu se faire suppléer par lui dans sa chaire du collège de France. Au bout de quelques séances, il fallut le renvoyer; les assistants y venaient comme à un jeu. De là, sa colère, qui s'est transformée en révolte.

Les ouvriers n'ont pas bougé, mais je sais que, si les émeutes eussent pris du développement, la majeure partie des ouvriers des ateliers du faubourg Saint-Marceau serait allée les grossir; ils leur étaient favorables; ils ne lisent que les journaux anti-sociaux : la *Marseillaise*, la *Réforme*, le *Rappel*, etc. C'est là un des résultats de la liberté de la presse.

16 Février. — Les députés de la gauche, qui font les violents à la Chambre, étaient fort doux et fort tremblants pendant les émeutes des 7, 8 et 9. MM. J. Favre et Gambetta, entre autres, ne s'en cachaient pas, et disaient sans honte (chez M. Suin, le sénateur) qu'ils espéraient bien que les émeutiers seraient mis promptement à la raison. Ils avaient peur d'être appelés par eux pour marcher à leur tête.

18 Février. — Quoique les journaux n'en parlent pas, les émeutiers ne cessent d'agir, et plus vivement qu'on ne croirait : voici plusieurs soirs que des groupes (à Belleville, etc.) attaquent et blessent les sergents de ville; ils sont armés de revolvers, de poignards, de limes longues et aiguisées. La police est, sans doute, informée qu'il se trame quelque chose de plus sérieux, puisque, avant-hier, la garde municipale a été consignée dans les casernes et tenue sur pied, en partie, toute la nuit.

23 Février. — Les troupes sont consignées pour demain : on craint du bruit, à l'occasion de l'anniversaire de la révolution de Février.

20 Mars. — M. Bourbeau me peint la nouvelle physionomie de la Chambre : le caractère en est tout à fait changé, depuis le mois de janvier. D'une part, elle se donne une importance de plus en plus grande ; comme tous les corps, elle aspire à la domination. D'autre part, elle cherche de quel côté se portera la puissance, et *croyant que c'est vers la gauche, beaucoup de députés, même de la droite, deviennent fort gracieux pour ces futurs potentats.* Elle est disposée à accorder toutes les libertés, même les plus dangereuses : la nomination des maires par les conseils municipaux, l'élection du conseil municipal de Paris par le suffrage universel, et « alors, dit M. Bourbeau, nous n'aurons plus qu'à nous en aller ! car ce conseil municipal deviendra une assemblée politique délibérante ; ces 80 membres, siégeant à l'Hôtel de Ville, ressusciteront la Commune de 1793 ». — Je lui ai demandé ce que lui et d'autres, frappés et effrayés de ces tendances, en disaient à l'Empereur. Il m'a répondu que l'Empereur semblait alourdi (on dit aujourd'hui ramolli) et qu'il n'avait plus l'énergie du coup d'État[1]; mais, de plus, qu'il était bien difficile de lui parler de ces sujets, parce que l'Empereur ne gardait pas pour lui ces confidences, qu'il en faisait part à ses ministres; que, lorsqu'il était, lui, ministre, il avait vu l'Empereur, en conseil, leur montrer les lettres de M. Em. Ollivier, et qu'il allait jusqu'à leur communiquer celles où M. Em. Ollivier lui soumettait les noms et qualités des hommes dont il voulait former le cabinet qu'il présiderait; et l'Empereur ajoutait : « Vous voyez, messieurs, quelle confiance j'ai en vous ; je vous consulte sur les hommes qui doivent vous remplacer ! » Ce trait est vraiment de la haute comédie, et l'on ne peut ne pas se représenter la figure de gens à qui l'on fait des confidences de ce genre !

Du reste, quelle que soit la pensée intime de l'Empereur, qu'il veuille ou non très sincèrement faire l'essai du gouvernement parlementaire, il agit comme s'il était convaincu; il n'impose plus rien, les ministres sont tout, il semble avoir moins d'influence qu'un député ! Récemment, un des préfets disgraciés,

---

[1] L'Empereur, mais on l'ignorait généralement, était épuisé depuis plusieurs années déjà par les souffrances du mal terrible qui l'emporta.

un de ses plus dévoués, M. de ***, est venu le trouver et lui a exposé qu'il était sans fortune, qu'il avait une famille, et lui a demandé de le faire nommer receveur général. L'Empereur lui a répondu qu'il ne pouvait rien, que cela dépendait absolument de ses ministres, qu'il était sans influence, et, en parlant ainsi, il avait les larmes aux yeux. Beaucoup de gens, et je suis du nombre, s'indignent de cet abaissement; et c'est ce qui s'est passé sous Louis XVI, quand, en 1790, il s'est peu à peu laissé dépouiller.

23 Mars. — Ainsi que cela doit être dans un gouvernement parlementaire, où il faut satisfaire le plus de gens possible par des places, au lieu de diminuer le nombre des emplois, on les augmente; on rétablit des emplois supprimés et on en crée de nouveaux. Ainsi, au ministère de l'instruction publique, le personnel du cabinet est plus nombreux qu'il n'a jamais été. M. Bourbeau avait supprimé la place de directeur de l'enseignement primaire, dont les fonctions avaient été autrefois fort bien remplies par un chef de division; le nouveau ministre vient de rétablir la place de directeur; et il en est de même partout.

28 Mars. — La nouvelle de l'acquittement du prince Pierre Bonaparte est arrivée hier soir : ce matin, à 7 heures, j'ai envoyé chercher la *Marseillaise*, pour connaître l'impression produite par l'arrêt sur les *irréconciliables*; il y avait déjà tant de demandes chez le marchand, qu'on n'a pu promettre un numéro que pour 11 heures ou midi.

Voici, à ce sujet, des renseignements qu'on ne trouve pas dans les journaux : à Tours, l'opinion publique était entièrement favorable au Prince. La province est exaspérée contre Paris, dont les troubles l'ont fort inquiétée, et qui ont arrêté les transactions. La vue, les actes, les paroles, les violences des rédacteurs de la *Marseillaise*, ont donné plus de force à ces préventions, et on en a eu une preuve jusque chez les gens du petit commerce. Au moment où M. de Fonvielle s'est élancé vers le prince Pierre, avec des cris sauvages, plusieurs de ses adhérents républicains ont fait une sorte d'appel à la colère du peuple, en s'adressant à l'auditoire. Non seulement il n'y a pas eu d'écho, mais on leur a répliqué par des huées et les paroles les plus menaçantes, et un pâtissier, fort connu à Tours, s'est écrié : « Vous parlez du peuple ! Eh bien, j'en suis, moi, du peuple, et c'est nous, je vous en réponds, qui vous ferons votre affaire ! » Malgré les dénégations du *Siècle*, il est très vrai que le Prince a été accompagné à son hôtel par les cris de la multitude : *Vive le Prince !* et, s'il était resté à Tours le lendemain, il aurait eu une ovation. On ne saurait douter que toutes ces considérations n'aient influé sur le verdict du jury, qui a acquitté le Prince.

Le caractère de l'avocat de la partie adverse, M. Laurier, n'a pas peu contribué à mal disposer le public et les jurés. M. Laurier est regardé, au palais, comme un *sauteur*. Il a été le secrétaire de M. Crémieux et, dans une affaire d'expropriation, où M. Crémieux avait plaidé pour le prince Pierre, M. Laurier, mis en rapport avec lui, s'était introduit dans son intimité, dînait chez lui, etc. C'est à ces antécédents que le Prince a fait allusion, à un moment où il s'est adressé à M. Laurier. Il aurait pu en dire davantage : le Prince avait d'abord demandé à M. Crémieux de le défendre dans le procès de Tours ; mais M. Crémieux, pour ne pas se compromettre dans son parti, avait refusé ; M. Laurier, alors, s'était proposé pour remplacer M. Crémieux. Sur le refus du Prince, il avait passé de l'autre côté. Enfin, on n'ignorait pas qu'il n'a aucune conviction politique, que, peu de temps avant de devenir un des soutiens de la *Marseillaise*, il vivait familièrement dans un groupe fort aristocratique de *petits crevés*, qu'ils couraient les filles ensemble, soupaient ensemble, etc. Quand donc il s'est élevé avec tant d'indignation contre le Prince, affectant un farouche rigorisme démocratique, on a souri de dédain, et ce qu'il a dit a plus fait contre son client que contre le Prince.

4 *Avril.* — Les craintes d'émeutes et de troubles n'ont pas cessé; on nous annonce de nouvelles journées. Des affiches à la main ont été placardées sur plusieurs points de Paris, où l'on déclare que, si le gouvernement ne fait pas telle et telle chose, il y aura un mouvement populaire.

5 *Avril.*—Mot de M. Dufaure, assistant au serment que prêtaient hier les nouveaux juges suppléants, de fidélité à l'Empereur et à la Constitution : « La Constitution, dit le vieux praticien nasillard, laquelle? » Il est vrai qu'aujourd'hui nous n'en avons plus, et n'en avons pas encore.

7 *Avril.* — On ne s'entretient partout que du plébiscite : cela a été une surprise générale ; personne ne s'y attendait ; la province n'y comprend rien. J'y suis absolument opposé : 1° au point de vue philosophique, un gouvernement ne devant pas mettre son existence en question, devant avoir foi en lui et conscience de son droit ; 2° au point de vue politique, un plébiscite ne devant être qu'une ressource suprême, et non un moyen pour des modifications à la Constitution, etc. Qui dit que, pour d'autres motifs, on ne le réclamera pas ? 3° A cause des troubles qu'il peut

entraîner, les esprits étant fort excités ; 4° dans l'intérêt de la dynastie. N'est-ce pas ouvrir la porte à un doute sur le droit du Prince Impérial, et ce droit ne sera-t-il pas discuté au moment de sa majorité ? 5° A cause des conséquences suprêmes : une nation qui se met au régime des assemblées populaires tend à la fin de la Pologne, qui a péri par un régime électif.

D'après M. Bourbeau, l'Empereur et M. Ollivier étaient, il y a huit jours encore, opposés au plébiscite ; ils redoutaient de troubler le pays : « Les conseils de quelques députés de la droite ont poussé l'Empereur vers le sens contraire ; ils lui ont fait entendre que ce serait un nouveau sacre pour sa dynastie ; ils espèrent se rapprocher ainsi de lui, et reprendre leur position, à la suite d'une manifestation enthousiaste ; on cite, parmi ces députés, MM. Granier de Cassagnac, de Forcade La Roquette, etc. M. Rouher décidera le Sénat, espérant, de son côté, revenir à la direction des affaires. L'Empereur, qui est faible, a cédé. » Rien de plus déplorable que ces concessions : comprend-on l'inquiétude de la nation ; elle verra *donner la réserve ;* elle croira à un grand danger. On va être obligé de renvoyer la Chambre en congé, pour qu'elle explique aux populations le sens du plébiscite, dont elles n'ont pas une idée juste. Ce qu'il y a de certain, c'est que la question, au fond, est entre la monarchie et la République. Le ministère, qui s'était déclaré contre les candidatures officielles, a appelé les Préfets à Paris, pour les informer et les enseigner ; mais, de peur de se compromettre, il ne leur donne que des instructions verbales, ce dont se plaignent les Préfets, qui s'en vont sans ardeur et inquiets, se disant que, s'ils font trop de zèle ou pas assez, ils seront désavoués ou jetés à la porte. — M. G. Seigneur, qui voit fréquemment M. E. Ollivier, m'a confirmé tous ces faits.

23 *Avril.* — J'apprends, par des personnes voisines des usines de Fourchambault, que les grèves ont eu d'assez bons résultats pour l'avenir : la bourgeoisie, les négociants, les petits marchands ont été fort effrayés, quand ils ont vu cette populace se ruer sur le marché, enlever et piller les denrées ; ils ont craint qu'il en fût de même de leurs propriétés, et, même chez les petits fournisseurs, cette crainte a été telle qu'ils ont résolu de ne rien fournir à crédit aux ouvriers en grève, ce qui n'a pas peu contribué à faire cesser la grève plus tôt.

Le Prince Impérial est fort bien élevé ; il a beaucoup d'esprit, de gaieté, de facilité au travail ; il a tout le laisser-aller des enfants de son âge. Son principal défaut est de prétendre tout savoir : aussi l'Empereur a-t-il commandé à tous ceux qui l'approchent de ne pas lui épargner les leçons. Dernièrement, il affirmait connaître si bien Paris qu'il se retrouverait partout. Le général Frossart, un jour, le mena, sans annoncer où il allait, dans un des quartiers perdus de Paris et, le faisant descendre de voiture, lui dit alors qu'il ne savait où il était, et qu'il le priait de le tirer d'affaires. Grand fut l'embarras du jeune Prince, qui, après plusieurs essais et plusieurs tours, finit par s'adresser à un sergent de ville, grâce auquel il put retrouver son chemin.

28 *Avril.* — Nous sommes en pleine agitation plébiscitaire ; on est dans une incertitude absolue, relativement au résultat, mais l'avis de beaucoup de gens est que, quel qu'il soit, l'ordre sera troublé : l'irritation des *irréconciliables* est extrême, et il est à craindre qu'ils ne tentent un coup de main, que la minorité soit forte, ce qui les encouragerait, qu'elle ait peu d'importance, ce qui ne leur laisserait d'espoir d'arriver à leurs fins que par la violence. Le ministère, M. Ollivier en particulier, craint un mouvement après le 8 mai, jour du plébiscite. En attendant, les affaires et les travaux du bâtiment sont suspendus.

3 *Mai.* — M. le général ***, aide de camp de l'Empereur, me dit que l'Empereur travaille beaucoup ; il lit tout ou fait tout lire, donnant des livres à diverses personnes et leur demandant des rapports. Il s'occupe surtout des questions de l'armée, du bien-être du soldat ; le général *** lui a remis, sur sa demande, un mémoire sur l'intérieur des casernes, auquel il a apporté une grande attention et qui amènera des réformes utiles. Le général *** me confirme ce que m'avait dit M. Bourbeau, que l'Empereur est très compromettant pour les personnes qui lui ont parlé et donné des renseignements : il dit volontiers : « C'est un tel qui m'a dit cela, » ce qui n'amuse pas toujours ceux dont il s'agit.

Le maréchal Canrobert a rassemblé chez lui les généraux de Paris, pour examiner quelle conduite on devait tenir à l'égard des soldats, à l'occasion du plébiscite et des clubs. Il était d'avis de leur interdire l'accès des clubs ; la majorité en a jugé autrement, et on leur a laissé toute liberté : on a constaté que sept soldats seulement en ont profité et se sont présentés dans les réunions publiques. Quant au plébiscite, on a décidé aussi qu'on ne leur dirait rien ; on ne doute pas que ce ne soit le meilleur moyen pour qu'ils votent bien.

8 *Mai.* — Vote du plébiscite : immense affluence de voitures et d'étrangers, au bois de Boulogne, par un temps magnifique ; c'était un véritable éblouissement, qui faisait

dire partout : « Que serait tout cela, si une révolution nous rejetait en république! » L'Europe, dans ce qu'elle a de plus luxueux et de plus riche, était là.

9 Mai. — Malgré les espérances que devaient donner, dès dimanche soir, les résultats connus du vote, on n'était tranquille ni aux Tuileries, ni dans les ministères, et j'en ai eu la preuve : Mme X***, dame d'honneur de l'Impératrice, devait venir nous voir ; nous avons reçu ce matin une lettre qui nous informait que l'Impératrice avait défendu à toutes les personnes de sa maison de sortir des Tuileries, à cause des troubles qui pourraient survenir.

10. — Le vote a été un étonnement pour tout le monde ; on ne s'attendait, d'aucun côté, à un chiffre de *Oui* aussi élevé.

11 Mai. — M. E. Ollivier est effrayé des menées démagogiques, et commence à douter des libertés appliquées à tout : « Je crois, a-t-il dit à M. G. Seigneur, que les théories de M. E. de Girardin sont inefficaces et pourraient bien n'être que de la fantasmagorie ! » Dieu veuille qu'il se fortifie dans ces bons sentiments ; sinon, ces aveux prouveraient qu'il est un homme sincère, mais non un homme d'État.

24 Mai. — Le père Hyacinthe, depuis son retour d'Amérique, se comporte comme un laïc, dont il porte l'habit ; il dîne souvent en ville ; il dit avoir été « lié par une convention et délié par la nature ». Il est glorieux de ce qu'il a fait, croyant avoir accompli un acte de courage. Il écrit de Munich, où il est depuis quelque temps, qu'il est enchanté de tout ce qu'il entend ; cela veut dire qu'il est d'accord avec un vieux théologien, Dollinger, qui, comme la plupart des Allemands, est un rêveur, un demi-fou sérieux.

5 *Juin.* — Voici les renseignements qui me sont donnés par un homme qui vit familièrement avec plusieurs des membres de la gauche, MM. Ferry, Picard, etc. : La fraction de la gauche, qui s'est séparée des *irréconciliables*, sous le nom de *gauche constitutionnelle*, est assez embarrassée pour exécuter convenablement son évolution vers le gouvernement, ces honorables ayant fort le désir de devenir ministres à leur tour, et n'ayant pas la décision de M. Em. Ollivier, qui, le premier, a fait son tour de conversion, et leur a donné l'exemple, en s'asseyant au timon. Cependant, comme ils ne veulent pas qu'il y soit seul, ils feront ce qui sera nécessaire ; c'est affaire de temps. Celui qui ne pourra pas les imiter, c'est M. J. Ferry : M. J. Ferry a été secrétaire de M. Ollivier ; il y eut un moment où M. E. Ollivier fut sur le point de devenir ministre, et M. Ferry devait être secrétaire général ; il

poussait alors son patron, et était peu disposé alors à se dire républicain. La combinaison ministérielle ayant échoué, M. Ferry crut que jamais M. Ollivier n'arriverait ; il le quitta et se tourna vers l'Opposition ; il n'était pourtant pas radical, et les journaux religieux le louaient pour sa modération. Mais, aux dernières élections, il fut poussé par la *queue* de son parti à se déclarer tout à fait *irréconciliable;* il céda, et, aujourd'hui, il est si avancé qu'il ne peut revenir. Ce qui prouve que, dans la politique, telle que la font les Assemblées, il ne faut pas être impatient ; que cette politique est une comédie, et une comédie peu noble ; et que toutes ces compétitions finiront par éclairer l'opinion publique dégoûtée.

8 *Juin.* — Au dernier dîner de M. Maurice Richard, ministre des Beaux-Arts, qui admet, tous les mercredi, 40 personnes à sa table, hommes de lettres, artistes, etc., on a beaucoup parlé de la lettre de M. Courbet. M. Maurice Richard l'avait invité à dîner : M. Courbet lui écrivit : « Monsieur le ministre, j'irais volontiers dîner chez vous, si je n'étais obligé de partir pour ***, où je vais organiser une exposition, en faveur des victimes du Creuzot. » Cette grossièreté est digne de ce peintre réaliste, qui répond à une politesse par une lettre insultante à un ministre, en lui reprochant la prétendue infortune des

prétendues victimes d'une usine que les menées républicaines ont mis en grève. Mais, il faut bien l'avouer, pourquoi M. Richard faisait-il des avances à un peintre d'un talent très contesté, qui affiche le matérialisme, les façons plébéiennes, et se déclare républicain ? M. Richard, s'exposait à une avanie qui ne lui a pas manqué.

14 Juin. — J'ai assisté, au Théâtre-Français, à la première représentation de *Maurice de Saxe.* C'est une des preuves éclatantes de la mauvaise influence de l'école de M. V. Hugo : conception sans force, recherche des effets pour étonner, ton, caractères, situations, style faux ; langue boursouflée ; point d'intérêt ; tirades ridicules dans la bouche où on les met ; flatterie de la plèbe, dans le but évident de forcer les applaudissements. A un certain moment, un personnage, Favart, je crois, parle de jeter contre le pouvoir, *au lieu d'un pavé, un prince.* Le mot a été accueilli par les acclamations et les trépignements de la claque et d'une partie du parterre et de l'orchestre ; j'étais à la galerie, je ne pus me retenir et je m'écriai : « C'est pour obtenir les applaudissements de cette canaille, que l'on dit ces choses-là ! » Une dame, placée au-dessous de moi, se tournant de mon côté, répliqua : « Si je ne craignais qu'on ne crût que c'est pour l'auteur, j'applaudirais monsieur ! »

Un autre spectateur, à quelques pas de moi, manifestait aussi son indignation ; le reste de la salle est demeuré muet. Cette tirade démocratique, où, ne pouvant ou n'osant dire l'*Empereur*, on disait le *Prince*, était attendue par un groupe de jeunes gens qui, au premier rang de l'orchestre, applaudirent avec frénésie ; une fois dite, ils se levèrent et disparurent.

20 *Juin*. — Le général *** me donne toujours quelques détails curieux sur la Cour : cette fois, c'est sur l'intérieur de l'Empereur. Il y a deux hommes principaux de l'intimité : M. Conti, chef du cabinet, et M. Pietri, secrétaire particulier. M. Conti est un être maladif, ennuyé de sa position, qui a compris tout de suite combien il serait assommé de sollicitations, et qui a mis devant lui deux barrières, l'une pour empêcher les gens d'approcher—on le voit difficilement ; l'autre pour empêcher ceux qui le voient de le comprendre—il a toujours un masque impénétrable ; secret, fermé, muet, on ne sait ce qu'il est. M. Pietri est plus accessible : c'est lui qui écrit toutes sortes de notes, à tout instant, pour l'Empereur ; il a le travail très facile, et souvent traite de grosses affaires ; du reste, fermé, comme M. Conti et comme tous les courtisans. Chacun est à cheval sur ses prérogatives et regarde à droite et à gauche, si l'on n'approche pas pour

le désarçonner. Pas, ou plutôt, plus d'intrigues d'argent dans les hauts emplois ; les gros personnages sont riches ; mais les petits exploitent les moindres bruits et ce qu'ils entendent à travers les portes, les vendent aux journaux ou en tirent profit pour jouer à la Bourse. On voit qu'il y a intérêt à ne pas changer de personnel : les repus ne mangent presque plus.

L'Empereur est très libre d'esprit : sa tête travaille sans cesse, il songe à toutes les questions importantes et en parle aux hommes compétents ou aux intimes : silencieux, d'ordinaire, il est abondant, ouvert et gai avec ses familiers. — L'Impératrice est fort aimable et bonne.

21 *Juin*. — M. Prévost-Paradol excite l'envie, l'indignation, la jalousie de nombre de gens, par sa nomination à l'ambassade des États-Unis. Le ministère, fort attaqué à cette occasion, se défend mal, et ne sait trop comment expliquer cette préférence pour un journaliste qui doit toujours être suspect. Voici la cause secrète et quelque peu équivoque du choix de M. Prévost-Paradol : il a pour maîtresse, depuis assez longtemps, une fort belle dame Américaine, très bien posée dans le *high life ;* cette dame veut retourner en Amérique, mais elle veut garder M. Paradol. Elle reçoit et voit le plus grand monde : elle a agi sur nos

ministres, et leur a prouvé que nul autre ne ferait mieux les affaires de la France aux Etats-Unis ; elle les a gagnés : il est nommé, il part, et elle le suivra. C'est là le récit qui court par le monde.

23 *Juin.* — M. Courbet refuse la croix que M. Richard, ministre des Beaux-Arts, a eu l'idée de lui donner, à la suite du Salon ; la lettre de M. Courbet va paraître aujourd'hui ou demain. On ne peut trop s'étonner de la légèreté d'un ministre qui, sachant les dispositions de M. Courbet, ayant reçu de lui, il y a quinze jours, une lettre qui ne pouvait laisser aucun doute, s'expose à cette humiliation. Ce refus ne compromet pas seulement le ministre, mais l'Empereur, qui va être obligé de rapporter son décret. Les amis de M. Courbet l'ont engagé à refuser ; il aura l'avantage d'avoir été décoré, et d'insulter le gouvernement ; tout est pour lui : les ennemis du gouvernement triomphent de ce soufflet inattendu et qu'on ne peut parer.

25 *Juin.* — On parle beaucoup de la lettre de M. Courbet : cette lettre a été rédigée par M. Castagnary, M. Courbet étant tout à fait incapable de l'écrire. On prétend que M. Maurice Richard n'aurait pas agi avec autant de légèreté qu'il semble ; il aurait fait pressentir M. Courbet, qui, jouant au plus fin, comme un

paysan, aurait-fait semblant d'accepter, et
même demandé comment il pourrait recon-
naitre cette faveur, s'il ne devait pas envoyer
au ministre un tableau, un dessin? Puis, il
aurait attendu sa nomination, pour se dévoi-
ler tout à fait. Ce n'est pas sous Napoléon Ier
qu'un peintre aurait osé jouer ce jeu-là, ni
même sous Napoléon III, dans les premières
années après 1852 !

26 *Juin.* — M. Bertrand de Saint-Germain,
qui n'est pas seulement médecin, mais philosophe, a soigné M. Cousin pendant les douze
dernières années de sa vie : il est très discret
et bienveillant à l'égard de ce professeur de
philosophie, mais on démêle, dans ce qu'il
raconte, la vérité à travers les réticences.
M. Cousin ne donna jamais un sou d'honoraires
à M. Bertrand de Saint-Germain : de temps en
temps, il lui envoyait un livre curieux ou l'un
de ses ouvrages, ou l'emmenait dîner au caba-
ret ; voilà tout. Quand il mourut, on s'attendait à ce qu'il laissât un souvenir ou un legs à
son médecin, qu'il faisait appeler deux ou trois
fois par semaine. Il ne lui donna absolument
rien ; ce furent ses exécuteurs testamentaires,
MM. Mignet et Barthélemy Saint-Hilaire, qui,
sachant les relations intimes qui existaient
entre M. Cousin et le docteur, vinrent chez
lui, et lui apportèrent son portrait *lithogra-
phié.* M. Cousin, qui avait beaucoup souffert

de la gêne dans sa jeunesse, avait conservé des habitudes de lésinerie, même quand il fut plus qu'à l'aise : il payait à peine ses secrétaires, les nourrissait avec un œuf dur, et leur faisait passer les nuits. Mais lui-même ne se traitait pas mieux : il travaillait le plus souvent sans feu, dans les plus grands froids, et n'était pas plus délicat pour sa nourriture. Avec une facilité de travail et une mémoire infatigables, il épuisait ceux qu'il employait, dictant toute une nuit et réduisant ses secrétaires au désespoir : l'un d'eux se tua, un autre le menaça d'en faire autant.

M. Bertrand de Saint-Germain peint fort ingénieusement et finement son caractère : naturellement dramatique et emphatique, posant toujours, sans même y penser ; spiritualiste, mais ayant peur de l'influence du clergé ; aimant la religion Catholique par instinct et voulant avoir pour lui les prêtres et le Pape, mais les combattant en public et dans ses livres ; préoccupé de l'opinion et faisant tout pour se la concilier ; envoyant de jeunes professeurs en province, avec mission de combattre le clergé, puis, si l'on se plaignait, les lâchant et ne s'en occupant plus ; fort aimable, d'ailleurs, gracieux, abondant, causant admirablement, charmant son auditoire, mais voulant parler seul. Il avait eu pour secrétaire M. Barthélemy Saint-Hilaire : un jour que

M. B. de Saint-Germain en faisait l'éloge :
« Oui, dit-il, il est honnête, consciencieux,
instruit, intelligent, etc., etc. Ce pauvre Saint-
Hilaire, ajouta-t-il ensuite, il aurait tout, s'il
avait de l'esprit. C'est dommage qu'il n'ait pas
d'esprit ! »

9 Juillet. — M. Bourbeau m'a demandé ce
que l'on pensait dans le public de la guerre
imminente, à l'occasion de la candidature du
prince Prussien au trône d'Espagne. Je lui ai
dit qu'on verrait la guerre avec applaudissement ; qu'autrefois on haïssait les Anglais,
qu'aujourd'hui cette haine était tombée ; ce sont
les Allemands qu'on a en antipathie, parce
qu'on sent chez eux une jalousie petite et
une envie tracassière. Les ministres, jusqu'ici,
se sont tus ; rien n'est certain. M. Bourbeau
dit que tout le monde, à la Chambre, est frappé
de l'affaiblissement de M. J. Favre, il baisse
sensiblement. M. Grévy et M. Gambetta sont
les vrais chefs, l'un comme dialecticien, l'autre
par ses mouvements d'éloquence ; mais, quoiqu'il soit vrai que M. Gambetta ait parfois de beaux élans, on l'a beaucoup surfait.
Quant à M. Grévy, froid, raisonneur, il
a plus d'autorité que personne dans son
parti.

Les journaux ont fait beaucoup de bruit de
l'inhumation du curé d'Ecardenville (près
d'Evreux), M. l'abbé Laroque, enterrement qui

a été civil. Voici la vérité : M. l'abbé Laroque
était un prêtre excellent ; il fit une fin très
chrétienne, et se confessa, presque publiquement, deux jours avant sa mort. Mais il avait
un frère, ancien recteur, et un neveu, qui
portent son nom, tous deux auteurs de livres
détestables, panthéistes ou athées. Le frère et
le neveu arrivèrent pour les obsèques et, au
moment où le corps allait sortir de la maison,
pour être porté à l'Église, ils s'y opposèrent
et déclarèrent que, parents les plus proches du
défunt, ils entendaient qu'il fût conduit directement au cimetière. C'est ce qui se fit, malgré les instances du maire et de plusieurs des
paroissiens consternés d'une telle décision ; ils
allèrent au cimetière, accompagnés seulement
d'un inspecteur d'Académie et d'une autre personne, tandis que toute la paroisse était réunie à l'Église, où tout avait été préparé, et où
fut célébré un service funèbre pour le mort
qui, seul, n'y était pas. C'est là un échantillon
de la liberté que nous réservent les révolutionnaires disciples et de leurs pères de 1789-
1793.

13 juillet. — Je suis allé au Corps législatif,
où j'ai assisté à la reculade du ministère,
accueillie par des murmures et même des cris
d'indignation. M. le baron Jérôme David a
prononcé quelques mots, qu'il avait pris soin
de mettre par écrit et dont quelques-uns étaient

si insultants pour le ministère, qu'un cri d'étonnement s'est élevé de tous côtés : ces mots, que les journaux n'ont pas reproduits, parce qu'en se reprenant, il les a supprimés, étaient ceux-ci : « Le cabinet a fait des négociations dérisoires *et indignes de la France.* » L'excitation était si grande dans la Chambre et au dehors, que l'on ne doute pas que le cabinet des avocats ne croule, ou cède à la pression de l'opinion publique, en faisant la guerre.

15 Juillet. — Les boulevarts, où je suis allé, de 9 heures à 11 heures, ce soir, sont remplis d'une foule houleuse et bruyante : des bandes passent à tout instant, avec des drapeaux, chantant la *Marseillaise,* la *Chanson des Girondins,* criant : *A Berlin ! Vive la France ! Vive l'Empereur !* L'opinion s'exprime avec autant de vivacité que d'unanimité pour la guerre. Il y avait quelques illuminations.

D'un autre côté, voici que déjà se produit le contre-coup, le désespoir des mères. Au-dessous de mon appartement qui est au premier étage, est le jardin d'une famille qui s'y tient tout le jour, et dont on entend les conversations. Ce soir, à 8 heures, entre un jeune homme, qui vient faire ses adieux à sa grand'mère : « Je pars demain, grand'mère ! Nous sommes quatorze régiments d'artillerie qui allons à la frontière ! » Les cris de la grand'mère lui répondent, et il s'établit un dialogue entre les deux, où le fils jette quelques mots brefs, comme en savent dire les jeunes gens, et auxquels la mère réplique avec une chaleur, une abondance, des raisons et des mouvements, dont l'ensemble a, dans toutes les langues, un seul nom, *l'éloquence :* « Tu ne partiras pas ! tu pouvais t'en dispenser ! C'est que tu l'as demandé ! La gloire ! Et quelle gloire ! Il n'y en a pas pour les pauvres soldats ! Quelle gloire y a-t-il à être poussé, pour emporter une batterie, comme un troupeau de moutons ! Ah ! les mères ont élevé leurs enfants pour qu'ils soient envoyés à la boucherie, qu'ils en reviennent mutilés ! L'Empereur y va ! Quel risque court-il, lui ! il est placé sur une hauteur, loin, regardant avec une lorgnette. Que ne se battent-ils tous deux, le roi de Prusse et lui ! Le roi de Prusse, il paiera, un jour, par les désastres qui l'accableront, tous les maux et toutes les morts dont il est cause ! etc., etc. »

Ce matin, déjà, M. de C... était venu me voir, désolé, pleurant presque d'avance : il a à l'armée son frère, le général, deux de ses fils, un neveu, neuf de son nom. Combien en reviendra-t-il sains et saufs !

18 *Juillet.* — Un jeune homme qui arrive de Berlin me dit que l'enthousiasme de Paris n'est rien en comparaison de l'irritation des Prussiens. Ici, on bouscule ceux qui, en public,

parlent de paix ; à Berlin, prétend-il, on les
mettrait en morceaux.

Jamais il n'y eut pareil enthousiasme : loin
qu'il diminue, il augmente et s'exprime par
mille moyens, argent, dons, enrôlements, écrits,
chants. J'ai vu le départ pour les guerres de
Crimée et d'Italie ; c'était de la froideur près
d'aujourd'hui ; les femmes surtout, les reli-
gieuses de plusieurs ordres, rivalisant avec les
Sœurs de charité, demandent à aller soigner les
blessés à l'armée. Cette nation, qui semblait,
il y a quelques semaines, abrutie et abâtardie
par l'amour des jouissances et de l'argent, se
relève et se montre digne de ses plus beaux
temps. C'est là un des grands côtés, le plus
beau résultat de la guerre ! Le mari de ma
cuisinière, Perreu, ancien soldat de la garde de
Paris, est en retraite ; deux de ses camarades
sont venus lui dire adieu : « Puisque je ne
peux partir, leur a-t-il dit, il faut que j'y sois
pour quelque chose, et que je contribue à la
guerre, » et il leur a donné dix francs.

25 Juillet. — Deux lettres qui me sont communiquées, la première par M. de C..., jeune
officier, qui écrit de Sierkx : « Les soldats sont
très exaltés ; le bruit s'étant répandu, à cause
sans doute des retards nécessités par les préparatifs militaires, que la Prusse reculait et
pourrait bien ouvrir des négociations, les soldats qui, depuis une semaine, campent à

1,500 mètres des Prussiens, et échangent déjà avec eux des coups de fusil, se sont indignés de cette perspective pacifique, et disent tout haut que, si ces bruits prennent de la consistance, ils feront tout avorter, en se portant, sans attendre d'ordres, en avant, et commençant, à eux seuls, le feu contre l'ennemi. »

L'autre lettre est adressée à M. Eriau, directeur de la sûreté publique : un Français raconte que, revenant de Prusse, il s'est trouvé en wagon avec des Prussiens, qui l'ont obligé à déclarer qu'il n'était pas Français, et à crier *Vive le roi Guillaume !* Sans quoi, ils l'eussent lancé par la fenêtre du wagon sur les rails. Ce nouveau trait, rapporté par un *fonctionnaire public,* est une preuve de l'état des esprits en Prusse.

26 *Juillet.* — M. ***, qui connaît le maréchal Lebœuf et sa famille, en fait le plus grand éloge ; il m'a cité plusieurs traits de son intelligence, de son activité, de son énergie, entre autres, celui-ci : lors de l'insurrection de juin 1848, il était colonel à Paris et combattait dans les rues. A un moment, il s'absenta une ou deux heures ; à son retour, on lui demanda d'où il venait : « De me marier ! » répondit-il, et c'était vrai.

J'ai assisté, aujourd'hui, à la représentation de la *Muette,* à l'Opéra. Faure a chanté la *Marseillaise,* avec autant de feu et d'énergie que d'art, accompagné par une foule debout, frémissante et enthousiasmée. Dans une loge près de la nôtre étaient MM. Gambetta et Laurier, accompagnés d'une dame sans gants.

27 Juillet. — L'esprit public est toujours au même degré d'ardeur, de patriotisme et de confiance. On demande pourquoi l'on garde à Paris huit mille hommes de troupes; on entend dire de plusieurs côtés : « Tout mouvement révolutionnaire est impossible; si les irréconciliables le tentaient, ils seraient écrasés sous l'indignation générale. » Beaucoup de dames, qui veulent aller soigner les blessés, fréquentent les hôpitaux, afin de prendre des leçons pratiques d'infirmières.

3 Août. — Je viens de passer quelques jours en Poitou : l'enthousiasme et l'élan y sont aussi grands qu'à Paris; j'ai été surtout frappé des bonnes dispositions des prêtres que j'ai vus, et qui sont pleins de feu et d'ardeur belliqueuse.

5 Août. — Aujourd'hui est arrivée la nouvelle de la défaite de Wissembourg; on en est accablé, la douleur est universelle; j'en ai eu un tremblement et une prostration générale. Ce soir, le boulevart, à la hauteur de la rue Lepelletier, est coupé par une foule immense, qui s'y tenait depuis cinq heures, poussant des cris, et voulait briser la boutique, et même tuer un changeur Prussien, qui, à la nouvelle de la victoire de ses compatriotes, a imprudemment fait éclater sa joie. La police le fait évader; elle contient à peine la foule, on a envoyé de la cavalerie pour la disperser.

6 *Août*. — La boutique du changeur est fermée, et porte une inscription ainsi conçue : *Préfecture de la Seine. Cette maison est Française, et non Prussienne.*

Journée toute d'émotions : à 1 heure, j'étais au faubourg Saint-Marceau, on vient m'apprendre qu'on annonce sur les boulevarts une grande victoire remportée par les Français : vingt-cinq mille prisonniers, quarante pièces de canon, le Prince Royal pris, etc. Cette nouvelle était affichée à la Bourse. Je descends dans la rue : la joie est immense, tout le monde veut courir, y aller voir, devancer les affiches; je pars en voiture : à peine sur les quais, le spectacle des maisons indique que Paris entier connaît l'heureux événement : partout des drapeaux, toutes les maisons pavoisées. A la place de la Bourse, foule immense; voitures sans nombre; les escaliers noirs d'hommes allant et venant; les chevaux au pas. Sur les boulevarts, même affluence, partout des visages riants; il y en avait qui pleuraient ! Quelle revanche, et si prompte et si éclatante ! Cependant, je m'approche d'un groupe : là, on émettait quelques doutes. Cinq minutes après, plus de doutes : dans les groupes qui encombraient la chaussée, on affirmait, et cela, hélas ! était vrai, que ce bruit n'était qu'une manœuvre de quelques indignes agioteurs, qui avaient produit, comme dépêche, une note au crayon; que rien n'était exact dans les nouvelles colportées ; qu'on avait abusé de la crédulité de tout Paris, et même de la France, car, déjà, nombre de dépêches et de lettres avaient été expédiées. Le public était indigné; il se voyait le jouet et la risée de l'Europe; il jugeait qu'il y avait là un jeu de Bourse, il demandait la fermeture de cette *boutique*, de cet *antre de voleurs*, de *brigands*, etc. Enfin, s'exaltant de plus en plus, la foule s'est élancée vers la Bourse, — j'étais alors sur la place — a escaladé les grilles, l'a envahie, et, en un instant, a enlevé la *corbeille* de fer des agents de change, le tout, au milieu de cris d'indignation, jusqu'à ce que la police soit venue, à l'aide de nombreux agents, faire évacuer la Bourse. On a retiré peu à peu les drapeaux; la joie s'est changée en tristesse, et les groupes sont demeurés à exprimer avec vivacité les sentiments les plus hostiles aux boursiers; une pétition a été immédiatement rédigée et couverte de signatures, dans un café, pour demander la clôture de la Bourse; le 3 p. 100, par cette manœuvre, avait monté de 2 francs.

7 *Août*. — (A ***, en Poitou.) Parti hier de Paris, toute la journée se passe à lire les dépêches qui se succèdent et qui annoncent les deux défaites de Mac-Mahon et de Frossart, tous deux, ô malheur ! ayant eu à combattre un contre trois. Journée déplorable ! Quelle fièvre ! Quelle douleur ! Je me décide à repartir aussitôt pour Paris.

8 *Août*. — Dans le train express qui me ramène à Paris, je trouve une quantité de députés, sénateurs, conseillers d'Etat, qui rentrent pour la session extraordinaire à laquelle ils sont appelés. Je cause avec plusieurs : tous constatent l'élan des villes qu'ils quittent ; sur notre route, nous en apprenons, du reste, des preuves : à la colonie de Mettray, quarante-deux jeunes gens se sont engagés ; à Langeais, dix-huit ; ainsi de suite. Les députés sont très bien disposés, mais je constate avec peine qu'ils regrettent la loi qui rend obligatoire l'enrôlement de tous les hommes de trente à quarante ans dans la garde mobile : « On les enverra donc à la frontière ! » s'écrient-ils. C'est le père de famille qui fait taire le patriote. Je les exhorte à ne pas discuter, — la gauche sera peut-être indigne, de parti pris, — à voter et à s'en aller. Les dames font de la charpie pendant tout le voyage.

9 *Août*. — (A Paris.) L'enthousiasme, loin

de diminuer, s'est accru, mais aussi le mécontentement contre le ministère : on n'entend que plaintes contre « le gouvernement, qui n'a rien fait activement »; on accuse le général en chef, « qui n'a pas attaqué, et qui laisse, au contraire, les corps de l'armée séparés, aux prises avec des forces trois et quatre fois supérieures ». On est stupéfait de notre ignorance des ressources de l'ennemi : «On ne savait pas qu'il avait des mitrailleuses, et c'est le même qui a fabriqué les nôtres, et qui, depuis deux ans, a fait celles de la Prusse, et plus perfectionnées que les nôtres! » On dit que le général Trochu va devenir général en chef ou major général, mais qu'il y met pour condition que l'Empereur ne sera pas à l'armée. On ajoute que, « si on ne l'a pas employé plus tôt, c'est qu'on le craignait, qu'il est Orléaniste, » etc. Impossible de vérifier ce qu'il y a de vrai dans tous ces bruits : la population est déjà très excitée, entend tout, dit tout et croit tout.

Le Corps législatif est assemblé; on dit qu'il y a une grande foule aux abords du palais; j'y cours.

J'ai passé deux heures sur la place de la Concorde, comble de monde, ainsi que toutes les rues avoisinantes: peu de bourgeois; des blouses en grand nombre; des voitures stationnant remplies de messieurs et de dames;

des groupes où s'émettent toutes les opinions. Le pont barré par la troupe, ainsi que les avenues de la Chambre. J'écoute à tous les groupes ce qui se dit : ce qui est évident, c'est que la majorité, pour ne pas dire presque tout le peuple, est composée d'émeutiers et de la partie la plus démocratique de la population : Belleville est présent. J'entends dans un groupe : « Nous sommes tous là les *Cail* (les ouvriers de l'usine Cail), les mains noires ! » Tous ces gens-là parlent ouvertement contre le gouvernement ; quelques-uns protestent qu'ils « n'iront pas à la frontière se faire écharper ». Ils demandent des armes, et se plaignent qu'on n'en donne pas au peuple. Il est clair que ces armes ne sont pas destinées à combattre l'ennemi. Des groupes plus animés se forment en avant de l'obélisque ; des hommes, du haut d'une voiture, haranguent la foule. Bientôt des cris de *Vive la République !* s'élèvent ; on entonne le *Chant du départ*, et l'on crie : *A la Chambre !* Des milliers d'hommes s'ébranlent en chantant et s'avancent vers le pont.

En ce moment, un orage terrible qui, depuis quelques minutes, chassait des nuées de poussière, éclate : le tonnerre gronde, et des torrents d'eau et de grêle tombent avec tant de force, que la bande s'arrête, s'enfuit et se disperse. L'orage dure un quart d'heure ; l'émeute se reforme et s'approche du pont. Alors, on lance quelques cavaliers pour la refouler, et la foule recule devant le trot des chevaux. Trois ou quatre cuirassiers envoyés en message veulent traverser la place; ils sont entourés, menacés, frappés, près de tomber de cheval. L'un d'eux est obligé de revenir sur ses pas et de rentrer dans les rangs; un autre passe au grand trot et file vite; il est très pâle, il a eu peur. Ces mouvements de la foule se répètent: elle va et vient, comme les flots de la mer, jusqu'à six heures, où je quitte la place, qui a la physionomie des jours d'é-meute.

Déjà, de tous côtés, on raconte, en les dé-naturant, les faits qui se sont passés à la Chambre: deux députés se seraient soufflctés; M. Granier de Cassagnac aurait dit qu'il fallait fusiller la gauche; M. E. Arago aurait ouvert son habit, en criant : Moi, le pre-mier! etc. On ne sait rien de certain. Dans deux circonstances, indigné, je me suis laissé aller; on criait : *Vive Rochefort! Vive la République!* J'ai crié seul, en réplique : « *A bas Rochefort! à bas la République!* vile canaille! » On n'a rien dit. Pendant que tout le monde s'abritait sous les arbres du Cours-la-Reine, pendant l'orage, un peloton de cuirassiers a passé; on l'a accueilli par des coups de sifflet : je me suis avancé vers eux, en battant des mains de toutes mes forces, et criant : *Vive l'Empereur !* Je ne me vante pas de ces deux traits; il y avait imprudence à le faire; quant au courage, je n'y pensais pas, j'étais emporté.

Deux heures après, on a appris ce qui s'est passé à la Chambre : démission du ministère Ollivier; M. le général comte de Palicao, ministre de la Guerre; M. le baron Jérôme David à l'Intérieur. Il y a peut-être lieu d'espérer; on dit ces hommes énergiques. Mais, déjà, on ajoute que ce n'est qu'un ministère de transition.

13 *Août.* — M. Bourbeau m'a entretenu de l'opinion du Corps législatif : la gauche, qui fut infâme dès le premier jour, par son esprit anti-patriotique, ne tend qu'au renversement de l'Empire ; elle indigne tellement la majorité que, si M. Granier de Cassagnac a été le seul à s'écrier : *Il faudrait vous traduire en conseil de guerre !* la plupart le pensaient. La gauche espère maintenant que la garde mobile ne partira pas, et ira par les rues, chantant, sur l'air des *Lampions : On ne part pas !*

14 *Août.* — Le général d'Hugues vient me voir : il arrive de l'armée ; il a assisté au combat de Wissembourg en volontaire, suivant le corps de son fils, officier de cavalerie. Il me donne une idée de ce combat héroïque, où, les Français ne pouvaient qu'être battus, les

Prussiens connaissant notre petit nombre, nous ignorant le leur ; les Prussiens couverts dans les bois, nous à découvert ; les Prussiens avec une artillerie nombreuse, nous avec peu de canons ; eux soutenus, nous isolés. Et, cependant, ce n'a pas été une fuite, les troupes ont reculé en ordre, elles ont perdu leur camp, c'est-à-dire, tout leur équipement, et le lendemain, dépouillés, harassés, les soldats traversaient Hagueneau, animés, pleins d'espoir, sans douter du succès à venir.

15 Août. — Ce matin, après une semaine qui nous a paru longue comme un mois, est enfin arrivée la nouvelle d'un succès obtenu près de Metz et qui a empêché les Prussiens de couper notre armée et Metz du territoire Français. La joie a été grande ; j'ai appris la nouvelle à 6 heures du matin. M. Rouher, l'ayant reçue à minuit, est venu du Luxembourg à la place Saint-Sulpice, et a lu la dépêche aux personnes qui s'y trouvaient et qui ont poussé des cris de joie, dont ont été émus et étonnés les habitants des quartiers voisins, ignorant le motif de ces acclamations.

Hier, avait eu lieu une tentative d'insurrection, à la Villette, où plusieurs soldats ont été tués et blessés. On sait que les espérances des séditieux sont excitées et ranimées par les députés de la gauche, et que ces tentatives peuvent se renouveler : la garde de Paris est consignée dans ses casernes.

16 *Août*. — La gauche continue à se montrer indigne : M. Emm. Arago, rencontré par M. ***, qui eut la naïveté d'exprimer sa satisfaction du succès que l'on venait d'apprendre, n'a rien trouvé à lui répondre, que ces mots : « Oui, un succès qui va augmenter le poids de nos chaînes et renforcer la tyrannie (quelles chaînes! quelle tyrannie !), et vous voulez que je me réjouisse! » C'est là le patriotisme de nos républicains.

17 *Août*. — Visité les fortifications, de Bagnolet à la route d'Allemagne. Les travaux sont fort avancés ; on ne monte plus sur les banquettes, où l'on place des canons ; on coupe les routes, on agrandit le glacis. L'ardeur est toujours la même.

J'apprends, au ministère de la Guerre, que l'on se bat, du côté de Metz, depuis quatre jours, presque sans relâche. — On ne peut imaginer l'angoisse où nous sommes. On vit avec une telle fièvre, le sang court si rapide, que les jours semblent d'une longueur extraordinaire ; à deux ou trois jours de distance, on croirait qu'il y a une semaine ou deux que tel événement est arrivé. Les émotions sont si vives qu'à la fin du jour on est abattu, comme si l'on avait fait un travail énorme ; on se couche harassé ; la nuit est remplie de rêves fatigants, on ne voit que guerre, combats, on fait des plans, des combinaisons ; et on se relève, le matin, brisé comme dans une maladie. Ces émotions et ces impressions sont générales, et j'apprends de beaucoup de gens qu'ils les éprouvent avec autant d'intensité.

Ce soir, entre 9 et 10 heures, est arrivée la nouvelle d'un combat, heureux pour nous, mais avec de grandes pertes, et l'impatience du public est si grande, qu'il a fallu, à cause de la nuit, non pas afficher la dépêche, mais l'écrire à la craie, en grosses lettres, sur un tableau noir, à la mairie de Saint-Sulpice, où la foule s'est amassée pour la lire. Mais la fin, où il était dit que nous avions perdu beaucoup d'hommes, a singulièrement diminué le contentement d'une victoire ; on était plutôt triste que joyeux.

23 *Août*. — Différents détails, jusqu'ici inconnus dans la vie des Parisiens, leur montrent la guerre à leurs portes : on s'attend à voir arriver des troupes Prussiennes, sous peu de jours, au pied des remparts. On fait ses approvisionnements pour un siège, on amasse dans les maisons du riz, des légumes secs, des viandes salées, etc. Jusqu'ici, tout cela s'est fait avec entrain et décision.

Dans plusieurs rues, on voit aux fenêtres un drapeau blanc à croix rouge, et sur la porte cette inscription : *Ambulance particu-*

lière. — Quelques pères cherchent encore à faire remplacer leurs fils à l'armée. Mais telle est la chance de mort, après les effroyables holocaustes des dernières batailles, et si restreint est devenu le nombre des hommes propres au remplacement, que le prix des remplaçants est monté à un chiffre dont les guerres du premier Empire n'approchaient pas. Un marchand de vin de Bercy a offert à Perreu, mari de ma cuisinière, qui a quarante-quatre ans, la somme de *trente-cinq mille francs,* pour remplacer son fils, et Perreu, qui est retraité, qui a vingt-cinq ans de service, a refusé. J'en sais un autre, à qui l'on a proposé dix-huit mille francs.

24 *Août.* — Hier, à la Chambre, la gauche a fait encore les derniers efforts pour inspirer aux députés la résolution de prendre la place du gouvernement : M. Gambetta a même eu l'audace de dire que le gouvernement *n'était que dans la Chambre.* Ces dissensions attestent aux yeux de l'étranger et de nos ennemis l'imminence de la guerre civile. Je suis allé, ce matin, au *Constitutionnel,* où j'ai trouvé toute la rédaction réunie, et, en peu de mots, leur ai dit qu'il fallait « que les journaux amis du gouvernement et vraiment patriotiques fissent une ligue, pour demander la *dissolution* du Corps législatif ; que la Chambre ne servait actuellement à rien, sinon à entraver ; que

la gauche était infâme et excitait incessamment le désordre ; que les séances n'étaient qu'un scandale, et qu'en parlant ainsi, je n'étais que l'expression affaiblie de l'indignation publique ! » — Un homme, que je n'avais pas vu, s'est détaché du groupe, et, me saisissant la main, s'est écrié : « Vous le voyez, messieurs, si ce que je vous disais est vrai ! Monsieur vous répète ce qui se dit partout ! Il faut que cette Chambre s'en aille ! » C'était M. Ch. Abbatucci, conseiller d'État, que je connais depuis longtemps, et qui venait presser la rédaction de prendre l'initiative de la résistance à la Chambre. Nous avons, soutenus par l'énergie l'un de l'autre, continué à parler ainsi avec la même vivacité. La rédaction nous a dit : « Vous allez être contents ; ce soir, paraîtra, dans le *Pays*, un article où nous demanderons la prorogation. » Il ne s'agit de rien moins, en effet, que du salut du gouvernement, et avec le gouvernement, de la nation. Si la majorité faiblissait, la Chambre deviendrait bientôt une Convention, et la République diviserait la France en partis acharnés. J'ai rencontré, en sortant, un député de cette droite, M. Belmontet, à qui j'ai refait la même scène, en lui disant qu'il ne servait à rien et qu'il fallait qu'il s'en allât. M. Belmontet est convaincu de l'indignité de la gauche, et voudrait, certes, mettre fin à ses clameurs séditieuses, mais j'ai bien vu qu'étant député, il n'avait pas grande passion de se sacrifier, et qu'il était moins pressé de s'en aller que ne le souhaite le public. Il a promis, néanmoins, d'agir, dans ce sens près de ses collègues. Paroles !

On avait fini par être tellement monté dans les bureaux du *Constitutionnel*, qu'on se demandait pourquoi, étant en état de siège, on n'arrêtait pas Gambetta, Ferry, Arago, etc. L'irritation des deux partis est arrivée presque à l'extrême, et il me paraît que la gauche, si elle ne réussit pas à l'emporter dans la Chambre, est capable de perdre la tête et de se porter à un coup violent.

25 *Aoüt.* — Le journal illustré Anglais, le *Graphic*, publie de nombreuses gravures sur les événements de la guerre et de Paris. J'en ai vu plusieurs numéros, mais ils sont loin d'être exacts, et l'on ne devra pas s'y fier pour écrire au jour cette histoire, si tout ressemble à une gravure où l'on représente, le mardi 9, jour de l'ouverture de la session extraordinaire, la garde nationale *levant la crosse en l'air et refusant de charger le peuple*, devant le pont de la Concorde, ce qui est juste le contraire de la vérité ; j'y étais.

26 *Aoüt.* — La deuxième séance de la Chambre, où l'on a proposé un *comité* (dissimulé) *de salut public*, a été aussi déplorable

que la première. Tout le monde, sauf les fauteurs de désordre, est exaspéré contre la gauche. M. Georges Seigneur, sans s'être entendu avec le *Pays*, dont l'article sur la *prorogation* a paru, a demandé également, dans le *Monde*, que la Chambre cessât ses fonctions. Je suis allé voir M. Bourbeau, je lui ai peint la situation, fait part du sentiment public, et, le voyant favorablement disposé et approuvant tout ce que je lui disais, j'ai ajouté : « Il faut agir ! Il ne faut pas attendre : vous avez de l'autorité, vous avez été ministre, vous voyez l'Impératrice : allez la trouver, représentez-lui le danger de garder réuni le Corps législatif, et proposez-lui d'en décréter la prorogation ; on peut s'assurer la majorité à la Chambre, qui est bien disposée, mais qui ne se décide pas, comme tous les corps assemblés. L'Impératrice, lui ai-je dit en outre, verra que vous êtes un homme énergique, et vous serez ministre ! Ce n'est, certes, pas pour ce motif et dans ce but que je vous presse ainsi, mais c'est parce que ce parti est le seul qui puisse éviter de grands malheurs. Vous ne servez plus à rien ici : vous avez donné tout ce que vous pouviez, en hommes et en argent ; le reste peut se faire par décret : allez-vous-en ! vous ne faites que gêner. Quelque plaisir que j'aie à vous voir de temps en temps, j'aurai plus de plaisir à ne plus vous voir du tout ! » M. Bourbeau a paru frappé de mes paroles, et, à deux reprises, a dit qu'il y penserait. Nous verrons ; mais, plus je vais, plus je vois combien peu d'hommes ont une énergie qui me satisfasse.

Nous avons traité aussi quelques autres points : l'*armée*, dont réellement on ne sait rien de certain, et dont, même en comité secret, le ministre de la guerre a déclaré qu'il ne saurait sans péril donner des nouvelles, ce qui est trop juste ; l'*attitude de la gauche*, où 15 hommes suffisent pour troubler toute une nation ; les paroles échangées sont devenues si acerbes, si injurieuses, qu'il en est quelques-uns, Giraud, Jouvencel, à qui personne de la droite ne parle ; les autres sont assez accessibles, vis-à-vis de leurs collègues, mais on se regarde toujours avec réserve ; seul, le ministre de la guerre donne des poignées de main à tous ces gens de la gauche, « sans doute par habitude militaire » ; la *position équivoque* du général Trochu, dont une grande partie de l'Assemblée ne comprend pas le choix, qui semble suspect à beaucoup de gens, et qui se compromet par des harangues, des écrits et des lettres, dont un homme de guerre doit s'abstenir, en se donnant exclusivement aux actes.

Les journalistes, me dit M. Bourbeau, même la plupart de ceux qui écrivent des articles favorables au gouvernement, insultent les membres de la droite, à leur sortie de la Chambre, et disent : « Les voilà, ces lâches ! ces mollasses ! etc. » Les députés passent entre les files des journalistes, faisant semblant de ne pas voir et de ne pas entendre. Cela s'explique : dans une situation violente, les hommes sont portés à applaudir à l'énergie des résolutions, et, sans réfléchir et considérer les conséquences, ces journalistes voient plus de virilité dans la gauche, qui attaque, que dans la droite, qui se défend. La violence grise les assistants ; presque en tout temps, les motions les plus détestables ont été applaudies par les tribunes. Oh ! quand le monde sera-t-il guéri de la maladie des Assemblées !

28 *Août*. — Chacun fait des provisions de siège ; plusieurs denrées, le riz, le chocolat, le sucre, les viandes fumées, etc., ont augmenté de prix, par l'irruption des acheteurs, qui les enlèvent de tous côtés. Dans certains magasins, on fait queue, comme, sous la Révolution, à la porte des boulangers ; il y a des gens qui ne sont servis qu'après deux et trois heures d'attente. Cette nuit, les garçons de la grande épicerie Potin ont dû se lever et veiller, pour servir le public, qui persistait à demeurer dans la rue, et menaçait de forcer les portes ; les garçons faisaient faire la haie, et passer à leur tour les chalands, comme des sergents de ville.

29 Août. — M. Champollion, médecin en chef de la garde mobile, mon voisin, me dit qu'il est assailli de sollicitations pour faire exempter des jeunes gens ; ce sont surtout les plus riches. Il m'en cite trois particulièrement, dont les pères ont de 60 à 80,000 francs de rentes, et qui se sont fait exempter, comme soutiens de famille. L'un d'eux est fils de l'écrivain académicien, M. ***, qui est fort riche et a si peu besoin d'être soutenu, qu'il écrit tous les jours dans le journal ***, fort allègrement. — M. Albert Duruy, fils de l'ancien ministre, au contraire, s'est engagé ; il est, me disent ceux qui le connaissent, d'une force, d'une ardeur et d'un courage extraordinaires au même degré.

30 Août. — Visité les fortifications, de la porte de Vaugirard à la Seine : la rivière est barrée par des pieux et des échafaudages, aux ponts d'Auteuil et d'Iéna. Le Jardin des Plantes, le jardin du Luxembourg, le square de la rue de Sèvres, etc., sont, en partie, entourés de planches et transformés en parcs à bestiaux et à moutons ; des hommes, des femmes, des enfants, remplissent des sacs de terre ; les canons sont placés sur les remparts ; Paris sera bientôt entièrement en état de siège.

31 Août. — On a enlevé les fous de Bicêtre et de Sainte-Anne, et on les a conduits à

Evreux, à Chambéry, etc. Tel est l'empressement des gens à quitter Paris, que des trains
supplémentaires suivent tous les trains ordinaires, et encore ne part pas qui veut. Je
croyais une de mes parentes partie avec ses
enfants, avant-hier soir, à 8 heures. Après
avoir entendu plus d'une heure, il leur a été
déclaré qu'on ne pouvait les faire partir qu'à
2 heures du matin, et encore en troisièmes.
D'autre part, la quantité de gens qui rentrent,
de dix lieues, à la ronde, dans Paris est innombrable : on ne voit et on ne rencontre que
charrettes de toutes sortes encombrées de
meubles, venant se mettre à l'abri dans la
ville, et croisant des files de voitures char-
gées de malles, qui se sauvent. La multitude
des fuyards va encore augmenter, après l'affiche du Préfet posée hier, qui dit que : « la
défense et l'approvisionnement demandent
que tous ceux qui ne peuvent faire face à
l'ennemi quittent Paris. » La résolution des
Parisiens, cependant, ne baisse pas, et l'on
en est presque à regretter que le Prince Royal
de Prusse remonte vers le nord, pour rejoindre son cousin, au lieu de venir attaquer
Paris. — On s'attend, pour aujourd'hui ou
demain, à une grande bataille.

LA RÉVOLUTION DE SEPTEMBRE

PARIS ASSIÉGÉ

SEPTEMBRE 1870

Révolution du 4 Septembre. — Préparatifs des Parisiens contre les Communistes. — Combat de Clamart. — M. Jules Favre à Ferrière. — Premier départ des ballons. — Mollesse du Gouvernemént vis-à-vis des Communistes. — Elévation du prix des subsistances. — Echec de Choisy.

5 *Septembre*. — En trois jours, il s'est passé tant d'événements, si affreux, si émouvants et qui en présagent tant d'autres non moins terribles, qu'il semble que plusieurs mois se soient écoulés. Nous avons été si violemment agités, nous le sommes tant à cette heure, que nous sommes à peine maîtres de nos actions, de nos pensées, de nos sentiments. Quelles pages d'histoire ! quel renversement ! quelles effroyables défaites ! Quelles lâchetés ! quelles trahisons ! Bataille sanglante terminée par une catastrophe sans pareille dans notre histoire ! une armée de 90.000 hommes anéantie, 15,000 cherchant un refuge à l'étranger, l'Empereur prisonnier ! Et combien de morts ! Et nous ne savons

4.

qu'une partie des pertes. Oh! mon Dieu! mon Dieu!

Le samedi 3, où l'on vint me dire, à 4 heures, que nous avions perdu une grande bataille sous Mac-Mahon, je ne voulais pas le croire : je cours chez M***, sénateur, il sortait du Sénat : « Non, me dit-il, nous n'avons pas perdu *une* bataille, nous en avons perdu *deux!*» On était venu l'annoncer au Sénat, et l'on avait fait entrevoir un plus grand malheur! En revenant, j'étais comme ivre; je rencontrai M***, ancien représentant de 1848 : » Qu'avez-vous? me dit-il. — Ah! m'écriai-je, nous avons... nous avons!...» Je ne pus continuer; je me détournai et éclatai en sanglots. Et ce n'était rien encore! La journée, cette affreuse journée de dimanche, devait ajouter aux pertes que nous venions de faire, au désastre de l'armée, l'ignominie, la bassesse de la plus vile des révolutions, le triomphe de la canaille, le renversement du gouvernement vaincu et, indignité que Joseph de Maistre disait ne s'être jamais vue, la trahison en face de l'ennemi! Oui, ils attendaient, ils espéraient cette défaite, les républicains, les ennemis de tout ordre, les envieux, les incapables, les impuissants, qui rêvent toutes les jouissances que leur doivent donner les révolutions. Ils avaient tout préparé de longue main : depuis trois semaines, ils essayaient leurs forces par leurs propositions, par leurs journaux, par leurs sicaires qui, à main armée, attaquaient les postes (à la Villette, le 14 août); ils faisaient flotter, ils agitaient, comme un drapeau sanglant, au-dessus de la tête des députés et des ministres, l'image hideuse de la populace, et les députés, et les ministres, et les généraux eux-mêmes, étaient intimidés et baissaient la tête et détournaient les yeux devant ce fantôme ! Et alors tous perdirent la tête ! Nous, du dehors, devant l'audace de la gauche, de cette minorité qui avait osé, dès le samedi soir, demander la *déchéance* de l'Empereur vaincu, nous nous disions : « Le ministère fera un coup d'Etat, il est dans l'air ! » Le coup d'Etat, ce fut l'ignoble plèbe qui le fit, se ruant dans la Chambre, et, comme en 1830, en 1848 (en février et en mai), pour la quatrième fois en quarante ans, elle faisait la pire des révolutions, la révolution du ruisseau, et la plus détestable, la révolution devant l'ennemi !

Il en portera la peine dans la postérité, ce général Trochu, amateur de popularité, ce général écrivassier, flatteur de la foule, dont le nom retentissait, que l'on disait devoir tout sauver, être plus capable que tout autre, quoiqu'il n'eût jamais commandé un corps, dirigé une armée, gagné une bataille ! Mais telle est la plèbe ! Celui-là était grand à ses yeux qui n'avait rien fait, et le général de Palikao, on le considérait à peine, lui vainqueur en Chine, et qui, en quinze jours, avait organisé et accompli tant de travaux pour la défense de Paris ! Elle dira, l'histoire, ce que fut, ce que fit le général Trochu pactisant avec la gauche, ne défendant pas les accès de la Chambre, quand deux régiments de cavalerie eussent refoulé bien loin, des pieds de leurs chevaux, la populace ; invoquant, au contraire, le concours de la *garde nationale*, cette molle et inepte milice qui laissa, en 1848, tomber son roi Louis-Philippe, et qui de même, en 1870, a ouvert ses rangs et laissé passer le *mob* populaire, le flot des bandits de la Villette et de Belleville ! Et, pour terminer, lui qui avait juré à l'Impératrice de défendre Paris, il le livre à une poignée de sophistes, de rhéteurs et de folliculaires, se met à leur suite et accepte de signer son nom sur la même feuille qu'un Rochefort !

Il y a un double enseignement à tirer de cette catastrophe, et, si on ne l'accepte pas, la France sombrera et s'abîmera dans une ruine prochaine et sans retour. La cause première de toute révolution étant *morale*, nul gouvernement, quelle que soit sa forme, ne tiendra désormais, s'il tergiverse et laisse au mal la liberté d'agir, et j'appelle le *mal* toute doctrine qui attaque la Religion et les princi-

pes moraux, bases des sociétés et des Etats.
Et c'est ce qu'a, hélas ! permis le gouvernement depuis 1860, où il commença à céder
aux obsessions de la gauche. — Il est, en outre,
un moyen *matériel* d'empêcher les révolutions
populaires qui, périodiquement, à la voix
d'ambitieux tribuns, renversent les gouvernements : il ne faut plus que les Chambres siègent dans une capitale de 2 millions d'hommes,
la plupart faibles, fous, lâches ou dépravés ;
elles doivent siéger dans une petite ville
éloignée de Paris. Paris fera ses émeutes, il
n'ébranlera pas le gouvernement de la France :
la France laissera cette bacchante trépigner
d'ivresse ; un système de décentralisation permettra aux provinces de s'administrer, de
vivre en dehors des accès de congestion de
cette tête disproportionnée. Les États-Unis
n'ont pas le siège de leur gouvernement à
New-York ; les rois, depuis Charles VII, se
gardaient de toujours demeurer à Paris. Paris
est, dit-il, le centre des arts, des plaisirs, du
luxe et des idées ; oui, et aussi du vice et des
infâmes passions : maison de haute prostitu-
tion, il ne peut être le lieu où se font les
lois, où se concertent les destinées d'un peuple
chrétien !

6. — Tout cela était préparé dès longtemps,
et le jour presque calculé à coup sûr ; plusieurs

incidents, aujourd'hui connus, ne laissent aucun doute à ce sujet . La sœur de M. Rochefort était partie pour Londres trois ou quatre jours auparavant, avertie par son frère. Un rédacteur de la *Réforme*, M. *** se trouvait en Espagne ; le 31 août, il reçut une dépêche pressée de Paris, où on lui disait : « Venez tout de suite, il va y avoir un grave événement. » Il arriva le 3 septembre, assez à temps pour assister et participer au triomphe de l'émeute. A la fin d'août, un banquet avait réuni MM. Hugo, Meurice, Vaquerie, etc., et l'on y avait bu *à un autre Waterloo !* En vain avertissait-on ministres, sénateurs, députés ; ou ils ne croyaient pas au danger, ou ils ne voyaient pas le moyen de le conjurer.

Dès que la République a été proclamée *par la minorité* (proclamation de M. de Kératry), *par le peuple, la Chambre hésitant* (proclamation du gouvernement), à peine le gouvernement a-t-il été installé à l'Hôtel de Ville, la plèbe la plus vile est apparue : une bande est allée, dès le 4 au soir, à la prison de la rue du Cherche-Midi, pour délivrer les condamnés à mort de la Villette, qui avaient assailli, assassiné des pompiers, des femmes, des enfants. On a repoussé d'abord cette bande, mais M. Pelletan s'est présenté, et les condamnés ont été mis en liberté. Ce *gouverne-*

ment lui-même avoue ainsi deux choses : sa complicité avec ces meurtriers, au sujet desquels il demandait impudemment des *explications* aux ministres de l'Empereur, il y a quinze jours, et sa peur de la populace. Cette peur, du reste, s'est manifestée déjà, à propos de M. Lullier, ancien officier de marine : il a été arrêté, pour avoir excité des soldats à quitter leur poste ; mais c'est un chef d'émeute et de barricades, on l'a relâché.

Cette République si inattendue a frappé d'effroi tout ce qui, dans Paris, n'est pas républicain, c'est-à-dire, la grande majorité de la population. Le gouvernement écrit dans ses journaux que « l'enthousiasme est immense » : je le peux affirmer, et nul ne le saurait contester, jamais je n'ai moins entendu crier *Vive la République !* les cris tentés par quelques-uns, çà et là, restent sans échos. La terreur de ce que suppose ce mot de *République* a jeté, au contraire, la panique dans la population : tous ceux qui peuvent fuir se sauvent de Paris. La peur de l'arrivée des Prussiens s'était calmée, et les départs étaient moins nombreux ; mais, lundi matin (5), a commencé une débandade dont on n'avait pas encore eu le spectacle. Les gares des chemins de fer sont envahies, de telle sorte qu'on est obligé de fermer les grilles ; les salles, les cours, et les quais sont encombrés, les fugitifs dressent des échelles contre les grilles et passent par-dessus, pour entrer dans les cours. Aux environs de la gare d'Orléans, la foule campe dans les rues, sur la place Walhubert, sur le quai, assise près de ses malles, de ses ballots, mangeant et buvant, en attendant qu'on lui permette d'entrer. Des trains de 30 à 40 voitures partent incessamment ; on ne prend même plus que les voyageurs sans bagages, les wagons ne suffisant pas. Il en est de même aux gares de Lyon, de Montparnasse et du Havre.

8. — La démagogie donnera bientôt quelques embarras au gouvernement, qui s'est empressé d'écrire que « pas une goutte de sang n'avait été versée ». Il est à craindre qu'il n'attende pas longtemps : dès mardi, une troupe de 16 à 1,800 hommes s'est portée à la mairie du XIIIᵉ arrondissement (le même arrondissement qui avait repoussé M. Jules Favre aux dernières élections), et a déclaré qu'elle n'acceptait pas le maire nommé par le gouvernement et qu'elle voulait M. Passedouet, épicier et chef de club : on lui a obéi, et elle a eu M. Passedouet pour maire. Le *Réveil*, mardi également, s'est élevé contre ce gouvernement *composé de parlementaires, et où il ne se trouve pas un ouvrier*, et a protesté qu'il ne l'entendait pas ainsi. Des affiches rouges, de la *Société Internationale,*

et de MM. Blanqui, Flotte, Pilhes, Eudes (un des condamnés à mort de la Villette), annoncent que cette Société et ces chefs du *peuple* accordent leur concours au gouvernement, mais *à condition;* déjà elles le menacent. Cette nuit, une troupe nombreuse ayant à sa tête, comme autrefois, M. Flourens et quelques autres meneurs, est descendue de Belleville, pour attaquer et enlever la Préfecture de police : on était prévenu, et l'hôtel était entouré de forces nombreuses, infanterie, cavalerie, artillerie. Devant cet appareil formidable, la bande a reculé sans mot dire, et ajourné son entreprise ; ce qui atteste que le général Trochu aurait pu protéger la Chambre, comme il vient de le faire pour la Préfecture. La mairie de Passy a été aussi attaquée par une bande, qui prétendait renverser le conseil municipal *républicain,* et en nommer un autre. Les journaux ne disent mot de ces tentatives, qui sont seulement un prélude. Du reste, le gouvernement n'est pas rassuré: M. de Kératry montre quelque énergie, il a été soldat, et ayant l'habitude de la discipline, il prétend maintenir l'ordre ; mais les autres ont peur de la foule, et feront tout pour la satisfaire, ce qui précisément amènera sa ruine, et quelle ruine !

Il n'est pas certain que cette gauche même n'ait pas été étonnée, à la dernière minute, de son facile triomphe, comme les républicains de 1848. M. Gambetta, le 4, à la Chambre, suppliait le *peuple* envahisseur de laisser aux députés la liberté de délibérer : bientôt il lui fallut accentuer davantage son discours, mais cela ne suffit pas ; un ouvrier lui mit la main sur l'épaule : « Tu oublies, lui dit-il, de parler de la République ! — Non, dit M. Gambetta, mais ce n'est pas ici qu'il faut la proclamer, c'est à l'Hôtel de Ville ! » — Il dut voir déjà les exigences qu'il subirait. Il racontait, vendredi, à un ami, qu'il était assailli par des députations qui lui demandaient les choses les plus insensées de violence et d'utopie, si bien qu'enfin, perdant patience, il s'était écrié, dans son langage de tabagie : « Allez vous faire f...! »

9. — Une partie de la Presse est ignoble, je ne parle pas des feuilles de tout temps républicaines, socialistes et matérialistes, mais des journaux qui, le 3 .encore, défendaient l'Empire, et qui, *aussitôt, sans transition,* se sont faits républicains, insultant l'Empereur, prêchant l'enthousiasme pour la République, applaudissant aux actes de ce gouvernement né de la rue, et se montant au ton des feuilles les plus anciennement démocratiques. Peu de journaux ont été nobles et courageux : presque seuls, le *Pays,* le *Public,* avant que M. Dréolle déclarât se retirer, et le *Peuple Français,* ont énergiquement et hardiment protesté. J'ai écrit à M. Auguste Vitu, pour

le féliciter : « Je reçois de plusieurs côtés des lettres de félicitation, a-t-il répondu, eh quoi ! il est donc bien rare de ne pas être lâche ! »

Embarrassés, d'ailleurs, peu sûrs du présent, les journaux ont presque tous laissé là toute signature ; les articles paraissent avec des initiales ou simplement anonymes. Toute la bohème, râpée ou dorée, de la Presse, tous ceux qui *faisaient du journalisme* pour vivre, qui grouillaient et rampaient dans un marais de dettes, d'emprunts, de luxe, de vices, de débauches, de calomnies, d'agiotages, de vols déguisés, toute la horde des viveurs de nuit, les entreteneurs de femmes et les entretenus, tous ceux-là, sans hésiter, ont battu des mains à l'apparition de la République sur les planches. C'était la fille qu'il leur fallait ! Elle a appartenu à tant de gens, qu'avec elle on est à l'aise, on n'a rien à respecter ; nulle retenue, nulle gêne ; elle n'a droit de s'opposer à rien, et de rien empêcher. Voilà l'unique cause de leur rapide défection : heureuse perte pour le gouvernement régulier qui viendra, quel qu'il soit ! Ils se sont dévoilés et ont fait connaître ce qu'ils valent.

10. — Il est arrivé et il arrive, tous les jours, une quantité de gardes mobiles, qu'on estime à 100,000, très bien disposés, mais aussi, peu ou point instruits et mal équipés ;

on leur fait faire l'exercice sur les places, et dans quelque temps, ils ressembleront, il le faut espérer, à de vrais soldats. Mais, et c'est ce que répètent officiers, généraux et journaux de tous les partis, le vice capital de ces jeunes gens, que dis-je? de l'armée, est l'indiscipline. Et, malheureusement, ce n'est pas ce gouvernement né de l'Opposition qui rétablira la discipline si fort ébranlée par l'Opposition. N'est-ce pas l'Opposition, en effet, qui a réclamé pour l'armée le droit de lire les mauvais journaux, d'assister aux séances des clubs, de voter, hélas! et, ce qui semblerait incroyable si nous ne l'avions vu, de voter contre leur souverain?

Cette armée, aujourd'hui, n'obéit plus à ses officiers, elle commente leurs ordres. La République n'a eu garde de lui imposer des prescriptions plus sévères, et tout ce que l'on apprend prouve combien le mal est étendu. Le général *** me dit qu'il ne sait où trouver ses soldats, ils vaguent par la ville, dans les cabarets, avec le peuple ; un autre, qui commande un secteur près de Belleville, que la garde nationale de ce quartier ne veut plus de ses officiers ; il se demande par qui l'on remplacera ces officiers qui étaient d'anciens militaires. Les mobiles campés à ..., que je suis allé voir, et parmi lesquels j'ai de jeunes amis, avouent qu'ils obéissent assez mal à leurs officiers :

« Nous n'avons pas confiance en eux, » disent-ils ; toujours la fronde Parisienne !

11. — Comme il n'y a plus de sergents de ville, depuis le 4 au soir, où on les a poursuivis, et où l'on a cassé leurs épées, chacun fait ce qu'il veut : on voit dans les rues des rixes et des figures ensanglantées, sans que personne s'en mêle ; il y a même eu des vols à main armée (sur le boulevart du Prince-Eugène). Beaucoup de personnes n'osent aller le soir dans des quartiers un peu éloignés. Quant aux mendiants, ils pullulent ; nous n'avons plus rien à envier à l'Italie, on en est assailli jusque dans le Palais-Royal.

Quoique les journaux soient muets à cet égard, comme sur beaucoup d'autres points, on sait que le gouvernement est loin d'être obéi et même accepté sur tout le territoire : à Lyon règne un comité de *salut public*, qui fait, non ce que veut l'administrateur général, mais ce que celui-ci ne veut pas. Il a décidé, entre autres mesures, de mettre en prison l'ancien Préfet, les magistrats, etc., et il les y garde. Le gouvernement va avoir à compter avec ces messieurs ouvriers, qui, ainsi que le dit le citoyen Blanqui, dans son journal la *Patrie en danger* (n° du 13), *prouvent une fois de plus que l'idée révolutionnaire fait corps avec l'idée de l'athéisme, et montrent ainsi la voie aux Parisiens !*

Epouvanté par ces excitations à la révolte, et persuadé que les Parisiens ne tarderont pas à suivre ces conseils, un de mes amis a écrit au général ***, qui a un commandement important dans l'armée : «Je vous ai parlé des dispositions du populaire de Paris, je ne vous en avais pas trop dit, au contraire : je sais, de source certaine, que la *Société Internationale*, qui compte plus de 100,000 ouvriers, est organisée et tient Paris ; elle est en permanence. Ces gens-là ne reculeront devant rien. Le gouvernement est effrayé de leur audace, et tremble de les mécontenter, il a peur de la plèbe. Or, cette plèbe sera dirigée par Blanqui, Eudes, l'assassin de la Villette, etc., qui, dans leur affiche d'hier, insultent et menacent le gouvernement. Les gens de la rue sont plus à craindre que les Prussiens. Réunissez vos colonels, instruisez-les de ce qu'ils doivent faire vis-à-vis de cet ennemi intérieur ; que les colonels en fassent autant avec leurs officiers, et ceux-ci, avec les sous-officiers sur lesquels ils peuvent compter. Alors, et ainsi, vous pourrez être sûr de vos troupes, sinon, elles vous fondront dans les mains, et s'écouleront, sans que vous les puissiez retenir. Vous êtes digne, par votre énergie, de nous sauver des Prussiens, — et de la République de la Courtille. Celle-ci et ceux-là à bas, nous verrons à nous débarrasser de l'autre République, celle d'aujourd'hui. »

Dès que la démocratie triomphe, et cela est surtout remarquable en France, elle a bien plus de courtisans que la royauté, et bien plus vils, et bien plus bas. Jamais, dans le temps où furent le plus puissants Louis-Philippe et Napoléon III, il n'y eut autant de journaux officieux et adulateurs du pouvoir, que sous la République du 4 Septembre. En deux jours elle a conquis, sinon la totalité des feuilles quotidiennes, du moins, il suffit de les lire, quinze journaux sur vingt. Cherchez une monarchie où le gouvernement ait une telle quantité de flatteurs plats et rampants : on voit combien la République, en France, élève et ennoblit les âmes !

Je suis allé, ce matin, à Châtillon, voir mes jeunes amis, gardes mobiles, qui y sont campés. Ils y font l'apprentissage de la vie de campagne, courant le pays jour et nuit en éclaireurs, couchant sur la paille, mangeant ce qui se trouve. Leur bataillon est un de ceux qui comptent le plus de jeunes gens de la bourgeoisie riche et de la noblesse ; ils manœuvrent bien déjà et sont fort déterminés. Ils ont à garder une position des plus importantes : au bout de trente ans, on s'est aperçu que le haut de la côte de Châtillon dominait Vanves et Fontenay, et l'on s'est mis, à la hâte, à y construire une redoute. Elle sera immense, à cheval sur la route, armée de 70 à 80 pièces et défendue par des troupes nombreuses : mille hommes y'travaillent presque jour et nuit, et elle sera achevée samedi ou dimanche (17 ou 18) [1].

13.— Ce soir, est arrivé d'Afrique, avec son régiment, le 1er zouaves, mon jeune cousin T..., ancien zouave pontifical, qui s'est engagé pour la guerre. Ses questions m'ont fort amusé : au fond de l'Algérie, où il était, il ignorait une partie des détails de la révolution ; il m'a demandé ce qu'étaient devenus les condamnés de la Villette ? — Ils rédigent les affiches de l'*Internationale,* dont ils sont les chefs. — Si M. Rochefort était encore en prison ? — Il est un des rois de la France ; et ainsi de suite.

Les zouaves ont été accueillis, sur leur route, avec le plus touchant patriotisme : dans les gares, on se pressait autour d'eux pour les

---

[1] Quelques jours avant la révolte du 4 septembre, le général comte de Palikao avait fait un marché pour que 8,000 ouvriers travaillassent à la redoute de Montretout et autant à celle de Châtillon. Le gouvernement de la défense nationale survint: tous les travaux furent négligés ou abandonnés, les traités non exécutés : c'est ainsi que l'une de ces redoutes ne fut pas faite, et l'autre pas armée.

faire boire, manger, remplir leurs gourdes, etc. A Saint-Étienne, mon cousin a été abordé par un enfant de douze à treize ans, qui lui a dit : « Maman demande quatre zouaves pour leur donner à dîner. » Ils sont allés, en effet, chez une dame, qui leur a fait grande chère, ayant elle-même un fils à l'armée, et qui leur a demandé de lui envoyer de leurs nouvelles. Malheureusement, ce corps, comme les autres, et davantage peut-être encore, est d'une indiscipline qui fait tout craindre.

14. — Tous ceux qui savent ce que sont les révolutions redoutent les dangers de l'intérieur, au moins autant que les Prussiens. L'excitation produite par les affiches de l'*Internationale*, des journaux de MM. Blanqui, Félix Pyat (*le Combat*), V. Hugo, ne peut demeurer sans effet : la plèbe veut prendre le pouvoir à Paris et en France, comme elle l'a à Lyon, et régner par la terreur. Ces journaux menacent le gouvernement d'agir *sans lui* et, sous toutes les formes, déclarent qu'il faut se débarrasser des ennemis de l'intérieur. Leur ton de fureur et de férocité est plus effrayant que les mots même : on sent des gens résolus à *tout*, pour maintenir leur République. Ils ne pensent qu'à elle; repousser les Prussiens n'est qu'un moyen de la conserver. Si j'avais le malheur d'être membre du gouvernement, je serais terrifié de la tâche que j'aurais prise. Mais

ces hommes sans prévoyance n'ont senti que le plaisir de renverser l'Empire, sans jeter même un regard sur les difficultés presque inextricables qui les allaient enserrer. Ils n'ont ni idée, ni plan, ni projets : ils improvisent tout, ils prennent chaque jour des arrêtés sur lesquels ils reviennent le lendemain ; ils décident, par exemple, le 13, que les portes seront fermées, et le 14, ils permettent l'entrée et la sortie.

M. de Waldeck, dont on a vu des tableaux aux derniers Salons, avec cette mention : *Loisirs d'un centenaire*, m'a donné sa photographie ; au-dessous est écrit de sa main et très net : *A M.* ***, 1870. *J. Max, comte de Waldeck, dans sa cent cinquième année.* Nous comptions ensemble les révolutions qu'il a vues en France, il en est à son quinzième gouvernement : c'est, depuis quatre-vingts ans, une révolution à peu près *tous les cinq ans.* Comment une nation peut-elle subsister avec un tel régime ! Le mot qu'on attribue à M. L. Veuillot est vrai : « La faute irrémissible de l'Empire, *c'est d'avoir laissé vivre ces gens-là !* »

16. — En dehors du gouvernement, chacun songe à sa propre défense : on fait des provisions de vivres, mais, hélas ! ces préparatifs ne sont pas seulement contre l'ennemi ; on pense à d'autres attaques, à celles qui viendront d'une populace soulevée, et l'on prend

des précautions pour sa vie et pour ce qu'on possède. Je n'entends parler que de personnes qui cachent leur argent, leurs bijoux, qui chargent leurs revolvers, calculent les moyens de se barricader chez eux, disposent des lieux de refuge et des issues pour fuir, et se munissent de biscuits, dans la prévision où un combat dans la rue les obligerait à ne pas sortir pendant plusieurs jours.

La démocratie la plus effrénée rugit en dessous, en effet, et ses chefs s'annoncent ouvertement comme nos futurs maîtres. Plusieurs journaux appellent le *peuple* à imiter l'exemple de Lyon, qui a établi une République socialiste. Ces journaux et ce peuple n'attendent que le moment favorable : ils sont déjà organisés, et une partie a pénétré dans la place. Je suis allé à la mairie du VI° arrondissement, voir M. A. Desprez, qui, républicain de la veille, a été fait chef du cabinet du maire et y dirige une partie des affaires. Il m'a dit peu de mots sur la situation, mais il n'est guère moins effrayé que les réactionnaires. Il m'a appris que l'*Internationale,* dès le 5 septembre, s'est présentée à la mairie et a émis la prétention de s'immiscer dans l'administration municipale ; le maire a résisté le plus qu'il a pu, mais il vient d'être obligé de recevoir six membres de l'*Internationale,* qui se tiennent en permanence à la mairie, assistent aux délibérations et disent qu'ils sont là pour *surveiller* ce qui se fait. L'un d'eux, qui est médecin, entrave tout ce qui se fait, dit M. Desprez, et a empêché jusqu'ici l'exécution de plusieurs mesures importantes. L'indignation, parmi les républicains modérés, en présence de cette opposition, les fait parfois s'écrier « qu'il faut que ces hommes de l'*Internationale* soient payés par les Prussiens ! »

17. — Pendant ce temps, le gouvernement de l'Hôtel de Ville agit comme une pendule détraquée : le maire de Paris, au moment même où l'ennemi, depuis trois jours, est sous Paris, a rassemblé tous les maires, *afin de changer les noms des rues!* Il est vrai que ce maire est un vaudevilliste, ancien directeur de théâtre ; habitué à chercher des plaisanteries pour faire rire le public, il a pensé à celle-ci. On ne peut guère plus attendre d'un vieil *impresario.*

18. — Je viens d'assister à un grand spectacle, la messe militaire des mobiles Bretons à Saint-Sulpice. Je passais sur la place, à midi ; la grande porte de l'église était ouverte, les mobiles y entraient en foule et, dirigés par leur aumônier, s'allaient agenouiller près de l'autel ; bientôt, il y en eut plusieurs centaines ; puis, vint un peloton armé de 25 hommes, qui se placèrent dans le chœur sur

deux rangs. La messe était dite par l'aumônier : c'était une messe basse, accompagnée par l'orgue et quelques chants. C'était déjà une scène saisissante que ces jeunes gens agenouillés en armes et recueillis ; mais, quand tout d'un coup éclata le chant *Exaudiat*, dit par ces fortes voix d'hommes qui intercédaient le Dieu tout-puissant, maître du monde et de leur vie, quelques instants avant l'heure où ils allaient marcher au combat ; en entendant ces soldats improvisés élever leurs voix vers le ciel et prier Dieu de les aider et de les secourir, l'image du danger imminent, de l'avenir si proche, de la mort qui allait en abattre un grand nombre se présenta à toute l'assistance ; une émotion irrésistible envahit tous les cœurs, et l'on entendit de tous côtés des gémissements et des sanglots. Et cette émotion dura toute la messe : chaque fois que leurs voix en chœur ébranlaient la voûte de leurs chants, il semblait qu'ils nous faisaient leurs adieux, et chacun se rappelait ses fils, ses frères, ses enfants, qui étaient dans la même situation, et les larmes coulaient. Cependant, on sentait dans ces voix l'accent ferme de courages résolus : chez eux nulle faiblesse, au contraire ; ils avaient voulu implorer Dieu avant d'aller combattre, et leur attitude était si simple et si naturelle, qu'on voyait bien que cette prière leur était habituelle, et qu'ils remplissaient ce devoir, sans qu'on eût eu besoin de les y inciter.

Après la messe, le curé de Saint-Sulpice, M. Hamon, si vénéré, dont la tête est si belle, tout entourée de ses cheveux blancs, s'est avancé devant l'autel, et leur a adressé un court, fier et énergique discours : il leur a dit « qu'ils allaient accomplir une grande œuvre, dont ils devaient être honorés, défendre Paris, et, en défendant Paris, défendre la France, dont il est la tête, et par la France défendre l'Europe, la civilisation Chrétienne, dont la France est le soldat, l'apôtre, le missionnaire. Il leur a dit qu'il fallait qu'ils se montrassent dignes de leurs pères, qui avaient acquis tant de gloire sur les champs de bataille; que, cette fois, ils la conquerraient en combattant pour le sol de la patrie; qu'un jour, vieux, ils se rappelleraient avec un noble orgueil qu'ils avaient défendu, sauvé la grande capitale; que nos armées avaient eu des revers, mais qu'il leur appartenait de reprendre une glorieuse revanche, après des échecs où le nombre avait seul été victorieux, mais où avait été plus éclatante qu'en aucun temps la valeur de nos soldats reconnue par les ennemis même! » Puis, après avoir parlé avec le ton, l'accent, le geste qui provoque et excite au combat, comme l'eût fait un général, il a invoqué le souvenir de Bayard, qui n'était pas seulement *sans peur*, mais aussi *sans reproche;* il connaissait leurs sentiments, il les a exhortés à « so mettre en présence de Dieu avant la bataille ; la conscience libre et le cœur lavé, ils marcheraient à la bataille avec plus d'espérance et de foi ». Et nous tous, émus, pressés contre ces jeunes gens, nous palpitions comme eux à ces saintes, hautes et saines paroles et, en les voyant sortir de l'église, le regard sérieux, le visage calme, et d'un pas ferme, nous sentions qu'ils s'étaient fortifiés, comme l'athlète antique qui s'enduisait le corps d'huile avant d'entrer dans l'arène. Eux, ce n'était pas le corps, c'est leur âme qu'ils venaient de passer au feu !

18. — Le combat est commencé aux environs de Paris depuis jeudi soir ; les chemins de fer sont coupés, les gares fermées, on ne sort que par quelques portes, pendant un certain nombre d'heures, et à ses risques et périls, et déjà l'on a ramené quelques prisonniers et des blessés. Jamais le ciel ne fut plus pur, le soleil plus brillant ; l'air est doux, les feuilles des arbres ont pris la teinte rousse de l'automne, qui charme les poètes et les âmes rêveuses ; la nature semble dire : Jouis de moi ! Et c'est l'heure où les hommes se jettent les uns sur les autres avec furie pour s'égorger.

Nous n'avons pas trouvé à Châtillon nos

jeunes amis, mobiles du 7° bataillon : on se battait aux environs, dans les bois, c'est là qu'ils
étaient ; nous avons rapporté les petites provisions qu'on leur avait préparées. Sur la
route passaient des blessés : ainsi, les pères,
les mères, assistent presque aux incidents de
la lutte meurtrière. Nous avons rencontré
dans le village le général *, qui y commande
une division. Il est furieux contre les journaux, qui font connaître les mouvements des
troupes ou soulèvent les plus mauvaises passions chez les soldats : « Ah ! disait-il, le général Trochu devrait prendre la dictature, et
faire fusiller quelques-uns de ces journalistes ! »
L'indiscipline des troupes l'épouvante ; lui,
ancien soldat, il ne l'avait jamais vue à ce
degré. C'est, pourtant, ce moment qu'ont choisi
nos gouvernants pour ordonner la nomination
par l'élection des officiers de la garde mobile :
ils désorganisent cette troupe, ils imaginent
de fomenter des brigues, d'exciter des colères,
des jalousies, des rancunes, de placer vis-à-
vis l'un de l'autre l'intérêt des ambitieux non
arrivés et des ambitieux repus, d'ôter aux soldats la connaissance de leurs chefs, *cinq minutes* avant de s'élancer à l'ennemi ! mais ils
obéissent à l'esprit révolutionnaire, dont l'es-
sence est, non d'édifier, mais de renverser. —
Ces mobiles, du reste, sont de diverses natures,
j'entends ceux de Paris : les uns, de la bour-

geoisie, défendraient l'ordre, d'autres, ceux des faubourgs, seraient les soldats de l'émeute, d'accord avec ces gardes nationaux qui, sur les remparts en montant la garde, disaient hier : « C'est 4 francs que nous voulons ! que les patrons les paient ! c'est pour eux que nous nous battons ! »

19. — On apprend peu à peu certains détails sur les derniers événements de la guerre, et qui font connaître la vérité : M. Lafont, payeur de l'armée, qui a été un instant prisonnier, puis relâché, me raconte qu'on était tellement pressé dans Sedan, piétons, cavaliers, chevaux, charriots, canons, etc., qu'ayant voulu aller d'une rue à une autre, il a été obligé de *se mettre à quatre pattes, et de passer sous le ventre des chevaux* ; on conçoit si l'on pouvait se défendre ! A qui, d'ailleurs, fera-t-on croire qu'une capitulation aussi douloureuse ait été acceptée, *sans qu'elle fût indispensable,* par 40 généraux qui avaient, certes, autant de bravoure que pas un de ceux qui les blâment et s'indignent de leur conduite, tranquillement assis dans leur cabinet !

J'ai vu encore M. Desprez, à la mairie du VIe arrondissement ; il m'a rapporté ces deux faits qui donnent la note de la situation : 1° hier, au club de la rue d'Arras, des orateurs sont

montés à la tribune, le couteau à la main;
2° on a déposé à la mairie une assez grande
quantité de paquets de cartouches que les
mobiles du ... bataillon ont abandonnés dans
la plaine; sur je ne sais quel refus qu'on
aurait fait à leurs demandes, ils s'en allèrent
en jetant leurs cartouches : elles ont été rap-
portées par des Frères de la Doctrine chrétienne. Ce matin, le journal *la Patrie en danger*, de M. Blanqui, invite le peuple à un
nouveau massacre de septembre, qu'il appelle
« les *journées* de septembre ». Il déclare, du
reste, le gouvernement déchu.

Les *montres* des bijoutiers, orfèvres, etc.,
sont toutes voilées; il reste, d'ailleurs, peu
d'objets précieux à Paris, la plus grande partie des diamants et bijoux ayant été expédiés
en Angleterre et en Hollande.

A midi, en montant vers le Panthéon, quelqu'un me dit : « Nous venons de subir un
échec sérieux à Clamart. — D'où le savez-
vous? lui dis-je. — Par les fuyards! » Je fais
quelques pas : la rue Soufflot était encombrée
de groupes animés, qui arrêtaient des soldats
isolés revenant sans sacs, sans couvertures,
sans bidons. La foule exaspérée, cette foule
Parisienne si impressionnable, ne pouvait
imaginer que, sous nos yeux, nos soldats eus-

sent fui lâchement. Elle les saisissait au collet, les malmenait, les traitait de lâches et les conduisait au poste. Eux, pour se disculper, déblatéraient contre leurs généraux, criaient *qu'ils avaient été trahis*, etc. La vérité est que la plupart, jeunes recrues, avaient eu peur à la première décharge de mitraille, ce qui n'est rare en aucun temps et dans aucune armée, et lâché pied. A la porte de Châtillon, des gardes nationaux et des bourgeois, indignés du désordre des soldats qui se précipitaient sur le pont comme des troupeaux de moutons, s'opposèrent à ce qu'ils entrassent ainsi à la débandade, et obligèrent quelques-uns à se reformer en rang ; mais la plupart reprirent leur course dans Paris, qui bientôt a été rempli des bruits les plus alarmants. — Les autres troupes ont fort bien tenu, ligne et mobiles. Une partie du 1er régiment de zouaves, quoique quelques jeunes soldats se soient enfuis au premier coup de feu, a combattu toute la journée contre les Prussiens, les deux partis se dissimulant comme à cache-cache derrière les arbres. En dehors du bois, et assez avant dans la plaine, il y avait un champ planté de poiriers ; les balles en détachaient les poires, et les zouaves qui les voyaient tomber, et ne voulaient pas qu'elles fussent perdues, s'élançaient à l'envi pour les ramasser et les mangeaient entre deux coups de feu. Quant au capitaine, le sabre au fourreau, et le cigare à la bouche, il se promenait tranquillement devant ses hommes, en veillant à leur tir : « Allons, mes enfants, ne vous pressez pas ! du sang-froid ! » Les balles pleuvaient autour de lui, il ne paraissait pas s'en douter. Il me semble que nos Français n'ont rien perdu de leur ancien esprit, de leur vaillance et de leur gaieté.

20. — Le résultat, malgré tout ce courage, n'en est pas moins déplorable. Il a fallu reculer, abandonner les hauteurs de Clamart, et, ce qui est bien plus grave, la redoute de Châtillon. Oui ! cette redoute si importante, qui domine deux forts, d'où l'on embrasse tout Paris, n'était ni achevée, ni armée, et n'a pas été défendue comme elle devait l'être, c'est-à-dire, avec la volonté opiniâtre de ne la pas céder. Le sang bout d'indignation, en voyant comme les hommes du *Gouvernement de la Défense nationale* ont peu d'énergie : ils savent que les bois sont le refuge, le fort ordinaire des Prussiens ; ils essaient de les brûler, les bo - ne brûlent pas ; on leur propose de les abattre, ils y envoient quelques centaines d'hommes ; et, au bout de six jours, les Prussiens trouvent les bois debout, s'y logent et y établissent leurs batteries. — De même, pour la redoute de Châtillon : on y met d'abord 500 ouvriers, puis 1,000 ; la re-

doute n'était pas achevée, l'avant-veille de l'apparition de l'ennemi ! Alors, seulement, on y envoie 8,000 travailleurs ; pourquoi pas dès le premier jour ? Quant aux canons, dimanche matin, 18, il y en avait quelques-uns au bas de la côte ; on en monta 8 dans la journée, et il devait y en avoir 80. Aussi, lorsque 100,000 Prussiens attaquèrent nos 30,000 hommes, ne se trouva-t-il pas d'artillerie pour les soutenir, et la redoute fut abandonnée ; plus tard, on y revint avec 54 pièces de campagne : cette fois, il n'y avait plus de troupes pour appuyer l'artillerie et la redoute resta au pouvoir de l'ennemi ! On n'ose penser aux suites de l'abandon de cette redoute ; c'est peut-être la clef de Paris ! de là-haut, l'ennemi peut écraser les forts de Vanves et de Montrouge, et ensuite, libre de ses mouvements, s'avancer assez près pour couvrir de mitraille Grenelle et Vaugirard !

21. — Le bruit se répand de négociations ouvertes par le gouvernement avec les Prussiens ; mais l'anarchie règne dans ce gouvernement improvisé : d'un côté, M. Jules Favre fait entendre, dans sa deuxième circulaire, qu'il ne se considère, lui et ses collègues, que comme dépositaires momentanés d'un gouvernement sur la forme duquel la nation se déclarera, *et il ne prononce même pas le mot de République*, évidemment afin de rassu-

rer l'étranger. M. Gambetta, au contraire, dans une proclamation ardente, appelle les citoyens *à défendre en même temps la ville, la France et la République*, ce qui est en opposition directe avec le langage de M. Jules Favre. De son côté, M. Rochefort, membre du gouvernement, chargé de la construction des barricades, s'adjoint M. Flourens, le grotesque héros de l'émeute de février dernier. Quels dédains, quels haussements d'épaules les cabinets de l'Europe ne doivent-ils pas avoir pour de tels choix ! Ce sont ces hommes, l'objet du mépris et de la risée universelle, qui sont le gouvernement de la France, et ils prétendent que l'on traite avec eux !

22. — Le gouvernement de la République, qui a renversé le gouvernement *personnel*, prend des mesures, que n'eût jamais osé se permettre l'Empire : fermeture des cafés à 10 heures et demie, défense aux cabaretiers de donner à boire aux hommes ivres, armés ou non, etc. Je ne prétends pas que ces mesures soient mauvaises ; seulement on n'en peut nier le caractère arbitraire, et la République prouve encore une fois, ce qui n'était plus à démontrer, que *liberté* et *démocratie* sont deux termes absolument contradictoires. Le gouvernement se fait aussi garder bien autrement que l'ancien gouvernement : à l'Hôtel de Ville, sentinelles à toutes les portes, et

non seulement à la grille extérieure, mais on défend de passer *même sur le trottoir*. Les *blouses*, qui auraient été furieuses, les bourgeois, qui auraient porté aux journaux l'expression de leur colère, si l'Empire eût pris de telles précautions contre le *peuple*, obéissent aujourd'hui, sans mot dire, et s'éloignent respectueusement du trottoir. Il en est de même à plusieurs mairies, notamment à celle du Ve arrondissement (Panthéon). Quant à la Préfecture de police, ceux-là seuls y entrent qui sont portés sur une liste que la garde consulte à la porte. Il est clair que ce gouvernement a une médiocre confiance en ses amis.

M. Trochu, le Prim de notre révolution, se distingue par une abondance intarissable de paroles : il ne se contente pas de faire afficher à tout instant des proclamations, des ordres du jour, etc., d'une longueur vraiment académique ; il n'épargne pas davantage les discours parmi ses collègues, et ses discours portent toujours sur la politique, sur l'organisation sociale, et autres imaginations où se complaît ce *miles loquax*. Ses collègues, dit-on, ne sont pas sans en être fatigués, et commencent à s'en plaindre.

Le général d'Hugues, au dernier combat de Clamart et de Châtillon, est demeuré quinze heures à cheval ; aussi est-il assez fatigué, ayant 68 ans. On recueille aujourd'hui les fruits de l'envieuse législation et de l'administration routinière qui nous gouverne depuis si long-temps : on n'a pas un seul général jeune. On faisait avancer les officiers à l'ancienneté, en les laissant perdre tout le feu de leur jeunesse dans les bas grades ; point de colonel avant quarante ans, de général avant cinquante. Le contraire était une exception qui étonnait tout le monde. Il en résulte que tous ces vieux généraux sont ou épuisés ou sans flamme. Pour faire la guerre, il faut être jeune : tous les grands généraux n'avaient pas trente ans ; Condé, Turenne, Hoche, Moreau, Marceau, cent généraux de la République et de l'Empire, et le premier de tous, Napoléon. Quand ses maréchaux eurent quarante-cinq ou cin-cinquante ans, ils désirèrent jouir de leur fortune, et n'eurent plus d'ardeur, et cela était juste. Les gouvernements, jusqu'à la Révolution, l'avaient tous compris : ils don-naient promptement des commandements à des jeunes gens qui se décelaient capables. La Révolution, qui n'avait pas de généraux à son début, imita la monarchie. Elle éleva aux plus hauts grades les jeunes officiers en quelques années. De là, des prodiges d'au-dace, de vivacité, d'imagination, d'émulation. Les Prussiens n'ont pas d'autre méthode :

les généraux sont leurs Princes, jeunes et actifs. Mais l'esprit révolutionnaire, qui nous a envahis et qui inspire nos actions depuis quatre-vingts ans, est si étroit, si mesquin et si envieux, qu'il semble injuste que de jeunes Princes soient élevés, instruits et formés pour *devenir des généraux;* on ne comprend pas plus cette nécessité que celle qui, à Rome, a fait instituer la classe des *prélats* et des *monsignori* destinés à être évêques et cardinaux, et en Angleterre, celle des jeunes lords, futurs membres du Parlement et secrétaires d'État. Mais, aussi, nous n'avons plus d'hommes d'État, et encore moins de généraux de talent : dans la guerre actuelle, peu en ont montré; les autres n'avaient que de la valeur, sans initiative et sans idées.

La démarche de M. Jules Favre près de M. de Bismarck n'a eu, comme on devait s'y attendre, aucun résultat. Le gouvernement a publié une note dans son *Journal Officiel,* où il déclare que M. de Bismarck a exigé la cession de l'Alsace et de la Lorraine et, pour garantie d'un armistice, la remise du fort du Mont-Valérien; il est évident que ces conditions étaient dérisoires et inacceptables. Voilà ce qu'on nous dit : mais il ne m'est pas prouvé que M. de Bismarck n'ait dit que cela; je serais étonné qu'il n'ait pas exposé à

M. Jules Favre que le gouvernement Prussien ne pouvait traiter avec un gouvernement né de l'émeute, menacé chaque jour d'être renversé par l'émeute, et qui est, il l'avoue lui-même, sans mandat (deuxième circulaire de M. Favre); que la Prusse ne reconnaissait pas un tel gouvernement; qu'il était inutile de demander un armistice, sous prétexte de réunir une Assemblée, puisque cette Assemblée existe, celle jetée à la porte il y a dix-huit jours par une minime fraction de la populace de Paris; qu'il suffisait de la rappeler, ainsi que le Sénat, qu'elle représentait virtuellement la France, et que, par elle, on connaitrait les volontés de la nation. C'est très probablement, sur le refus d'acquiescer à cette demande qui renversait, du coup, le gouvernement de l'émeute, que M. de Bismarck a posé à l'armistice des conditions inadmissibles. M. Jules Favre se serait bien gardé de consentir à la réunion des Chambres issues du suffrage universel. Il n'a songé qu'à sa stabilité et à celle de ses complices; c'est dans un but uniquement *personnel* qu'il a repoussé le seul moyen de faire cesser la guerre et, si nous sommes assiégés dans Paris, exposés à toutes les horreurs d'une ville prise d'assaut, c'est à son égoïsme, à son orgueil et à la *férocité* républicaine que nous le devrons! — M. de Bismarck n'a peut-être pas dit tout ce qui précède; mais, certainement, il a dit des choses que M. Jules Favre, dans le *Rapport* qu'il nous promet, ne répétera pas.

23. — Tous les regards se sont portés, à sept heures du matin, vers le point du ciel où apparaissait un ballon, lancé du haut de Montmartre, et qui, emporté par le vent de nord-est, vole vers l'ouest, chargé de nos lettres pour nos parents, nos amis de province, et aussi d'ordres et de communications du gouvernement, qui presse, sans doute, la province de venir nous délivrer. Il part, il porte des nouvelles de nous : mais, hélas! il ne reviendra pas nous apporter des lettres des nôtres et un signe de vie, d'espérance et de courage!

Le jour continue à se faire peu à peu sur la conspiration qui a précédé la révolte du 4 Septembre. Déjà M. Blanqui a déclaré, dans son journal, avec orgueil, que l'attaque de la Villette (le 14 août) avait été *organisée* par lui et ses associés en conspiration, et a exprimé son mépris pour les républicains parlementaires (M. Jules Favre et la gauche), qui, alors, *avaient affecté de renier les auteurs de cette tentative, parce qu'elle avait avorté.* De plus, on entend de tous côtés des aveux de gens qui ne craignent plus de se compromettre et qui disent tout. Un honnête habitant du faubourg Saint-Germain, qui a le désagrément d'appartenir à un bataillon du Gros-Caillou, étant de garde avant-hier, entendait deux gardes nationaux s'entretenir des diverses tentatives faites depuis deux mois, et dire : « Le 11 (jour de la réunion des Chambres), j'ai cru que c'était fait ! j'étais allé à la place de la Concorde, où était le rendez-vous ; tout semblait bien disposé, mais il a fallu s'ajourner à quelques jours de là. » Ces plans de conspiration, ces desseins concertés avec soin, rien de tout cela n'est nouveau pour les hommes de bon sens ; mais les révolutionnaires continueront à prétendre que le gouvernement a été renversé par le peuple !

23. — Le rapport de M. J. Favre sur sa visite à M. de Bismarck a paru ce matin. Ce qui caractérise ce document, c'est la légèreté des assertions et l'impéritie avec laquelle a été faite la démarche de M. Favre. On ne saurait trop s'étonner de l'impudence avec laquelle M. Favre affirme que *c'est le gouvernement de l'Empereur qui a été l'agresseur* dans la guerre. A qui croit-il en imposer? à l'ennemi ? C'est l'ennemi qui, précisément a fait ce que M. J. Favre attribue à notre gouvernement. A l'Europe ? l'Europe n'ignore rien de ce qui s'est passé. A la France? Il reconnaissait, il y a huit jours, que c'est le sentiment public qui poussait le gouvernement : « Nous nous opposions à la guerre, a-t-il dit dans sa deuxième

circulaire, *au risque de compromettre notre popularité.* » Quant à ce mot: « La guerre' entreprise dans un intérêt dynastique, » il est inutile de le relever, M. de Bismarck sait bien le contraire, lui qui la préparait depuis quatre ans. M. de Bismarck lui a dit qu'il « serait renversé par la populace. — Il n'y a pas de populace à Paris! » a répliqué M. J. Favre. — Mais il y a la vôtre, celle qui vous a fait ce que vous êtes! Voilà ce qui était sous les paroles de M. de Bismarck. Il n'en est pas moins certain que cette pièce, toute pleine de contraditions, d'inepties et de réticences, fera se pâmer d'admiration quatre-vingt-dix-neuf personnes sur cent, ce qui est la proportion des sots dans le monde.

24.—Hier, vers 1 heure, le bruit s'est répandu que nous avions remporté un éclatant succès dans le combat du matin : de tous côtés la nouvelle s'est propagée avec rapidité, on n'entendait parler que du nombre considérable d'ennemis tués, blessés, prisonniers, de la quantité de canons enlevés ; on citait les officiers d'état-major qui avaient donné les détails, les corps qui gardaient les prisonniers, etc. Il ne s'agissait de rien moins que de 30 à 36,000 hommes hors de combat, 14,000 prisonniers, 40 pièces de canon ; de plus, un corps considérable était bloqué dans un ravin, et on lui avait donné deux heures pour se résoudre à capituler. Là-dessus, les orateurs allaient leur train : « C'était la revanche de Sedan, l'anniversaire de la République ! ce n'est pas sous l'Empire que les mobiles se fussent aussi bien battus ! Ils auraient refusé ! mais, avec la République tout était sauvé : nous n'allions avoir que des succès, on pousserait les Prussiens, la baïonnette dans les reins, jusqu'en Allemagne, ou plutôt, non, on n'en laisserait pas sortir un seul de France ! tous seraient tués ! » Toujours la même forfanterie qui, dès le début de la guerre, nous a ôté la vraie appréciation des choses et a causé tous nos désastres. Le rapport officiel du soir et de ce matin a réduit le combat de Villejuif à ses justes proportions : quelques centaines de morts et de blessés et la reprise d'une position que l'on avait perdue. Le même jour de cette victoire fictive, et, cette fois, la nouvelle était vraie, on a annoncé que l'ennemi établit des batteries sur la terrasse de Saint-Cloud et sur celle de Meudon : ces deux points dominent Paris, et la première ne peut guère être inquiétée par le Mont-Valérien. Si, comme il n'est pas douteux, les Prussiens nous battent de là-haut, avec leurs grosses pièces qui portent à huit kilomètres, ils peuvent ruiner le rempart sur une grande étendue, de Grenelle à Auteuil.

Je ne me trompais pas : presque tous les journaux ont entonné, à l'occasion du rapport de M. J. Favre, un *Hosannah* si éclatant que jamais souverain ne reçut de plus basses adulations : « C'est une des plus belles pages de notre histoire ! on ne saurait trop l'admirer ! action héroïque, forme merveilleuse, courageux patriotisme, grandeur d'âme, grand caractère ! etc., etc., » toutes les qualités se trouvent dans cette pièce, où *un nouveau J. Favre vient de se révéler !* O rois ! consolez-vous, les flatteurs de vos cours n'égaleront jamais en platitude les flatteurs de la populace.

Il faut le reconnaître, il y a une raison à cette unanimité des journaux, applaudissant le gouvernement de l'Hôtel de Ville, et s'écriant à chaque instant avec modestie, comme le *Moniteur*, type de l'abnégation : « Nous n'avons qu'à nous incliner devant l'assertion de M. Trochu ! » *ils ont peur des terroristes !* Leur accord témoigne qu'au-dessus de nous pend la plus formidable association ouvrière, résolue à demander ses comptes : elle a le nombre et, à sa tête, des hommes, tels que MM. Blanqui et F. Pyat, qui ne reculeront devant aucune mesure, le premier par théorie, le second par rage d'envie. M. Pyat est l'homme de lettres qui n'est arrivé à rien et ne compte pour rien, et cette impuissance lui a brouillé la raison.

25. — Comme, malgré les promesses que l'on nous a faites, on continue à ne pas voir de sergents de ville dans les rues, le désordre est partout : les bouchers refusent de vendre la viande à la taxe et, lorsqu'on les menace de répression, répondent en ricanant : « On fait ce qu'on veut sous la République. » Dans les Champs-Élysées, les parterres si élégants sont foulés aux pieds, on y passe, on s'y roule ; les gardes nationaux dévastent les squares, y cueillent des fleurs, coupent des branches d'arbre, pour en orner leurs fusils ou les aller déposer aux pieds de la statue de Strasbourg, où il est de mode de faire un pèlerinage, parce qu'on y pérore ; ils détruisent ainsi des arbustes rares et de grande valeur. Le peuple, disait-on, respecte ces beaux jardins ; sans qu'il y ait la moindre barrière, il s'abstient d'y passer. Oui, sous un gouvernement organisé, mais en République, il semble à ce même peuple que tout est permis ; pour la masse, qui n'est pas autre chose qu'un enfant, *République* signifie absence de toute loi, de tout frein, vacances perpétuelles, récréation indéfinie, permission de tout faire.

En face d'un ennemi si nombreux, si habile si bien armé, si perspicace, toutes les imaginations travaillent pour trouver les moyens de le combattre : on invente mille engins plus destructeurs l'un que l'autre : canons à vapeur, mitrailleuses lançant 1,000 balles par minute, feu grégeois, ballons laissant tomber des boules de picrate sur le camp ennemi, gaz asphyxiants, etc.

Notre gouvernement vient de commencer avec grand éclat et grand tapage la publication des *Papiers secrets de la famille Impériale*, trouvés aux Tuileries. Il ne s'agit pas ici de la convenance qui, seule, eût dû empêcher une telle publication : il ne faut pas en parler à MM. Rochefort, Claretie, etc. ; mais, du moins, on devait s'attendre à quelques révélations importantes. Aussi, le gouvernement ayant pris soin d'envoyer aux journaux la première livraison, chacun a-t-il cherché avec empressement, dans ces extraits publiés par la presse, les secrets horribles et les turpitudes du régime déchu, qui devaient faire frissonner et soulever le cœur de dégoût. La curiosité publique a été fort désappointée : on n'y a trouvé que des pièces insignifiantes, ou qui servent plus à disculper qu'à incriminer l'Empire, comme la correspondance de M. Jecker, relative à sa créance du Mexique, où ce banquier se plaint, au commencement, que « le gouvernement de l'Empereur regarde son affaire *avec trop d'indifférence*, » et, à la fin, que « le gouvernement ne lui accorde plus aucune protection, » ce qui montre combien le gouvernement s'y intéressait peu ; — une note attribuée à l'Empereur[1], où il est question d'une compensation territoriale du côté de la Belgique, ce qui « dissiperait les appréhensions de la Prusse et lui prouverait que l'on ne songe pas à s'étendre vers le Rhin, » et à l'attaquer, contrairement à ce que dit M. J. Favre. Si nos gouvernants sont des hommes d'État comme on le prétend, comment n'ont-ils pas reculé à entreprendre cette ridicule publication ?

26. — Les républicains sont d'autant plus ardents à décréter la République comme gouvernement définitif, qu'ils voient plus d'opposition en dehors de leur peuple. La garde mobile de province, particulièrement, ne crie pas : *Vive la République !* » et, quand on l'y provoque, elle crie : « *Vive la nation ! Vive la France !* » ou même, comme ce bataillon commandé par M. Tétard, refuse absolument de crier, « attendu, dit le commandant, qu'on ne doit pas crier sous les armes ». Aussi, ce bataillon a-t-il été dénoncé par le journal de M. Blanqui, qui comprend bien qu'on n'aura pas bon marché de la province. Mais le gouvernement, qui, de son côté, a encore plus peur des hommes de M. Blanqui que des mobiles réactionnaires,

---

[1] Il a été prouvé, depuis, que l'Empereur était tout à fait étranger à cette note.

appelle près de lui ces mêmes mobiles, lorsqu'il est menacé : lors de la manifestation du 20, l'Hôtel de Ville était gardé, non par la garde nationale, mais par les mobiles, et des mobiles Bretons, c'est-à-dire des monarchistes déclarés. La manifestation communiste a vu qu'il n'y avait rien à faire, et s'est retirée après quelques cris, et le gouvernement, cette fois encore, a été sauvé. Que n'eût pas dit l'Opposition, sous l'Empire, si l'on eût exclu les gardes nationaux de la garde de l'Hôtel de Ville !

27. — Divers petits détails relatifs au siège : les subsistances, sans manquer encore, deviennent déjà rares, par suite des provisions que l'on a faites dans la plupart des familles : le beurre se vend 7 à 8 francs la livre, et bientôt il n'y en aura plus. Les chevaux ne se vendent même plus : des chevaux de luxe sont donnés pour 5 ou 6 francs et des chevaux communs pour vingt sous, quarante sous ; on les abandonne, on les met dehors, ne pouvant plus les nourrir, le premier venu les prend pour une pièce d'argent. Les bouchers ont fermé boutique dans presque tous les quartiers, prétendant qu'ils perdaient à la taxe : le gouvernement, afin d'éviter des troubles peut-être sanglants, a été obligé d'établir des magasins de vente et de faire un arrangement avec les bouchers.

M. Pyat vient d'ouvrir une souscription, pour offrir un fusil d'honneur à celui qui *touchera* le roi de Prusse ; procédé digne de l'homme à la *petite balle*, du promoteur à l'assassinat. Il ne voit pas qu'il prouve ainsi deux choses : qu'il n'a pas le courage d'exécuter lui-même ce qu'il propose, et que le roi de Prusse est donc le vrai coupable, l'instigateur de la guerre ; sinon, il ne serait que la victime de l'Empereur, et il n'y aurait pas de raison de s'irriter contre lui.

A la porte Maillot, hier, étaient rangés 15 ou 20 soldats, ayant sur la poitrine cet écriteau : *Misérables lâches qui ont abandonné leur poste devant l'ennemi ; que les honnêtes gens leur crachent au visage !* C'étaient de jeunes soldats qui avaient eu peur, le 17, au combat de Clamart et Châtillon. Ce spectacle était si émouvant et si pénible, que beaucoup de personnes passaient sans oser même regarder ces malheureux. On flétrit le manque de courage ; c'est l'indiscipline qu'il importerait plutôt de réprimer : le manque de courage n'est souvent qu'un accident, qui tient à des dispositions ou à des circonstances toutes matérielles ; l'observation du philosophe est juste : « Ne dites pas : cet homme a du courage, mais il a eu du courage *à telle heure.* » Ce qui est durable, au contraire, c'est l'indiscipline, parce que c'est un mal moral, dont est atteint le fond même de l'homme.

Pour connaître les vœux des Communistes, il n'y a qu'à parcourir les remparts où montent la garde certains bataillons ; là, on ne dissimule pas ses aspirations, et l'on s'exprime ouvertement sur ce qu'on fera : on y annonce les projets les plus radicaux et les plus sanguinaires, on en attend la réussite avec certitude et on les exécutera avec résolution. Le gouvernement actuel ne doit pas être plus épargné que le précédent ; seulement, comme on l'a sous la main, on le traitera plus sévèrement. Le gouvernement de l'Hôtel de Ville n'ignore rien de ce qui se prépare, et il connaît assez les hommes qui ont été ses instruments, pour ne pas douter qu'ils n'hésiteront devant aucun excès. — Plusieurs de nos gouvernants regrettent peut-être déjà de n'avoir pas accepté le conseil de Régence : mais ils n'auraient pas été gouvernants ! et cette satisfaction d'avoir tenu la barre du vaisseau suffit, à ce qu'il paraît, aux âmes basses pour courir la chance de la mort, de l'opprobre et de l'ignominie.

28. — Paris a été fortement impressionné par la vue d'un nuage noir, immense, qui couvrait tout un côté du ciel, et dont la base rougeâtre s'étendait au nord-est ; c'était évidemment un grand incendie. Les bruits les plus

sinistres se propageaient : vers 3 ou 4 heures seulement, on a su que c'était des tonnes de pétrole qui brûlaient au bas des buttes Chaumont. Ce ne serait rien, si l'on ne soupçonnait pas que l'incendie a pu être payé par les Prussiens : s'ils ont incendié ce pétrole, ne peuvent-ils brûler nos fourrages, nos magasins, nos arsenaux? et l'on frissonne en pensant aux désastres inattendus qui pourraient rendre toute défense impossible, et la reddition inévitable.

29. — Si l'on veut savoir ce que sont les paysans des environs de Paris, et ce qu'on peut attendre de leur patriotisme, il faut s'informer de leur conduite, à l'approche des Prussiens. Au moment de l'investissement, on invita les cultivateurs à amener leurs bestiaux et leurs denrées à Paris ; beaucoup (à Châtres, notamment) refusèrent obstinément, répondant à toutes les instances, qu'il leur était bien indifférent que leurs denrées servissent aux Prussiens ; ce qu'ils espéraient, c'était les leur vendre cher.

« J'ai pris mes précautions avant de rentrer dans Paris, racontait le maire d'un village situé à 18 lieues de Paris : quand j'ai su que les Prussiens étaient à Mantes, j'ai fait apporter tous les fusils de la garde nationale à la mairie, et, *la nuit*, je les ai enterrés dans un lieu où personne ne les trouvera ! Ainsi nos hommes seront dans l'impossibilité de combattre les

Prussiens, et les Prussiens, certains de ne pas être inquiétés de ce côté, nous laisseront tranquilles ; je m'en suis assuré en allant moi-même leur parler à Mantes[1]. » Aux portes de Paris, à Châtillon, les paysans ne voulaient rien fournir aux mobiles campés dans le village ; exaspérés, à la fin, de leurs refus, les mobiles fouillèrent les jardins et les champs, et trouvèrent cachées dans la terre une quantité de subsistances : « Oui, dirent impudemment les paysans, nous gardons nos provisions pour les Prussiens, pour qu'ils ne nous fassent pas de mal ! »

Voilà le courage, le patriotisme qu'ont inspiré aux paysans qui avoisinent Paris les doctrines matérialistes dont on les a nourris. Ils ne croient à rien, ne respectent rien ; aussi impies qu'immoraux, ils ne se mettent pas plus en peine de la France que de Dieu ; ils ne sont ni Français, ni Prussiens, ce sont des animaux à face humaine, des bêtes debout sur deux pieds, dont le souci, je veux dire, l'instinct, est uniquement la satisfaction des besoins de leurs corps. Voilà les hommes que produirait sur toute la terre la philosophie de MM. Taine et Littré !

---

[1] Notez que ce village est situé à mi-côte, sur une colline escarpée, adossé à de grands bois, et peut, par conséquent, être facilement défendu par un petit nombre d'hommes.

30. — A l'heure où j'écris, une épouvantable canonnade retentit vers Ivry, depuis 4 heures du matin. Le canon ne cesse pas ; on se bat avec acharnement, et il tombe des quantités d'hommes morts et blessés de chaque côté !

M. ***, qui fait partie de l'artillerie de la garde nationale, de service aux remparts. me dit que les canons ne manquent pas, ni les artilleurs ; il me décrit plusieurs des moyens de défense, les tonnes de pétrole qu'on doit jeter sur les fagots de bois précipités dans le fossé, au moment où les Prussiens tenteraient le passage, les pompes, les tuyaux destinés à y mettre le feu, et qui envelopperaient les assaillants de flammes, les fougasses, les mines qui sauteraient sous leurs pas, etc., etc. Oui, les mesures sont bien prises, les fortifications et les retranchements excellents et bien entendu, les engins d'attaque formidables ; mais là n'est pas la solution de la question. La diminution des vivres commence seulement à se faire sentir, on vient de rationner la viande, et déjà s'élèvent des plaintes : que sera-ce dans quelques jours ! —Le gouvernement, d'autre part, entrevoit une prochaine pénurie d'argent : il cherche à réduire, de plus en plus, le nombre des gardes nationaux, à qui il alloue 1 fr. 50, ce qui, avec la solde de la mobile, est une dépense d'un million par jour. Or, la plupart des gardes nationaux, ouvriers, petits marchands, etc., ne travaillant plus et ne gagnant rien, comptent sur cette indemnité pour vivre. Enfin, détail qui a son importance, l'ennemi vient de couper les eaux de la Dhuys et de l'Ourcq, et de détruire les machines à vapeur qui faisaient monter l'eau à Paris ; on a dû, pour les remplacer, établir des pompes le long de la Seine. N'est-il pas à craindre que le roi de Prusse, tout en continuant des attaques sur plusieurs points, veuille, non pas emporter Paris de force, mais nous fatiguer, et attendre qu'épuisés, affamés, démoralisés, nous demandions à capituler ? Il se peut, horrible idée ! que le monde voie une ville de deux millions d'âmes, armée de 2,000 canons, défendue par 500,000 combattants, se rendre à des ennemis inférieurs en nombre, parce qu'elle n'aura plus de vivres, plus de forces, plus de ressources ! Et ils comprendront alors, ces gens si courageux en paroles, et si sévères pour le malheur, comment 80,000 Français sans munitions et sans vivres, et 50 généraux désolés, ont été forcés à Sedan de capituler devant 250,000 Prussiens et 600 pièces de canons.

Nous verrons aussi, lors de cette catastrophe que je redoute et regarde comme inévitable, tomber ce gouvernement de l'Hôtel de Ville dans la boue et peut-être dans le sang. Tous les symptômes s'accordent pour annoncer le danger qui le menace, et nous en même temps. Les clubs, les journaux, les réunions de toutes sortes montrent les socialistes décidés à imposer la Commune révolutionnaire. M. Ledru-Rollin y voit sa place comme membre influent; mais les ouvriers veulent autre chose : une *transformation sociale absolue*. On peut comprendre leurs plans par la proposition faite dans un club, de s'emparer de la grande maison Godillot, de l'exproprier et de l'exploiter *au profit des ouvriers, en payant au propriétaire une indemnité annuelle*. Ce procédé, ils prétendent l'appliquer à toutes les industries : sans se donner la peine, par exemple, d'acheter des caractères, des presses, des formes, etc., pour fonder une imprimerie, ils prendront une imprimerie tout outillée, organisée, et s'y établiront à la place du patron évincé. — Ils sont en nombre, et ils ne doutent pas du succès; ils ont, d'ailleurs, la République, jamais occasion ne sera aussi bonne. Voilà pourquoi ils tiennent tant à la République; un gouvernement régulier leur ôterait toutes chances de réussite. De là, aussi, leur fureur contre ceux qui se déclarent opposés ou simplement indifférents à la République : « Ah ! disaient, il y a peu de jours, des ouvriers de garde au bastion 68, les mobiles de ce bataillon (des mobiles de province) ont crié : *Vive la nation !*

quand nous crions : *Vive la République !* il faut que nous en reconnaissions quelques-uns, pour les *démolir !* » Ces menaces ne sont pas isolées : « Les ouvriers que je conduis, me dit M. ***, ingénieur employé aux travaux des remparts, du côté de Belleville et de la Villette, sont indisciplinables ; ils passent la meilleure partie de leur temps à parler politique. On a la plus grande peine à les faire travailler ; à la moindre observation, ils se redressent avec colère. Je regarde sans cesse autour de moi, tandis que je leur commande, pour voir si l'on ne me tirera pas une balle dans le dos ! »

Nous avons eu, à deux jours de distance, la même désillusion, les mêmes bruits de victoire répandus par la ville et, en dernier résultat, un échec officiellement annoncé. Ce canon si fort que j'entendais ce matin, c'était un énergique combat que nos troupes soutenaient dans les villages en avant de Choisy, dont elles voulaient s'emparer. Choisy, depuis quelques jours, avait été fortifié par l'ennemi, qui en avait fait une position militaire de premier ordre. On a compris l'utilité de l'enlever, pour renouer nos communications avec Tours ; mais là, comme à Clamart le 19, on a commis la faute d'envoyer des troupes en nombre insuffisant. Elles ont été repoussées,

« avec des pertes considérables », dit le rapport officiel. Au lieu de ce succès, qu'on jugeait d'une telle importance que le général Trochu était venu voir l'affaire, et aussi M. J. Favre, on a eu un résultat qui abattra les uns, les faibles, et excitera les autres, les violents, dont l'audace croîtra avec l'infortune du gouvernement, et qui profiteront du premier échec pour renverser ce gouvernement d'incapables et d'énervés.

Jadis, dans la société chrétienne, un roi, Louis XIV, pouvait dix ans de suite être vaincu au nord, au midi, sur tous les champs de bataille, être réduit aux dernières ressources, à sa dernière armée; pas un de ses sujets, pas un Français n'avait la criminelle pensée de profiter de son désastre pour détrôner son souverain malheureux. Ce crime, M. Trochu, M. J. Favre l'ont commis contre l'Empereur : il n'avait pas réussi, ils l'ont accusé, ils l'ont jeté à bas. — Ce sera la même loi qu'on leur appliquera à eux-mêmes ! Telle est la doctrine révolutionnaire : le *succès*, la souveraineté de la force, voilà la raison d'être, le but, la légitimité des gouvernements. C'était le principe du Paganisme antique, c'est aussi le principe du Paganisme moderne.

OCTOBRE

1er Octobre. — Ceux qui approchent nos gouvernants de l'Hôtel de Ville laissent échapper, dans l'intimité, quelques vérités sur les hommes et les choses. Ainsi, l'on apprend que l'harmonie est loin de régner dans le conseil, et l'on devait bien s'y attendre, d'après son origine et sa composition. Nulle unité de pensée : l'attaque de Choisy, du 30, eût probablement réussi, si l'on avait eu une nombreuse artillerie; le général Schmitz en avait donné l'ordre, cet ordre n'a pas été exécuté, et l'on s'est trouvé accablé par le feu de l'ennemi, sans pouvoir riposter. Le général Schmitz est furieux et désolé. Il va falloir recommencer; mais, pendant ce temps, l'ennemi se sera fortifié. —Les membres du gouvernement commencent à se juger mutuellement : les deux Arago, surtout, impatientent les généraux, hommes d'action. Quand l'un, Emmanuel, a dit *la République !* dont il a toujours la bouche pleine ; quand l'autre, Etienne, a recommandé aux citoyens de « fêter l'anniversaire de la République par leur enthousiasme », ils sont à bout. Ces revenants de 1848 n'ont que de la haine, de même que M. Louis Blanc le Sophiste, dont le *Manifeste au peuple Anglais*, écrit en *style réfugié* (il parle de murs faits de tôles *agglomérées*), n'est plein que d'invectives contre l'Empire, sans une idée politique, sans une vue d'homme d'État. Les avocats, de leur côté, trouvent que le général Trochu écrit trop. M. Garnier-Pagès ne sert à rien, M. Rochefort s'efface, comme s'il était étourdi au sommet où il se trouve porté; celui qui a le plus de besogne est M. Ferry, parce que, chaque fois que les Communistes somment le gouvernement de venir leur parler, il s'empresse de descendre et, tout tremblant, cède tout ce qu'ils demandent. Si l'on était en position de plaisanter, on rirait de ce gouvernement, où l'un des mainteneurs de l'ordre est M. Rochefort, et le protecteur des arts, le peintre du *réalisme*, M. Courbet[1].

---

[1] « Le *réalisme*, c'est l'absence de l'art. » (*Les Nouveaux Jacobins.*)

Il y a là tout le théâtre de la Foire, toute la Comédie Italienne, tout le personnel du théâtre d'Arlequin, de Polichinelle et de Guignol, tous les pantins du spectacle des marionnettes, toute la collection de Pitres, de Scaramouches, de Capitans et de Pantalons, qui paradent sur les tréteaux ou se pavanent dans la baraque de saltimbanques de Bilboquet.

Et ils ont le physique et le caractère de l'emploi :

Il y a le Bobèche, si sérieusement niais, *Garnier-Pagès;*

Le docteur Pancrace, *Pelletan,* dont les yeux noirs semblent regarder au dedans de lui, comme pour y voir sa vacuité;

Le Cul-de-jatte, *Jules Simon,* qu'on pose au bout d'un banc et qui s'y dandine sur son derrière, comme un magot de la Chine, deux doigts en l'air;

L'Arlequin, *Picard,* qui rit de tout, et, la batte au vent, fait une volte sur son pied leste et se fiche de tout;

Le fameux Robert-Macaire, *Jules Favre,* face échancrée en quart de lune décroissante, beau parleur, affectant de belles manières, ce qui ne l'empêche pas d'assassiner la nuit ce *bon monsieur Cerfeuil;*

Son compère Bertrand, *J. Ferry,* la figure triste et l'air piteux, qui le suit et l'imite, mais avec moins d'aplomb, et qui se démonte tout de suite à la vue des gendarmes;

L'enfariné Pierrot, *Em. Arago*, l'aboyeur, qui appelle le public à la porte, l'invitant à entrer pour deux sous;

Le Polichinelle sans dents, *Glais-Bizoin*, au son de voix aigu, mais qu'on n'entend pas, parce qu'il a toujours l'air d'avaler sa *pratique* (tout le monde connaît la jolie aventure de Ch. Nodier);

Le gros commissaire ventru, vantard et paillard, *Gambetta*;

Le Gendarme solennel, *Trochu*, fronçant les sourcils, qui semble penser et ne rit point;

Ce chat emmitouflé de *Crémieux*, grimaçant dans son coin;

L'infernal et laid diable louche, rouge et cornu, *Rochefort*;

Et, enfin, sur le bord du tréteau, le vieux souffleur de théâtre, *Etienne Arago*, Paillasse qui fait la parade, et grimé, et peint et rasé, sourit toujours, même quand on le jette au bas des degrés, à la grande joie et aux applaudissements des spectateurs!

Les préoccupations les plus vives du public sont les subsistances : on cite des chiffres, qui semblent plus exacts que ceux du gouvernement. Il déclarait que nous avions pour deux mois de vivres; évidemment, il ne diminuait pas, il augmentait plutôt. Il y a dix jours environ que cette déclaration a été faite, ce calcul, assure-t-on, était exagéré : on n'avait de viande fraîche que pour six semaines ; il en reste pour un mois. Il est vrai qu'on a du pain, des salaisons et des légumes secs, mais il sera nécessaire de les ménager. Cependant, tous ceux qui vont aux remparts monter la garde sont frappés de l'irréflexion et de l'incurie avec laquelle les ouvriers dépensent leur argent en *mangeaille*. Les bourgeois se resserrent et vivent d'économie ; les ouvriers ne se refusent rien, ni en vins, ni en liqueurs, ni en viandes, ni en café, etc. C'est une médiocre préparation aux privations qui vont peser sur eux.

2. — A 5 heures, tout à coup est entré mon cousin, R. T..., le zouave, qui nous a appris qu'il venait nous faire ses adieux, qu'il partait demain ou après demain, avec un grand corps d'armée, *pour forcer les lignes Prussiennes*, et tâcher de rendre libre le passage vers l'armée de la Loire. Le ministre de la guerre les a aujourd'hui passés en revue, à leur caserne de la rue de Penthièvre : « Mes amis, leur a-t-il dit, nous nous retrouverons sur le champ de bataille, et, s'il le faut, nous mourrons en criant : *Vive la France !* » Les officiers croient qu'ils se battront probablement trois jours de suite.

Les zouaves avaient remarqué, en répétant le cri du général Le Flô, qu'il avait dit : *Vive la France !* et non *Vive la République !* C'est un indice du profond dissentiment qui existe entre les membres du gouvernement, les uns prétendant n'être qu'un gouvernement provisoire, les autres faisant tous leurs efforts pour implanter la République par tant de racines dans le sol, qu'au bout de quelque temps on ne la puisse arracher. De là, les petits soins de M. Arago, changeant les noms des rues, etc.; mais tout cela n'est qu'à fleur du sol et ne pénètre pas. La persistance de ces citoyens à crier *Vive la République !* prouve contre eux : s'ils étaient plus sûrs de la vie de leur République, ils ne mettraient pas tant d'attention à en constater, à chaque instant, l'existence chancelante.

3. — Le comique, un comique inattendu, se mêle aux préoccupations sombres du moment : on nous apprend « que sous le soleil couchant, Notre-Dame *à l'agonie est d'une gaieté superbe !* » Il paraît aussi que « le *Panthéon se demande* comment il va faire, pour recevoir sous sa voûte tout un peuple qui a droit à son dôme ! » Ces nouvelles nous ont été communiquées par M. V. Hugo, dans une *Proclamation aux Parisiens,* qui a eu le don de nous faire sourire un instant.

Le burlesque maire de Paris, M. E. Arago, continue ses *pasquinades :* il ne s'est pas contenté de faire enlever du Louvre (vis-à-vis le pont des Saints-Pères) la statue équestre de Napoléon III, et d'arracher l'inscription qui constatait que le Louvre avait été achevé par l'Empereur ; il a remplacé l'une et l'autre, par ces mots écrits en grosses lettres sur une couche de plâtre : *Liberté, égalité, fraternité. République française démocratique, une et indivisible.* Ce pauvre homme ne sait que parodier 93. A la porte du Louvre, du côté de la place, une inscription indiquait que le Louvre avait été commencé par François Iᵉʳ et achevé par Napoléon III (tous deux, étrange coïncidence, faits prisonniers); il a effacé, *par Napoléon III.* A la bonne heure ! l'histoire ignorera que Napoléon III a eu cet honneur.

4. — Ce gouvernement commence déjà à tomber en discrédit : on se permet de l'attaquer ouvertement (je parle du public modéré, non des Communistes, qui, dès le premier jour, ont été ses ennemis). Le général Trochu paraît, ce qu'il a toujours été, un parleur vaniteux, qui n'a rien su faire, qui n'est pas un capitaine et ne nous *tirera pas de là.* Il a fallu un mois pour ouvrir les yeux aux Parisiens. Eh ! pauvres gens, ne savez-vous pas que les beaux parleurs n'ont jamais agi ? Si

cet homme eût été un vrai général, il se fût autrement conduit. Il avait un ministre de la guerre chargé de l'administration, un chef d'État-major capable et actif ; lui, il fallait qu'il ne fût, pour ainsi dire, jamais dans Paris : toujours entre les remparts et les forts, envoyant, dirigeant, conduisant lui-même les reconnaissances, sondant sur tous les points la ligne de l'ennemi, scrutant son côté faible, pour savoir où le frapper, et accumulant, sans permettre à un seul journal de dire un mot, toutes les troupes dont il pouvait disposer, pour faire, coûte que coûte, avec une nombreuse artillerie, une percée qui donnât de l'air à la ville et lui permît de respirer, et ensuite de vivre ! Au lieu de cela, il s'est confiné dans son palais, bavardant avec les avocats de l'Hôtel de Ville, politiquant, et ne sortant de Paris que pour assister, de loin, quand la lutte est près de finir, au combat de Choisy, qui eût dû être décisif !

Voilà un homme coulé, et déjà l'on se tourne vers le général Ducrot, qui sera peut-être, avant peu, l'objet de l'engouement des Parisiens. — M. J. Favre est aussi fort négligé, et le grand effet produit par son *Rapport* est effacé. — M. Gambetta a plus de succès : il ne fait pas de longues proclamations, et elles sont énergiques. Il me semble aussi avoir plus de bon sens que ses collègues :

tandis que ceux-ci jouent la comédie, même avec leurs amis les plus intimes, M. Gambetta ne s'abuse pas; on lui prête un propos significatif : « Ah ! aurait-il dit, il y a moins d'enthousiasme que je ne croyais ! les rapports des Préfets sont unanimes, la province dit : Paris a fait une République, qu'elle défende sa République ! » C'est-à-dire, il compte peu sur l'empressement de la province à secourir Paris. Voilà leur punition : ils ont divisé par la politique une nation qui était unie pour la résistance ; avant le 4 septembre, il n'y avait qu'*une* préoccupation, se défendre ! aujourd'hui, il y en a *deux*, la défense et la forme du gouvernement. Sous un gouvernement régulier, les forces de la nation tout entière auraient été facilement organisées et, si le gouvernement se fût transporté au centre de la France, la France l'eût accueilli comme son représentant. Mais comment se reconnaîtrait-elle dans MM. Crémieux, Glais-Bizoin et Laurier? Ils ne peuvent qu'être ridicules.

Les sergents de ville, qui ont reparu depuis peu de jours, sous le nom nouveau de *Gardiens de la paix*, produisent la plus piteuse impression : vêtus d'une sorte de vareuse à capuchon, coiffés d'une casquette dite *américaine* de forme disgracieuse, sans barbe, sans moustaches, sans armes, ils ont l'air honteux

d'eux-mêmes. On les voit marchant tristement,
à pas comptés, trois par trois, ne faisant rien,
n'empêchant rien, semblant avoir plus peur
des voleurs et des passants même, qu'empressés à aider et à secourir la population;
on rit d'eux, ils le voient, et se sentent aussi
inutiles que ridicules. Autre lâcheté de ce
gouvernement, qui n'a même pas le courage
de déclarer et d'avouer que le premier devoir
de tout gouvernement, quel qu'il soit, est de
maintenir l'ordre.

Parmi les pièces publiées dans la *Correspondance de la famille Impériale,* une des plus
intéressantes est la collection de portraits
d'hommes d'État contemporains faits par
M. Rouher pour l'Empereur. Ainsi qu'il
arrive, quand on ne s'adresse pas au public,
mais à une seule personne, ces portraits ont
une allure franche et un air de vérité qui
vous attire et vous attache. La plupart, pour
ne pas dire tous, sont d'une ressemblance
frappante. Le peintre est à la fois très perspicace et très fin (voyez celui de M. Chevreau,
par exemple, ou de M. Magne); mais il possède une qualité bien supérieure : on sent la
probité de ces appréciations, celui qui les
donne est un honnête homme, raisonnable,
sans parti pris et désintéressé ; il ne cherche
que l'intérêt de celui à qui il s'adresse. Rien

ne fait plus d'honneur à M. Rouher que la publication de ces portraits.

5. — La foule, depuis quelques jours, se presse aux portes des bouchers, dont les grilles, hermétiquement fermées, ne s'ouvrent qu'à de certaines heures. Là, sur les trottoirs, femmes du peuple, domestiques, dames même, stationnent par centaines, et quelque temps qu'il fasse : au moment où s'ouvrent les portes, les gardes nationaux font entrer à tour de rôle, et chacun cherche à obtenir un petit morceau de viande.—Tous les lieux jadis fréquentés sont déserts, un grand nombre de magasins sont fermés ; ceux du Louvre, si immenses, présentent, le long des comptoirs, la perpective de deux lignes de commis habillés en gardes nationaux ; çà et là errent trois ou quatre clientes : « Madame, il ne vient plus personne, si ce n'est pour acheter des vêtements de deuil ! »

Le gouvernement de l'Hôtel de Ville montre ce phénomène singulier, d'être menacé dans son existence, dès demain, par les Communistes et, un peu plus tard, par la capitulation à laquelle il sera réduit,—et de se comporter comme s'il avait devant lui l'éternité. Il prend des mesures pour l'organisation de sa République : il nomme des Commissions pour réformer la législation, pour transformer l'enseignement à *tous les degrés*, etc. Peu importerait cette fatuité, si elle n'était dépassée par l'aveuglement avec lequel on procède à la composition de ces Commissions. Les principaux membres de la Commission d'enseignement sont MM. Pelletan, protestant, Vacherot, athée, dont les livres ont pour but d'affirmer et de démontrer l'athéisme, Carnot, libre-penseur, E. Laugier, matérialiste, Tax. Delort, ex-rédacteur du *Charivari*, protestant, Despois, et Albert Le Roy, anciens professeurs, libres-penseurs, Henri Martin, panthéiste, Georges Pouchet, le champion des générations spontanées, etc., une collection de journalistes, de professeurs et d'écrivains ennemis acharnés et avoués du Christianisme, plus encore, de toute forme religieuse. Il s'agit de constituer un système d'enseignement d'où Dieu sera absolument et définitivement exclu. M. J. Simon, ministre de l'instruction publique, s'est empressé d'approuver un si grand projet. C'est là que devait aboutir ce philosophe du déisme.

En ce moment, 9 heures du matin, une forte canonnade retentit vers Montrouge. Dans les dernières heures de la nuit, j'entendais le roulement d'une quantité de pièces d'artillerie et de charriots, etc., qui se rendaient du côté des remparts.

6. — La canonnade n'a été appuyée par

aucune sortie ; on s'est borné à un combat d'artillerie, et les forts ont échangé des boulets avec les redoutes ennemies. La population de Paris, la garde mobile, la garde nationale, sont fort mécontentes de l'inactivité du général Trochu : on se plaint qu'il ne fasse rien, qu'il n'ordonne pas de grandes sorties, qu'il ne se serve pas de cette quantité d'hommes armés qui passent leurs journées à faire l'exercice et se dévorent d'impatience sur les remparts, attendant le moment d'agir. L'armée se joint à ces plaintes, on n'entend, de tous côtés, que ces mots : *Nous n'avons pas un homme !* Les généraux même se plaignent, ils affirment qu'ils proposent des plans hardis, et que le général Trochu les arrête, leur disant : « Je vous le défends ! gardez-vous-en bien ! etc. » C'est-à-dire, nulle audace, nulle énergie, des paroles, des discours, des proclamations et des ordres du jour, ce qui a valu à ce général parleur le nom sous lequel on le désigne à présent, *Ollivier militaire !*

Il faudra, pourtant, avant peu, se décider à un coup hardi : hier, en passant, à 1 heure et demie, près de l'Hôtel de Ville, j'ai vu la place couverte d'une immense foule d'hommes, la plupart en blouse, mais le képi sur la tête, avec armes, drapeaux, etc. C'était une manifestation des bataillons de Belleville, La Villette, etc., qui venaient déclarer au gouvernement qu'ils voulaient marcher, tenter un effort contre les Prussiens et, du même coup, proposaient la *Commune*. Les armes étaient en faisceau et, malgré les excitations de quelques orateurs, les dispositions de la foule ne semblaient pas violentes ce jour-là. Le gouvernement s'en est tiré par quelques paroles vides et vagues, comme savent en trouver aisément les avocats; mais la lutte n'est qu'ajournée, et le seul moyen efficace, pour lui, de se garer de la populace, sera de la lancer dans la plaine contre l'ennemi. Du reste, voici ce qui probablement arrivera : le gouvernement de l'Hôtel de Ville réunira une armée, 50, 100 ou 150,000 hommes, et fera une sortie pour forcer les lignes ; s'il ne peut réussir, comme on le présume, il aura livré une bataille sérieuse, où nos troupes se seront bien comportées et auront fait subir des pertes considérables à l'ennemi. Ce sera alors le moment d'entrer en pourparlers, d'autant plus que la disette se fera sentir. Mais, à ce moment aussi, les Communistes, comprenant qu'ils n'ont plus que cette chance, et rien à perdre, se soulèveront contre ce gouvernement qu'ils appelleront *traître*, marcheront sur l'Hôtel de Ville, et ... Je n'ose aller plus loin, tout étant possible après, massacre, guerre dans les rues. Le gouvernement de l'Hôtel de Ville, de toutes façons, est perdu :

il le doit voir, il doit trembler, et s'il ne le voit pas, il a le même bonheur que les fous qui, sur un pont qui se rompt, rient d'en entendre le craquement.

7. — L'indiscipline n'est pas moindre qu'il y a quelques semaines dans la garde mobile : au fort de la Briche, les mobiles, malgré les menaces de la cour martiale, sortent, vont à Saint-Denis, y louent un costume civil à des gens qui en font métier, et viennent passer la nuit à Paris. On ferme évidemment les yeux à l'appel du matin, tant les sorties sont nombreuses chaque jour.

La journée d'hier comptera dans l'histoire du gouvernement de l'Hôtel de Ville, car il aura donné un témoignage de faiblesse, d'imprévoyance et d'impudence, qui me semble pas pouvoir être dépassé. Le *Journal Officiel* du 6, en effet, contient les actes suivants : 1° une proclamation adressée à la garde nationale de Belleville, pour l'engager à *ne plus troubler l'ordre par des manifestations armées ;* 2° une proposition de M. de Kératry, préfet de police, pour supprimer la Préfecture de police, proposition adoptée par le gouvernement ; 3° la déclaration de la Commission d'enseignement, que *l'enseignement* de l'Etat et des communes sera *exclusivement laïque ;* 4° le procès-verbal de la capitulation de Sedan ; 5° une dépêche de M. Glais-Bizoin ; 6° un tableau de la situation, où le gouvernement affirme la *trahison de l'Empereur* dans la présente guerre.

Je reprends ces pièces une à une, elles en valent la peine : 1° la manifestation d'avant-hier avait été calme, mais la fureur de M. Flourens, ses paroles menaçantes, sa démission jetée à la face du gouvernement, n'avaient pas laissé que d'intimider ces messieurs de l'Hôtel de Ville. Ils savaient que, le soir même et hier, les clubs avaient résolu de renouveler leurs manifestations, et ils ne se dissimulaient pas qu'ils seraient renversés, si le *peuple* armé, si les citoyens de Belleville et de la Villette le voulaient. Il y eut réunion des membres du gouvernement, et quelques-uns étaient d'avis de résister ; mais, — plusieurs journaux ont pris soin de nous en instruire, — il y a dissentiment dans le gouvernement : quelques-uns sont faibles, d'autres font opposition. On n'a pas osé employer d'énergiques moyens de répression, et l'on s'est résolu à adresser à la garde nationale une proclamation, où le gouvernement « se *glorifie* de l'ordre et de la *discipline* de la garde nationale », mais l'avertit qu'elle a manqué « gravement, pour la deuxième fois, à l'*ordre* et à la *discipline*, par une manifestation à main armée », et la conjure, à mains jointes et d'une voix suppliante, de vouloir bien s'en abstenir, car « ces manifestations sont *contraires à la discipline* ! » Mêmes prières du commandant de la garde nationale, M. Tamisier. On comprend comme ces admonestations d'un pouvoir qui n'ose dire : *Je vous le défends*, mettront fin aux manifestations ! J'attends, dans un avenir peu éloigné, son renversement et l'établissement de la Commune. Et eux-mêmes n'en doutent pas : quelqu'un montrait à M. A. Desprez, secrétaire de la mairie du VIe arrondissement, un tiroir rempli de pistolets chargés, et lui disait que c'était pour se défendre, non des Prussiens, mais des Communistes : « Je vous avoue, dit M. Desprez, qu'à la mairie on ne les craint pas moins que vous; le maire et ses adjoints ne sortent pas, sans avoir leurs revolvers dans leurs poches. » — 2° C'est la même peur qui a décidé M. de Kératry à proposer la suppression de la Préfecture de police : les journaux de la future Commune l'exigent depuis trois semaines. Je sais, du reste, qu'il est très fatigué des gens qui l'entourent, et sa proposition me semble un véritable trait d'esprit : il voit venir les Communistes et se met à l'abri. Il le fait entendre dans son rapport : « Dans les révolutions, dit-il, on court tout de suite à la Préfecture de police. » Lui, il en sort ; quand la Commune viendra, il n'y sera plus ! — 3° La déclaration de la Commission d'enseignement est simplement celle-ci : Il ne sera jamais, dans les écoles, *question de Dieu*. Ils ont attendu un mois pour la faire ; Dieu doit leur en savoir gré ! Quant au dévot M. Trochu, on ne parle pas de protestation de sa part. — 4° Le procès-verbal de la capitulation de Sedan prouve ce que nous savions, mais non officiellement, que l'on est allé trouver le général en chef Prussien, par ordre de l'Empereur, ce qui signifie qu'on ne pouvait disposer du sort d'une ville et d'une armée sans l'autorisation de l'Empereur ; que le conseil de guerre a délibéré sur les propositions de l'ennemi, *en l'absence* de l'Empereur, qui n'y assistait pas ; que si, d'abord, deux généraux ont été d'avis de résister, ils se sont rendus aux explications de leurs collègues, qui montraient que toute résistance était impossible, *faute de vivres et de munitions ;* et enfin, que la capitulation fut signée à l'*unanimité*. — 5° La dépêche de M. Glais-Bizoin affirme que la province se lève *en masse et avec enthousiasme*. Les incrédules prétendent que la dépêche a été fabriquée par le gouvernement, pour les besoins du moment. La preuve, d'ailleurs, que le gouvernement n'est pas si sûr qu'il l'affirme de l'enthousiasme de la province, c'est que M. Gambetta, ministre de l'Intérieur, est parti en ballon, pour accélérer le mouvement et enflammer les âmes. — 6° Quant au tableau de la situation, présenté par le gouvernement, rien de plus grave, parce que c'est un symptôme de l'approche, je dirais presque de l'accomplissement prochain de la révolution socialiste. C'est, en effet, une pièce écrite avec une rage si aveugle, qu'elle ne peut sortir de la plume des rédacteurs ordinaires du *Journal Officiel*, et je doute même qu'elle émane d'un membre du gouvernement. La violence des termes, la fureur du ton, l'ineptie et le vide des accusations, sont indignes d'un gouvernement qui se respecte encore un peu. Le *Journal Officiel* ne peut ignorer que tout ce qu'il avance est faux. Comment un homme de bon sens peut-il ajouter foi à ces niaises allégations : « L'Empereur avait *refusé à la nation de l'armer ;* il n'avait *souci que de livrer la France à l'étranger ;* il voulait *céder l'Alsace à la Prusse*, pour *restaurer sa dynastie*, qu'il espérait relever *par une paix honteuse*, en devenant *le vassal de la Prusse ;* il avait *déchaîné la Jacquerie* contre les *propriétaires*, etc. » Je ne parle pas des faits ridicules empruntés aux journaux et depuis longtemps démontrés faux, tels que : « L'Empereur n'avait pas *cessé de commander ;* c'est lui qui *conclut la capitulation de Sedan ;* ses 300 voitures firent perdre vingt-quatre heures et compromirent tout, etc. » Et comment s'empêcher de sourire, à ces reproches de *complots*, adressés par des hommes dont les complots sont l'unique métier ! Il est inutile d'insister sur le reste ; écrire dans un pareil langage, c'est s'abaisser au-dessous des plus bas folliculaires, s'avilir aux yeux de tous ceux qui raisonnent.

On dit que la pièce est de M. Dubost, ancien rédacteur de la *Marseillaise*, devenu secrétaire général de la Préfecture de police.

Le gouvernement, tout en affirmant que « toutes traces d'agitation ont disparu avec l'Empire », ne croit cependant pas suffisante la proclamation qu'il a adressée à la garde nationale, pour la prier de ne plus troubler l'ordre : dans une nouvelle pièce, il revient, à trois ou quatre reprises, sur la nécessité de la *discipline*, de l'*ordre*, de la *concorde*, et sur les inconvénients qu'il y a à « *critiquer à tous propos les chefs militaires* ». Les plaintes contre l'inaction du général Trochu sont, en effet, presque universelles : on ne veut plus de lui.

8. — Le gouvernement, quel qu'il soit, — car les indiscrétions des journaux nous informent de la discorde qui règne à l'Hôtel de Ville, où le parti de la Commune aurait la majorité — juge utile de nous leurrer d'espérances, auxquelles il ne croit pas le premier, et qu'un simple calcul suffit pour faire évanouir. Il se fait écrire, de Tours, le 1er octobre, que l'on a toutes prêtes deux armées

de 80,000 hommes chacune et 36 batteries d'artillerie. Il faut que ce gouvernement ait un grand mépris de la nation Française et ne lui suppose ni mémoire, ni raisonnement. S'il y a deux armées de 80,000 hommes, elles ne peuvent être composées que de quelques milliers de soldats qui se sont sauvés de Sedan, et des dépôts restés en arrière. Le tout ne saurait monter à plus de 50,000 hommes de vraies troupes, encore faut-il compter les anciens soldats rappelés. Le surplus n'est que recrues, mobiles, etc., c'est-à-dire, des hommes tout à fait impropres à faire la guerre en rase campagne. Le gouvernement avoue, en outre, qu'il n'a ni mitrailleuses, ni cadres, en d'autres termes, pas d'officiers. La conclusion est que, quel qu'en soit le motif, nous n'avons pas d'armée, pas de forces, pour résister aux 800, peut-être aux 1,100,000 Prussiens qui ont envahi la France, et que le parti le plus sage, le plus raisonnable, le plus humain et *le plus profitable*, c'est *de faire la paix*, quitte à nous venger, dans quelques années, avec toute la puissance que nous donneront des alliances sûres, des ressources accumulées et notre juste ressentiment.

Hier, nouvelle manifestation à l'Hôtel de Ville, pour exiger les élections, c'est-à-dire, la *Commune*. M. Ferry est descendu et a répondu que le gouvernement n'attendait « que *de nouvelles pétitions* ». Elles ne manqueront pas ; on annonce déjà une autre manifestation pour aujourd'hui. M. Gambetta n'en assure pas moins, dans sa proclamation à la province (affichée ce matin dans Paris), qu'il y a *union absolue* à Paris ! Il sait évidemment à qui il s'adresse : sa proclamation ne contient même pas le mot de *république*, encore moins le cri de *Vive la République !*

Les gardes nationales de certains quartiers (Belleville, la Villette, Batignolles-Clichy, Jardin des Plantes ! etc.), en attendant que la Commune soit instituée, devancent ses décrets : elles font signer des pétitions, pour que l'on *confisque les biens de tous les absents de Paris.*

9. — Il est bon de remarquer que, le jour où le gouvernement, dans le *Journal Officiel*, affirmait que l'armée avait perdu vingt-quatre heures, à cause des 300 voitures de l'Empereur, une autre note du même *Journal Officiel* nous faisait connaître ce qu'étaient devenues les écuries Impériales : sur 340 chevaux, 80 sont partis avec l'Empereur, 110 ont été, depuis le 4 septembre, envoyés en Normandie ; on a monté des éclaireurs avec une centaine d'autres, et le reste sert à MM. Trochu, Arago, Flourens, Fonvielle, Floquet, etc., etc. On se demande comment, avec 80 chevaux, l'Empereur pouvait avoir 300 voitures.

Les plus beaux hôtels du quartier des Champs-Élysées sont déserts, leurs propriétaires, la plupart étrangers, étant partis do Paris. Les officiers de la gendarmerie de province, qu'on organise en régiments et qui sont campés aux Champs-Élysées, ont demandé l'autorisation de s'établir dans ces hôtels. Ils les occupent aujourd'hui, et sont étonnés du prodigieux luxe qu'ils y trouvent, notamment dans le fameux hôtel Païva, qui a, dit-on, coûté 11 millions. Les gardiens de cet hôtel, au surplus, ont vu arriver avec joie cette garnison de gendarmerie ; car une bande populaire s'est présentée le lendemain pour le saccager, et s'est retirée, quand elle a aperçu les gendarmes.

A trois heures, hier, en passant sur la place Maubert, j'ai été frappé d'entendre le rappel que l'on battait dans tout le quartier. En avançant dans le quartier Saint-Germain, on voyait les gardes nationaux courir aux armes et se grouper au coin des rues ; on entendait partout le mot de *manifestation*. Je suis entré à la mairie du VIe arrondissement, où j'ai appris qu'il devait y avoir, en effet, une manifestation à l'Hôtel de Ville, pour demander la *Commune*, que les bataillons du quartier se réunissaient, sur l'ordre de leurs commandants, pour faire une *contre-manifestation;* que le maire et ses adjoints s'étaient rendus à l'Hôtel de Ville, enfin que l'on était fort inquiet, parce qu'on ignorait la force de la manifestation. Je suis allé aussitôt à l'Hôtel de Ville : la place était couverte de gardes nationaux formés en carré; derrière et sur les quais une grande foule, beaucoup de voitures arrêtées ; c'était la *contre-manifestation*. On disait que les gens de la Commune avaient échoué, se trouvant en trop petit nombre. Les membres du gouvernement se tenaient au milieu de la place et péroraient, sans qu'on pût les entendre à dix pas. Tout à coup, est survenue une grosse pluie, et tout le monde s'est enfui, y compris, je pense, les membres du gouvernement. Cette manifestation m'a paru tout à fait ressembler à celle du 16 avril 1848 : deux *peuples* côte à côte, comme deux rivières dans un même lit, sans se confondre, un gouvernement divisé, les uns modérés, les autres plus ardents, ces derniers n'osant pas encore jeter les premiers dehors, et la partie ajournée. Or, un mois après, le 15 mai, l'Assemblée était envahie, le gouvernement renversé (pendant deux heures), et le mois suivant, se livrait dans Paris la furieuse bataille de juin, qui durait quatre jours ! Aujourd'hui, que tout se fait plus vite, je ne pense pas que la *Commune* attende un mois pour faire son 15 mai. — Pendant tout ce trouble, le canon des forts ne cessait de tonner et retentissait dans toute la ville : c'était sinistre ; chacun se rappelait les deux mots de M. de Bismarck sur la *populace de Paris*, et de M. Gambetta sur l'*union* de la population de Paris.

10. — Les journaux socialistes ou communistes, tout en déplorant la décision du gouvernement d'ajourner les élections, ont gardé une modération, qui ne peut être qu'affectée ; des hommes de ce caractère ne sont pas si doux. Je crains qu'ils ne machinent quelque chose sournoisement. Hier au soir, on a fait dire aux gardes nationaux du faubourg Saint-Germain de ne pas s'éloigner de leur quartier, pendant la journée d'aujourd'hui. Ce gouvernement révolutionnaire issu de l'émeute sait bien, en effet, sur qui il peut compter pour maintenir l'ordre, et ce faubourg Saint-Germain encroûté, vieux, dévot, il le tient en grande estime, au jour du danger.

Le vieux vaudevilliste Et. Arago continue à jouer son rôle en comédien émérite : une manifestation ayant encore été tentée, il est descendu pour parler à la foule ; mais bientôt, à bout d'éloquence, il s'est arrêté court, et a remplacé le discours absent par des baisers qu'il a envoyés avec la main. Cette mimique a fort réjoui le parterre, qui a applaudi comme au théâtre ; public et comédien se sont reconnus.

On n'a pas dit, le *Journal Officiel* a eu encore un peu de pudeur, que, le 6, lors de la manifestation Flourens, celui-ci est entré à l'Hôtel de Ville, en compagnie de Mégy, l'assassin de Batignolles-Clichy, condamné aux travaux forcés, pour avoir tué un sergent de ville. Relâché, après le 4 septembre, par le gouvernement de l'Hôtel de Ville, Mégy est devenu chef de bataillon de la garde nationale, et c'est en cette qualité qu'il s'est présenté et a conféré avec M. Trochu. On voit, par ce trait, jusqu'où s'abaissent, en révolution, des hommes qui, si on leur eût dit, il y a deux mois, qu'ils traiteraient de pair à égal avec un Mégy, se seraient redressés indignés. De bonnes âmes continuent, pourtant, à dire que, « du moins, nous avons un gouvernement d'*honnêtes gens* » ! Voilà le deuxième gouvernement qui porte ce nom, depuis huit mois ! ce sont ces *honnêtes gens* qui amènent le gouvernement des scélérats. Roland aussi était un *honnête* homme ; il nous a valu le règne de Robespierre !

L'alimentation est toujours un des plus grands soucis du public et du gouvernement : la population est rationnée pour la viande. La viande de cheval devient une ressource précieuse, mais il ne faut pas croire que, malgré l'infériorité du prix, elle soit recherchée par le peuple : au contraire, ce sont les bourgeois qui l'ont adoptée et sans hésiter. Quant au peuple, il n'en veut pas entendre parler : cela le dégoûte, et dans les groupes, à la porte des boucheries, on entend des femmes d'ouvriers malaisés dire avec dédain qu'elles « ne peuvent se résoudre à manger du cheval », et qu'elles préféreraient se nourrir de pain sec. Toujours l'irréflexion du peuple enfant ! et c'est cet enfant qu'on appelle à prendre part au gouvernement !

A chaque instant, on passe du blanc au noir et *vice versa*, tant les impressions se succèdent rapidement. Aujourd'hui on calcule avec espoir les chances de salut : on affirme que l'armée de la Loire existe réellement, qu'elle compte un assez grand nombre d'anciens soldats, dont on a fait des sergents et des officiers : que les Vendéens et les Bretons particulièrement sont enflammés de patriotisme et d'enthousiasme; que cette armée s'approche avec lenteur et prudence, afin de former les jeunes recrues et rallier les corps isolés ; que bientôt elle constituera une force imposante ; que, dès qu'elle sera à portée, l'armée de Paris fera une grande sortie sur plusieurs points à la fois, en poussant l'ennemi de front, pendant qu'il sera attaqué par derrière ; qu'entre ces deux armées soutenues par le feu des forts, les Prussiens seront nécessairement écrasés; que, tout au moins, une large *trouée* sera ouverte dans leurs lignes, Paris ravitaillé, et les communications reprises avec la province : que le soulèvement général noiera les Prussiens dans la population, enfin qu'ils seront morcelés, brisés, assommés, anéantis ! — Dieu le veuille !

11. — Le désordre, qu'on appelle, dans l'armée, *indiscipline*, et qui, dans le gouvernement, n'a pas d'autre nom qu'*anarchie*, est général. Dans la garde nationale, la question des officiers est toujours à l'ordre du jour : les uns acceptent leurs officiers *élus*, les autres les repoussent ; il suffit qu'un capitaine déplaise à quelques-uns, pour qu'on le veuille changer : « On l'a élu, font observer les gardes qui ont quelque bon sens. — Raison de plus, ripostent les autres, nous avons le droit de le casser ! » C'est le véritable procédé des républiques anciennes : tout s'y donnant à l'élection, dès que l'élu ne plaisait plus, on le jetait de côté. Aussi, l'on vit comment finirent ces républiques, lorsqu'un gouvernement fortement organisé s'attaqua à elles : en deux batailles, Philippe en eut fini avec Athènes. — Mais toute discipline est inconnue à la société actuelle : nous sommes tous emportés par le souffle révolutionnaire ; l'unique loi, pour chacun, est celle-ci : *N'obéir qu'à sa seule volonté*, et encore, à sa volonté du moment.

L'histoire de M. Pilhes est une preuve
de cette anarchie morale : M Pilhes commande
le 212ᵉ bataillon ; il a été élu, mais, au bout de
quelques jours, plusieurs de ses subordonnés
se sont rappelé qu'il avait été un des chefs
de l'attentat du 14 août, où de pauvres pompiers furent inopinément assaillis en plein
jour, blessés ou tués par une centaine de misérables. On a invité le commandant Pilhes à
s'expliquer : il a avoué le fait et s'en est glorifié. Mais une partie de son bataillon ne l'entend pas ainsi, et prétend que l'action n'est
point glorieuse, et voici comment raisonnent
ces *honnêtes* gens : Il y a rébellion et rébellion, la rébellion loyale, et l'échauffourée coupable. La rébellion loyale est celle qui parvient
à renverser le gouvernement ; la rébellion
coupable est celle qui n'a « aucune portée
politique » : en deux mots, il y a la rébellion
qui *réussit,* et la rébellion qui *échoue ;* et la
rébellion qui échoue n'est qu'une *grossière
émeute,* répudiée par tous les chefs *sérieux* et
importants de la démocratie. En conséquence,
M. Pilhes n'ayant pas *réussi* le 14 août, à la
Villette, n'a fait qu'une *grossière émeute ;* sa
tentative n'est pas un acte *politique*, et il doit
être cassé comme indigne. — Mais ce n'est
pas tout : ses subordonnés le conserveront
volontiers, si « le gouvernement déclare publiquement que la révolution du 4 septembre

a ratifié la journée du 14 août. » Eh! d'où vous vient ce doute, gardes nationaux du 212ᵉ bataillon ! Le gouvernement ne s'est-il pas empressé, le soir même du 4 septembre, de faire mettre en liberté Eudes et ses complices, chefs, avec M. Pilhes, de la « grossière émeute » de la Villette, et, comme tels, condamnés à mort ? Eudes n'est-il pas devenu aussi chef de bataillon ? bien plus, le général Trochu n'accepte-t-il pas de discuter et d'examiner les questions les plus graves du gouvernement avec M. Mégy, qui, lui, a fait mieux, car il a, tout seul, fait son émeute, en tirant à bout portant sur un sergent de ville ? Le gouvernement est plus logique que vous ; car il reconnaît, par ces faits *publics*, qu'il n'y a pas *deux* sortes d'émeutes et de rébellion, mais *une* seule, qui consiste à renverser le gouvernement, par tous les moyens ; tous sont bons ! L'indignation des *honnêtes* gens du 212ᵉ bataillon atteste jusqu'à quel point les idées du juste et de l'injuste sont troublées: il ne leur vient pas à l'esprit que le 14 août et le 4 septembre ont le même principe et sont, à des titres égaux, un *crime !*

Ce n'est pas seulement dans la garde nationale qu'existe l'anarchie, mais dans les mairies : plusieurs mairies, celle du XIᵉ arrondissement particulièrement; viennent, de leur

propre autorité, de décider qu'elles ne souffri-
raient plus les Congrégations enseignantes ;
en conséquence, les Frères des écoles Chré-
tiennes ont été expulsés et leurs écoles fermées.
Le supérieur général, le frère Philippe, s'est
adressé à M. J. Simon, ministre de l'instruction publique : celui-ci a été très frappé de
la supériorité d'esprit du frère Philippe, ainsi
que de ses observations ; il a promis d'aviser,
*dès que ses grandes affaires le lui permet-
traient.* Mais la vérité est qu'il ne peut rien.
Les mairies, en effet, se sont rendues indépen-
dantes, plusieurs même ne sont pas libres :
celle de Montrouge (XIV° arrondissement) a
été envahie, dès le 4 septembre au soir, par
une bande déguenillée, qui s'y est établie, qui
a déclaré y vouloir rester, et qu'on a été
obligé de garder. On les a à peu près habillés ;
ils siègent à côté du maire, afin de le conseiller
et de contrôler ses actes, et l'un des deux
adjoints a été pris parmi eux; cette mairie fonc-
tionne déjà comme une petite *Commune.* Un
fait analogue a eu lieu à la mairie du VI° arrondissement. — On comprend à travers quels
défilés étroits est obligé de circuler, sonde en
main, le gouvernement de l'Hôtel de Ville,
d'autant plus que plusieurs de ses membres,
les plus logiques, sont favorables aux élections
de la Commune. Quelques personnes prétendent même expliquer ainsi le départ de

M. Gambetta : ses collègues, le voyant trop porté à donner raison aux *Communistes*, l'ont engagé à se rendre en province, sous prétexte de la *chauffer*, en réalité pour se débarrasser de lui.

La *Correspondance de la famille Impériale* ne cesse pas d'être favorable à l'Empire, cela semble un parti pris de la part des éditeurs. Ils publient, entre autres pièces : 1° un plan d'ouvrage projeté par l'Empereur, où il énumère les améliorations, les créations et les suppressions libérales faites par lui en dix-huit ans ; il y en a assez pour honorer et illustrer trois règnes ; 2° une lettre de l'Impératrice, aussi touchante que raisonnable et affectueuse : on y voit quel esprit de conciliation animait l'Empereur, sa sérieuse et consciencieuse résolution de faire un essai de système parlementaire, d'apaiser les passions, de rallier les hommes sincères qui se tenaient encore éloignés. Cette lettre fait aimer et plaindre la noble Souveraine, qui avait déjà mérité l'admiration par son inépuisable charité et son héroïsme à Amiens.

12. — Les manifestations ont cessé momentanément : le gouvernement a pris les précautions les plus sérieuses ; depuis plusieurs jours, il y a dans les cours de l'Hôtel de Ville 3,000 gardes *mobiles* et non gardes *nationaux*, comme on le fait dire par les journaux, plus,

deux mitrailleuses, qui imposent un certain respect aux *Communistes*. J'approuve le gouvernement : il veut vivre, il se défend ; mais pourquoi le général Trochu, gouverneur de Paris sous l'Empire, n'a-t-il pas pris les mêmes mesures pour défendre la Chambre et le gouvernement Impérial ? *Il ne l'a pas défendu, parce qu'il ne voulait pas qu'il vécût :* en tout temps, cela s'est appelé *trahir !*

Il y a, du reste, ceci de plaisant : on envoie les gardes nationaux aux remparts, et l'on charge de la garde du gouvernement les mobiles ; c'est-à-dire, les Parisiens sont employés à défendre Paris, cela est juste, et la province (les mobiles de piquet à l'Hôtel de Ville sont Bretons) à maintenir l'ordre dans Paris. On ne peut faire une critique plus sévère de l'état moral de Paris et de son rôle vis-à-vis de la province. En outre, et cette observation est du même ordre, s'il est vrai que la province se lève, et que les plus ardents sont les départements de l'Ouest, la Bretagne, la Vendée, le Poitou, qui signifie donc la fameuse théorie de l'instruction qui *moralise* les populations, et de l'ignorance qui les *abrutit?* Il se trouve que, précisément, les départements marqués en *noir*, sur les tableaux de M. Duruy, comme étant entachés d'une crasse ignorance, sont les plus enflammés contre l'étranger, les plus empressés à accourir pour défendre le sol de la patrie, et que ceux qui brillent par une *blancheur* éclatante, dans lesquels l'instruction est le plus répandue, sont les plus mous, les plus indifférents, les plus égoïstes et les plus lâches, fuyant devant l'ennemi, lui abandonnant tout, plusieurs lui réservant et lui prodiguant les provisions qu'ils refusent à nos soldats ! Je ne veux refuser l'instruction à personne, et fermer aucune école ; mais il sera, désormais, avéré que savoir lire, écrire et compter, ne suffit pas pour améliorer l'état moral d'un peuple ; le paysan, après trois ans d'école, n'ouvrant jamais un livre, ou, s'il lit, se pervertissant à la lecture de quelque mauvais journal. — Ce qui élève l'homme, ce qui lui inspire des sentiments généreux, dignité de soi-même, dévouement, enthousiasme, amour de la patrie, c'est la religion seule. L'instruction n'est qu'un *outil* pour l'esprit ; la religion est un *ferment* pour les cœurs, qui les porte en haut, et les ennoblit !

On découvre, chaque jour, que les officiers de la garde nationale n'ont pas tous été choisis parmi les plus dignes : dans plusieurs bataillons, on refuse de leur obéir, et l'on demande de nouvelles élections : « Nous ne les connaissions pas ! » s'écrient leurs électeurs. — Eh ! pourquoi les avoir nommés ? C'est là un des inévitables effets de l'élection populaire *directe*. Mais, malgré ces rudes leçons, tel est le préjugé, que ces mêmes pauvres dupes ne veulent pas entendre parler de l'élection à *deux degrés*, et, encore moins, de la nomination de leurs chefs par le gouvernement.

13. — La Préfecture de police vient de changer de chef : M. de Kératry, fatigué, ennuyé, abreuvé d'insultes de la part des républicains, — un commissaire de police nouveau s'est démis de ses fonctions, en lui écrivant la lettre la plus insolente [1] — va s'envoler vers la province. Il a fait relativement peu de mal : son plus grand tort avait été de prendre, pour secrétaire général, un rédacteur de la *Marseillaise*, M. Dubost, qui s'est fait détester, pendant son court séjour au pouvoir, par son outrecuidance, son impertinence et sa fatuité. Il y a lieu de croire qu'il ne restera pas avec le nouveau préfet, M. Adam, que l'on dit être un homme bien élevé. On ignore encore si M. Adam accomplira la désorganisation de la Préfecture proposée par M. de Kératry.

M. F. Belly, dont le nom est connu dans la presse, et qui s'était occupé, avec tant d'ardeur, d'intelligence et de peine, de ce grand et beau projet, le percement de l'isthme du

---

[1] Ce commissaire de police, alors à peine connu, n'était autre que Raoul Rigault.

Nicaragua, organise maintenant les *Amazones de la Seine*, bataillon « destiné à défendre les remparts et les barricades, et aussi à secourir les blessés, à leur donner les premiers soins, etc. » Les murs sont couverts de ses affiches qui indiquent l'uniforme de ces guerrières, képi, pantalon, blouse, petite cartouchière et fusil portant à 200 mètres. J'ignore s'il réunira plus de fonds pour ces Amazones que pour son canal. La folie est si répandue maintenant à Paris qu'il pourrait bien en trouver.

M. Flourens n'est pas seulement chef de bataillon de la garde nationale : par une exception unique, il a quatre bataillons sous ses ordres, et c'est pourquoi il porte le titre de *major*, grade qui n'a jamais existé dans la garde nationale. Il a pris, tout seul et de sa propre initiative, ce titre singulier, et s'est ainsi fait chef d'une armée de 5 à 6,000 hommes ; c'est ce qui le rend si dangereux. Le gouvernement de l'Hôtel de Ville n'a pas osé souffler mot à cette usurpation ; nouvelle marque de sa faiblesse vis-à-vis des Communistes.

En ce moment, 3 heures et demie, le canon tonne, sans cesser une seconde ; ce n'est pas évidemment un fort qui bat les travaux de l'ennemi ; c'est une bataille qui se livre.

— 3 heures et demie : le canon continue à retentir, et sa violence redouble ; il est des instants où le roulement se prolonge d'échos en échos, comme la foudre dans les montagnes. Des groupes sont rassemblés dans les places et sur les quais ; on écoute, on interroge, l'anxiété est générale. La bataille a lieu, dit-on, dans la vallée de la Bièvre, et les Prussiens auraient attaqué : ils n'avaient tant tardé que parce que leurs ouvrages n'étaient pas terminés. Ils ont aujourd'hui des redoutes formidables ; Choisy est barricadé et fortifié de batteries à trois étages, armées de grosses pièces. Les coups sourds, retentissants, puissants, que nous entendons si distinctement, et qui semblent tout près, tant ils sont violents, viennent à la fois de nos pièces de marine des forts et des gros canons des redoutes Prussiennes. On voit passer au galop de nombreuses voitures, où sont suspendus deux drapeaux, le drapeau Français et le drapeau blanc à Croix rouge : ce sont les ambulances, qui vont chercher les blessés sur le champ de bataille. Rien de plus sinistre, et qui inspire de plus tristes retours de pensée : quel que soit le résultat, heureux ou non, il y aura une quantité de morts et de blessés ! Voilà déjà sept heures que les cylindres de fer envoient des bombes, des balles, des boulets et des obus dans les rangs : que d'hommes ils ont couchés par terre ! A 2 heures, les marins qui manœuvrent le sémaphore dressé au haut des tours de Saint-Sulpice annoncent que les Prussiens sont partout repoussés.

— 4 heures et demie : on n'entend plus rien. — 6 heures : le bruit se répand que la journée a été bonne, et ce qui permet d'y ajouter foi, c'est qu'on n'accompagne cette simple parole d'aucune des exagérations et des forfanteries dont on embellissait les prétendus succès des combats précédents. On dit que nous aurions pris Bagneux, fait quelques centaines de prisonniers; que même nous aurions occupé la redoute de Châtillon; — mais il est un point sur lequel on n'est pas d'accord : *l'avons-nous gardée?* Quoi qu'il en soit, voici une redoute que nous payerons cher, pour n'avoir pas su nous y établir à demeure dès le premier jour !

14.—La vérité nous a été dévoilée, ce matin, par le *Journal Officiel :* nous n'avons pris ni Bagneux, ni Châtillon. C'était seulement une *reconnaissance,* prétend le gouvernement, et elle a été « solide et heureuse ». Hélas ! nous sommes obligés de courber la tête devant ce nouvel échec; mais fallait-il que M. le gouverneur de Paris y ajoutât une allégation absolument incroyable ? Il affirme qu'il n'a jamais eu l'intention de reprendre Châtillon, qu'il voulait seulement « savoir si les ennemis y étaient en forces ». Et, pour obtenir ce renseignemont, au lieu d'envoyer quelques éclaireurs ou quelques espions, il amène, pendant trois jours, de ce côté, trois divisions (20 ou 25,000 hommes), 26 batteries d'artillerie (156 pièces), etc. ; trois forts sont avertis de se tenir prêts ; les officiers, les soldats disent : « Nous allons aujourd'hui reprendre Châtillon ! » le canon tonne pendant huit heures, et tout cela, pour « *s'informer s'il y a des ennemis sur le plateau !* » Il faut que M. Trochu ait une triste idée des Parisiens ! Ce qui est vrai, malheureusement, c'est que, cette fois encore, on ne s'est pas présenté en forces : on a manqué de prévoyance et d'audace.

Toujours mêmes précautions contre l'émeute ; car, — et les républicains de l'Hôtel de Ville le savent encore mieux que moi — les Communistes n'ont pas désarmé : la garde nationale est décidée à se lever dans la plupart des quartiers et à en finir ; les mobiles, que l'on fait camper à l'Hôtel de Ville et au Carrousel, sont exaspérés : ils sont même si excités par l'attente et l'ennui, qu'on craint qu'ils ne fassent feu contre l'émeute, sans attendre l'ordre.

La *Correspondance de la famille Impériale* contient une seconde lettre du général Ducrot au général Frossard (de quel droit publict-on cette lettre privée ?), qui dénonce les préparatifs et le plan de la Prusse, dès 1868, pour faire la guerre à la France. Rien de nouveau dans ces faits qui attestent, ce qui n'avait plus besoin d'être prouvé, de quel côté est venue l'attaque. Seulement, à la lecture de cette lettre, nombre de gens sincères, mais qui ont peu de mémoire, s'écrient : « Comment, étant ainsi prévenu, n'était-on pas prêt ? » C'est là l'accusation sans cesse répétée contre l'Empire, et qui semble irréfutable à ces honnêtes gens. On pourrait répondre : « Si le gouvernement n'était pas prêt, c'est l'Opposition qui en était cause. » Et cette réplique serait suffisante, puisque nul n'ignore que l'Opposition refusait systématiquement tout ce qu'on lui demandait pour l'armée, exigeait la diminution du contingent, et poursuivait le ministère de ses sarcasmes, lorsqu'il lui parlait des préparatifs de l'étranger et des mauvaises intentions de nos voisins [1]. Mais on l'accorde et on l'avoue : oui, il est vrai, on n'était pas prêt ; mais on *croyait être prêt, et prêt suffisamment.* Tout le monde, l'Empereur seul peut-être excepté,

---

[1] Tout ceci a été démontré d'une façon irréfutable, c'est-à-dire, avec le texte des discours de la gauche, dans plusieurs écrits : *La Vérité sur la campagne de 1870,* par M. F. Giraudeau ; *Précis historique de la guerre de 1870,* par Adam Lux ; *Ils en ont menti,* par un rural ; *l'Abeille,* etc., etc.

même M. Thiers (voyez son discours du 30 juin 1870), était persuadé que *nous avions assez de forces pour vaincre, et pour vaincre promptement*. Qu'on se rappelle les illusions du public, le langage des journaux, la fureur presque générale contre M. Thiers, lorsqu'il soutint, se déjugeant au dernier moment, qu'il ne fallait pas faire la guerre : « Ah! s'écriait-on, c'est indigne! il n'est pas Français! c'est un discours Prussien! il est bien sûr de ne pas être nommé aux prochaines élections! » L'irritation fut telle, que des groupes se portèrent devant sa porte et lancèrent des pierres contre son hôtel. Qu'on se souvienne encore de l'étonnement, du mécontentement général, quand, avant tout combat, le 29 juillet, l'Empereur, dans sa proclamation dit à son armée : « *Vous allez faire une guerre longue et difficile!* » — « Il veut donc décourager les soldats! » s'écriait-on. Les espérances les plus exagérées, les paroles les plus folles témoignaient de la situation morale de la nation : on ne doutait pas de la victoire, d'une victoire prompte, facile, décisive, et on le répétait à tous les échos de l'univers.

La vérité sur cette situation a été exprimée par deux personnes d'un esprit bien différent, et qui se sont rencontrées pour la dire presque dans les mêmes termes : le roi de Prusse et Mgr Dupanloup : « Je veux entrer dans Paris, a dit le roi de Prusse, pour châtier ces *fanfarons* de Parisiens ! » Et Mgr Dupanloup, dans sa *Lettre sur la guerre*, raconte ce trait de l'histoire de la Prusse, au commencement de ce siècle : « Après Iéna, lorsque Napoléon Ier vit, pour la première fois, la reine de Prusse, mère du roi actuel : « Comment, madame, lui dit-il, avez-vous osé me faire la guerre ? — Sire, répondit la Reine, *les triomphes du grand Frédéric nous ont éblouis ; nous croyions être sûrs de vaincre, c'est ce qui nous a perdus !* »

C'est notre histoire. Nous aussi, les triomphes de Napoléon nous avaient éblouis ; nous nous croyions invincibles, les dompteurs du monde.

Voilà quelle était la disposition générale [1], j'entends, même des ministres et du maréchal Lebœuf le premier. Celui-ci n'était ni traître, ni incapable ; au contraire, tous ceux qui le connaissent s'accordent à faire son éloge. A l'École polytechnique, on l'avait remarqué pour son aptitude, son zèle, son ardeur à s'instruire ; le général Lafayette l'avait choisi pour aide de camp, après 1830, le regardant comme un jeune homme très distingué. Il avait fait la guerre en Afrique, en Crimée, en

[1] Les républicains les plus acharnés le reconnaissent eux-mêmes, à certains moments : « L'illusion du succès était générale, » dit M. Blanqui (*La Patrie en danger*).

Italie, et tous ses grades avaient été conquis sur le champ de bataille ; il présentait donc toutes les garanties, et l'on avait, en effet, confiance en lui, aussi bien la Chambre que le public. Quel était donc son défaut ? Eh ! mon Dieu, celui de notre nation, de nous tous : il était *léger !* Comme nous tous, il a cru à un succès facile et, pas plus que le public, n'a douté que nous irions à Berlin. Voilà son tort et, il faut le reconnaître, un ministre ne doit pas être, comme le public, un *badaud.* — Quant à l'Empereur, ayant vécu longtemps en Angleterre, il s'est imaginé que la France, comme l'Angleterre, était propre au gouvernement parlementaire ; il a cru que la nation souhaitait, voulait les *libertés* réclamées par l'Opposition, il a cédé à la pression de cette Opposition ; il lui a non seulement cédé, en donnant ces libertés dangereuses de la presse, d'associations, de réunions, d'initiative parlementaire, etc. ; mais, persuadé que l'opinion verrait avec satisfaction l'établissement du gouvernement parlementaire, il a abandonné les rênes aux mains débiles d'avocats choisis par la Chambre ; il a en quelque sorte abdiqué, en se mêlant de moins en moins de la direction des affaires. Faut-il le dire ? plusieurs mois avant la guerre, le gouvernement de la France *n'était plus une monarchie que de nom ;* en réalité, *c'était déjà*

une République ! Or, on lui a appliqué durement, cruellement, traîtreusement, ignomi-
nieusement, ce mot dit par un grand homme :
« Rois, sachez gouverner vos royaumes *vous-
mêmes*, ou cessez de régner ! » (Aureng-Zeb),
maxime effrayante et qui, à défaut de tout
principe moral et religieux, est aujourd'hui
mise en pratique, pour le malheur des rois
et, plus encore, des peuples, par ce juge in-
conscient, déréglé, insociable, la *Révolution !*

Enfin, il y a eu un plus grand tort, celui
de l'Europe, de la société Européenne tout
entière, de cette société prétendue Chrétienne,
indifférente à ce qui n'est pas son bien-être et
ses plaisirs, égoïste, qui a proclamé le principe détestable, barbare et païen de la *non-
intervention*, qui a souffert, en 1864, que fût
égorgé par ses deux puissants et avides voisins
le pauvre petit Danemark, sans protester, sans le
secourir, sans s'interposer, sans mot dire ; puis,
deux ans après, a assisté avec la même indifférence à l'agression de la Prusse contre l'Autriche, a laissé porter à l'Autriche la profonde
blessure dont elle sera de longues années à se
guérir. Aujourd'hui, cette France, qui alors
se conduisit avec un égoïsme contraire à sa
nature, reçoit le choc terrible de ce grand
colosse Allemand, nourri et engraissé de la
chair du Danemark, du Hanovre, de la Saxe,
de la Hesse, de Francfort, etc. ; et, sous cet

énorme choc, et sous ce grand corps, elle ne
peut résister et tombe tout de son long à
terre ! Plus tard, ce sera le tour de l'Europe.
Voilà les vrais torts de chacun, et non les
fautes de détail dont on parle, — torts de
premier ordre, parce qu'ils tiennent à l'es-
sence même de la société, parce qu'ils sont
moraux ; voilà les vraies fautes, les vrais
crimes, crimes de conscience — et voilà
quel en sera le châtiment !

Le bruit que les princes d'Orléans sont à
la tête d'armées en province se propage de
plus en plus ; on affirme même qu'un accord
existe entre eux et le comte de Chambord,
que celui-ci aurait donné 3 millions et les
princes d'Orléans quarante. Dans l'impossibilité où nous sommes de savoir ce qui se
passe à trois lieues au delà de Paris, et malgré les dénégations du gouvernement, je ne
fais que constater cette rumeur, et j'ajourne
les réflexions qu'elle inspire.

15. — On a arrêté, il y a quelques jours,
un espion Prussien, prêt à franchir la porte
d'Auteuil, et porteur de journaux destinés au
camp ennemi. Cette arrestation a quelque
chose de mystérieux et tout à fait extraordinaire : il s'était présenté sous les habits et
l'apparence d'une femme ; le garde de faction,
voyant une jeune femme assez accorte, voulut

se permettre quelques libertés, et son étonnement fut grand, en reconnaissant qu'il avait
affaire à un homme ; c'est ce qui l'engagea à
appeler à l'aide. Tandis qu'on emmenait ce
jeune homme, tout d'un coup il s'affaissa, et
tomba mort immédiatement. M. le docteur
Tardieu, requis pour l'examiner, reconnut
qu'il s'était empoisonné avec de l'acide prus-
sique. De plus, on ouvrit un pain qu'il por-
tait, et l'on y trouva cachées une pince et une
lime. Tout ceci semble inexplicable, et n'est
peut-être qu'un de ces bruits propagés par la
crédulité publique ; mais j'ai pensé qu'il y
avait néanmoins intérêt à le mentionner, ne
fût-ce que pour montrer l'état des esprits portés à tout croire, dans la situation violente où
nous nous trouvons.

Hier soir, on apercevait un grand feu sur
les hauteurs du sud de Paris. Était-ce à Saint
Cloud, Sèvres ou Meudon ? Ce matin, nous
avons su que c'était le beau palais de Saint
Cloud qui brûlait. Les ruines qui nous resteront en héritage de cette guerre seront — le
mot est exact — incalculables, et les conséquences inattendues.

Ce matin, est parti, par un des ballons cons-
truits au chemin de fer d'Orléans, M. de
Kératry, et dans un autre, M. ***. Ce dernier
a cru devoir crier à trois reprises : *Vive la*

République! au moment où il montait dans la nacelle. *Personne* n'a fait écho, et il y avait plusieurs centaines de spectateurs. M. *** ne rencontrera pas plus d'enthousiasme en province. Que serait-ce si la province connaissait toute la vérité? Je ne parle pas des violences et des menaces des clubs, des Communistes, des journaux socialistes, etc., bien propres à épouvanter les calmes esprits de la province. Les actes seuls du gouvernement suffiraient pour éclairer d'une lumière sinistre le présent et l'avenir. Hier, le *Journal Officiel* nous a apporté deux documents qui donnent matière à méditer : le premier nous apprend que l'on va réélire ou nommer directement plusieurs chefs de la garde nationale, « mesure *indispensable* », parce qu'ils sont « indignes, coupables d'inconduite continue ou d'actes d'indélicatesse, et qu'ils ont des antécédents de nature à compromettre la considération de leurs corps ». Quelle sécurité peut-on avoir avec de tels chefs! Quelle situation que celle qui permet de tels choix et oblige un gouvernement à l'avouer officiellement !

La seconde pièce émane de M. Jules Simon, ministre de l'instruction publique, et est adressée au maire de Paris, pour l'engager à créer des *Écoles nationales de filles.* Le ministre y parle de morale, mais le mot de *Religion* et le nom de *Dieu* sont absolument absents, il s'en réfère aux principes de la *Commission d'enseignement,* qui a proscrit « toute instruction religieuse dans les écoles de l'État et des communes ». Voilà l'avenir que M. Jules Simon, auteur du livre *la Religion naturelle,* et les professeurs réunis à l'Hôtel de Ville, réservent à nos enfants : une *éducation* purement athée. — Ce sera une aimable génération !

Les gardiens de la paix font de plus en plus piteuse mine dans les rues : ces pauvres diables errent deux ou trois ensemble, comme des âmes en peine, ne faisant rien et n'osant rien faire. Les requiert-on de prêter main-forte : « Volontiers, répondent-ils, mais y a-t-il des gardes nationaux pour nous aider? nous ne devons procéder à aucune arrestation tout seuls. » Ils peuvent se promener assez tranquillement dans les quartiers *sages,* mais, dans les hauts faubourgs on n'en voit même pas: ils se garderaient d'y paraître, ils seraient hués, expulsés, peut-être assommés.

On voit des journalistes qui ont, non seulement servi, mais flatté l'Empire, et qui l'attaquent aujourd'hui avec une telle effronterie, qu'on dirait qu'ils ont eux-mêmes oublié ce qu'ils étaient. En voici encore un, qui ose accuser l'Empereur de « s'entendre avec le roi de Prusse, de désirer ses succès, et de négocier avec lui la rançon de son trône et le prix de sa honte » (*Liberté* du 15); et ce même écrivain publiait, en 1867, une brochure intitulée : *Napoléon III devant les Catholiques*, où il suppliait les catholiques de se donner entièrement à l'Empire : « Abandonnons toute scission funeste, s'écriait-il (page 13), abjurons toute pensée fâcheuse, *rallions-nous sans arrière-pensée autour de son trône !* Disons la vérité, mais en amis, pour encourager comme pour reprendre, *toujours pour soutenir !* » — Et, non content de cet appel chaleureux, il envoyait sa brochure à l'Empereur et se glorifiait, quelques jours après, de ce que S. M. avait bien voulu l'approuver et lui en témoigner sa satisfaction !

16. — La question du jour est la révélation de plusieurs faits accomplis depuis trois semaines, qui nous a été apportée par des feuilles Anglaises, qu'un colonel Lindsay a pu introduire dans Paris. Les journaux de toute nuance en sont émus, on ne parle que de ces palpitants sujets : c'est qu'en vérité, il y a de quoi. Ces nouvelles sont de deux sortes, celles qui confirment ce que l'on savait vaguement, et celles qui nous étaient tout à fait inconnues. Ainsi, il est aujourd'hui indubitable qu'il y a trois gouvernements en France, un à Paris, un à Lyon, et un à Tours, sans compter les membres des anciennes Chambres qui sont

réunis à Bordeaux, dit-on; en outre, que les armées de province n'ont aucune consistance, puisque l'une a été battue à Orléans, et l'autre en sortant de Lyon. Mais ce que nous ignorions absolument, ce sont les démarches faites près du gouvernement, pour amener une trève et, plus tard, la paix. Le gouvernement s'est gardé de nous en dire un mot : on sait à présent que les voyages du général Américain Bunside, qui a franchi à deux reprises les lignes ennemies, et est entré dans Paris, du consentement des Prussiens, avaient pour but ces négociations; que le colonel Lindsay ne vient pas à Paris dans une autre intention; que la Prusse est disposée à un armistice, pendant lequel on procéderait à l'élection d'une Assemblée; enfin, que le gouvernement Jules Favre et Trochu a, jusqu'ici, repoussé ces propositions. — Voici comment s'explique la conduite des uns et des autres : la Prusse profite de chacun de nos échecs pour nous faire des ouvertures, ce qui lui donne l'apparence de la modération (des propositions auraient été faites, après la prise de Strasbourg, celle de Toul, et la dernière tentative de Bazaine pour sortir de Metz). Les hommes de l'Hôtel de Ville, de leur côté, comprennent que, du jour où sera réunie une Assemblée, ils rentrent dans le néant, et la République avec eux. Cependant, il semble difficile que le gouvernement garde longtemps le silence : la *Patrie en danger*, de M. Blanqui, et la *Vérité*, de M. E. Portalis, aussi bien que la *Patrie*, la *France* et le *Peuple Français*, font des allusions à ces rumeurs, ou les rapportent crûment.

On a déjà donné son nom à ce gouvernement destiné à tomber : on l'appelle le *gouvernement des affiches;* jamais, en effet, on n'avait vu tant de papier sur les murs.

Ce qu'il y a de plus affligeant et de plus pénible dans les nouvelles que l'on a apportées, c'est que Garibaldi serait en France. Cette honte n'aura pas été épargnée à la République d'avoir l'appui de l'homme qui, naguère, hennissait de joie, à la pensée de « se laver les mains dans le sang Français[1] » !

Le drame, cependant, se traîne lourdement avec des acteurs médiocres : nos gouvernants,

---

[1] On a su, depuis, que cette intervention de Garibaldi est due à M. Senart, envoyé du gouvernement de l'Hôtel de Ville à la cour de Victor-Emmanuel et à M. Glais-Bizoin, membre de la délégation de Tours, « qui n'avait nullement consulté ses collègues ». Ceux-ci comprirent tout de suite que « la présence de Garibaldi causerait plus d'embarras à la France qu'elle ne lui procurerait d'avantages ». (Voir Valfrey, *Histoire de la diplomatie du gouvernement de la défense nationale*, ch. II.) Il faut que chacun porte la responsabilité de ses actes : un vieux et fébrile représentant de 1848 et le ridicule interrupteur du Corps législatif décidaient alors de l'honneur ou du déshonneur de la France.

feignant toujours de croire à leur durée, viennent de décréter que la statue de Napoléon Ier serait enlevée de la colonne Vendôme, — moyen sûr de se concilier l'armée, et remplacée par la statue en bronze de Strasbourg. Les acteurs secondaires imitent de leur mieux leurs chefs d'emploi; ils ne font rien, ou font mal ce qu'ils tentent, mais leur satisfaction n'en est pas diminuée. Rien n'égale leur infatuation : à la mairie du VIe arrondissement, par exemple, ils ont établi des *boucheries municipales;* mais, avant d'en ouvrir un nombre suffisant, ils ont commencé par fermer les anciennes; *quatre* boucheries seulement ont, pendant huit jours, remplacé les 50 ou 60 qui existaient; de là, cette affluence extraordinaire, ces *queues* de 500 ou 600 malheureuses femmes stationnant à la porte de ces quatre boucheries pendant trois, quatre et cinq heures, et souvent sans que les dernières puissent rien obtenir. Cette municipalité se glorifie, néanmoins, dans ses affiches, d'avoir si bien administré, et s'exprime, sur ces actes qui soulèvent les plaintes les plus vives, avec autant d'orgueil que si elle avait sauvé la patrie. Elle promet de compléter son œuvre, mais, jusqu'ici, en quinze jours, il n'y a encore que 11 boucheries dans l'arrondissement tout entier.

Le gouvernement a été mis hors de sens, par les commentaires que le journal la *Vérité* a faits des nouvelles répandues hier, et a arrêté M. Portalis. Cependant, plusieurs dépêches Anglaises confirment la nouvelle qu'*un armistice a été proposé au gouvernement*, et il demeure établi que ce gouvernement l'a caché à la population. C'est là le fait capital; que peut-on donc reprocher à M. Portalis? Mais ni le gouvernement, ni les Communistes ne s'y sont mépris : les uns et les autres ont vu que la République était sapée par cette révélation; et, au même moment où nos gouvernants arrêtaient M. Portalis, les clubistes poussaient contre lui des cris de fureur, et menaçaient de leur colère les journalistes. On n'a pas osé arrêter M. Flourens, qui a pris les armes, et l'on arrête un journaliste, pour un article! C'est que lui seul est vraiment dangereux : il a dit la vérité, que l'on ne peut réfuter. — Autre signe de l'état anxieux où se trouve le gouvernement : M. Gambetta, qui avait emporté à Tours une proclamation anodine, d'où il avait pris soin d'exclure absolument le mot de *République*, vient de nous la renvoyer telle qu'il l'a publiée à Tours, et elle est étrangement modifiée. Le mot de *République* a partout remplacé ceux de *France, patrie, pays, nation;* le ton en est devenu acerbe, dur, impératif, c'est celui de 93;

il annonce qu'il apporte les *ordres* de ceux qui tiennent en leurs mains les destinées de la République; qu'il ne s'agit pas seulement de chasser les Prussiens, mais de « *fonder* la République, à l'abri des conspirateurs et des réactionnaires ». Cette violence de ton, cette déclaration si absolue du représentant d'un gouvernement qui se prétend *provisoire*, sont des marques éclatantes de la situation de ce proconsul : il se voit entouré de réactionnaires, il sent le peu de confiance qu'inspire la République, l'hostilité sourde des populations; et il s'irrite, il se dresse, il veut s'imposer. Ces sentiments se décèlent à la fin de sa proclamation, où il fait appel aux provinces et les exhorte à marcher au secours de Paris; il les exhorte, comme un homme qui doute de leur ardeur, et même de leur obéissance[1].

Ces faits confirment les nouvelles données plus haut : c'est là le souci réel du gouvernement; il ne s'occupe même plus des Communistes, qui, ne croyant pas encore opportun d'agir, continuent, dans leurs journaux, à réclamer la *Commune*, et nous font entrevoir l'avenir qu'ils rêvent et nous réservent :

---

[1] Cette nouvelle proclamation n'a pas été insérée au *Journal Officiel*, ce qui fait douter certaines personnes de son authenticité. Je croirais plutôt qu'elle a pour but de satisfaire le parti socialiste scandalisé de l'oubli du mot *République* dans la première.

« 1793, *l'immortelle Commune, et la rénovation de la France avec Hébert, Clootz et Chaumette.* » Ces aimables promesses sont signées, dans le journal de M. Blanqui, d'un rédacteur nommé Verlet, qui se proclame « révolutionnaire, socialiste, matérialiste et athée ».

Le gouvernement n'a pas cru, pourtant, qu'il suffisait d'avoir arrêté M. Portalis; il a publié une note, pour réfuter ses allégations. Mais voici à quoi se réduit sa réponse : sur tout ce qui concerne Lyon, la réunion des membres des anciennes Chambres, et les défaites subies par les armées de province, silence absolu; quant à l'armistice, il reconnaît qu'il en a été traité, non de la part de M. de Bismarck, mais par l'intermédiaire du général Burnside, *venant du camp Prussien,* et qui a eu, à ce sujet, « *deux conversations avec M. J. Favre et M. le général Trochu*[1] ». C'est-à-dire, sur un point, aveu complet, et sur tous les autres, aveu implicite, puisqu'on ne répond pas. Aussi, décontenancé et baissant le ton, le gouvernement n'ose-t-il prétendre que les allégations de M. Portalis soient une

[1] A cette occasion, le gouvernement de Tours publiait, dans son *Journal Officiel (Moniteur),* du 4 octobre, une note destinée à tromper la province, en montrant la situation des Prussiens compromise, le roi Guillaume prêt à traiter aux conditions les plus favorables pour la France, et « à se tenir satisfait, si nous ne lui réclamions pas d'indemnité »!

calomnie; il se borne à les appeler une *hardiesse !* On verra s'il osera poursuivre M. Portalis.

Le même *Journal Officiel* nous apprend, en outre, qu'il y a eu, non loin d'Orléans, trois combats, dont nous n'avions pas entendu parler, quoiqu'ils remontent assez loin. L'un de ces combats nous a été fatal, l'autre plus heureux; le troisième, du 11 octobre, nous a été encore contraire; les Prussiens sont en très grand nombre devant nous. Je persiste dans mon opinion : nous n'avons pas d'armée *sérieuse*, et les Prussiens ont des forces supérieures, qui empêchent nos troupes de se réunir, ou qui désagrègent à mesure celles qu'on a rassemblées.

C'est peut-être afin de donner plus de consistance à notre armée de la Loire, que M. Gambetta vient d'être nommé *ministre de la guerre*. Ce n'est pas une plaisanterie : les avocats occupaient tous les postes; ils n'avaient pas la guerre, on la leur donne. Nous jouons un vrai drame à la Shakespeare : le grotesque s'y joint au lugubre.

L'effet de l'article de M. Portalis a été prompt : les bruits d'armistice se sont répandus dans le public, étrangement défigurés. Ce matin, la place Saint-Sulpice était entourée d'un triple rang de gardes nationaux; ils allaient à une revue. De bons bourgeois exprimaient tout haut leur étonnement de ce déplacement de troupes; une femme du peuple crut devoir les rassurer : « C'est la paix ! leur dit-elle, on la fait aujourd'hui. — Comment ! que voulez-vous dire ? — Oui, c'est fini ! on va faire la paix, d'une manière ou d'une autre. » Evidemment, le bruit courait déjà dans le peuple qu'il y avait un armistice : plus de combats, plus de siège, la paix ! Les classes populaires, qui ne sont pas soutenues pas un sentiment moral élevé, aspirent plus vite au retour du bien-être, au repos; elles ne s'occupent pas des moyens, et elles l'expriment naïvement.

Aujourd'hui, un dindon (non truffé, bien entendu) se vend 60 francs; un lapin 15 francs; le beurre salé 15 francs.

La publication de la *Correspondance des Tuileries* soulève des plaintes de plus en plus vives : plusieurs membres de la commission s'en sont retirés, même M. Claretie. C'est qu'elle ne fait connaître aucune pièce défavorable à l'Empire, elle reproduit, au contraire, des documents qui lui font honneur : après les *Portraits*, si habilement tracés, de M. Rouher, et qui ont été si justement admirés, voici des lettres de M. Emile Ollivier, qui le relèvent dans l'opinion, par la noblesse et l'honnêteté des sentiments qu'il exprime.

Mais des rumeurs d'une tout autre sorte se propagent : on prétend que la Commission ne publie pas tout ce qu'elle trouve ; qu'elle a sous la main des lettres compromettantes pour quantité de républicains, journalistes, clubistes, et *même députés de la gauche :* on cite des noms, entre autres, celui de M. Esquiros, dont la femme aurait adressé plusieurs demandes de secours et d'argent à l'Impératrice (elle n'est pas la seule, et c'est, en général, *par leurs femmes* que les républicains faisaient solliciter des secours) ; on cite, aussi, une lettre de M. de Kératry, demandant à être nommé officier d'ordonnance de S. M., et s'appuyant sur *son dévouement bien connu.* Les journaux ne donnent pas encore ces noms, mais dans le public on les dit tout haut.

Puisqu'il s'agit de M. de Kératry, on apprend, aujourd'hui qu'il est parti, des faits de son administration qui inspireraient de la pitié pour les lâchetés que sont obligés de commettre ces révolutionnaires ambitieux, si l'on ne savait que rien ne les obligeait à s'y exposer. M. de Kératry, le lendemain de la révolution du 4 septembre, réunit les 80 commissaires de la ville de Paris, et leur dit qu'il connaissait leur mérite, leur esprit d'ordre, leurs sentiments de justice, les services qu'ils rendaient, qu'il comptait donc sur leur concours et qu'ils pouvaient, de leur côté, compter sur lui, pour les soutenir. Il ajouta que les nécessités de la politique le forceraient, à son grand regret, de sacrifier *huit* d'entre eux, qui avaient concouru à l'accomplissement du coup d'État du 2 décembre, en arrêtant des représentants; mais que les autres devaient se rassurer et demeureraient dans leur poste. Mais M. de Kératry ne s'est pas borné au sacrifice de ces huit victimes; la Révolution lui tenait la main, elle lui en a désigné successivement plusieurs autres, en lui ordonnant de les immoler : dans l'espace d'un mois, ce n'est pas *huit* qui ont été révoqués, mais *quarante-cinq !* et ce n'est qu'après cette hécatombe, et d'autres aussi. iniques, que le dégoût, et la honte peut-être, ont soulevé le cœur de cet ancien soldat, et qu'il s'est enfui !

M. *** me fait part de quelques particularités importantes des derniers événements de l'Empire. Ce qui donne de la valeur à la parole de M. ***, c'est sa position, qui le mettait en rapports continuels avec les principaux personnages de l'État, les ministres, et l'Empereur lui-même. On a raconté la campagne du mois d'août avec tant de passion, on a tant altéré les faits, qu'il est juste de les considérer au point de vue du vaincu. Or, voici quelle était l'intention de l'Empereur : il avait commencé la guerre sans enthousiasme, croyant obéir à l'opinion publique, à celle de la Chambre, et pressé par ses ministres; sans précisément craindre, il doutait. Après Reischoffen et Wissembourg, il ne douta plus : nous n'étions pas capables de lutter avec les forces Allemandes; on n'avait pas affaire à une armée, on avait devant soi une nation, on était débordé de tous côtés par une marée d'hommes envahissante. Il fallait à cette nation opposer une nation; mais, avant qu'elle fût prête, il s'écoulerait un assez long temps. L'Empereur forma donc ce projet : se replier sur Paris en trois étapes, la première, en ralliant à Metz les troupes vaincues; l'ennemi, fatigué et harcelé sur ses flancs, mettrait quinze jours à nous y rejoindre. De Metz, qui nous couvrirait quelque temps, deuxième étape sur Châlons, où se formerait l'armée et où viendraient se rallier les troupes levées par toute la France; on gagnait par là quinze autres jours. Enfin, si l'on n'était pas encore en forces, reculer jusqu'à Paris (quinze jours encore), où, à l'abri de ses forts, de ses remparts, on attendrait et l'arrivée de la France, et celle de l'ennemi; où l'on pourrait livrer une bataille avec toutes les chances de succès, et même, la bataille perdue, s'établir comme dans un immense camp retranché entre l'enceinte et les forts, et soutenir une lutte indéfinie. Pour réaliser ce plan, l'Empereur voulait, après avoir remis le commandement de tous les corps à un seul, le maréchal Bazaine, revenir à Paris, afin d'organiser la défense. Il en fut détourné par le ministère, qui objecta le mauvais effet que produirait son retour après une défaite et, malheureusement, il céda à ces considérations. On sait le reste : le général de Palikao, homme de mérite d'ailleurs, ne fut pas d'avis que l'on restât à Châlons, insista pour qu'on allât secourir Bazaine à Metz; l'Empereur fléchit devant l'opinion de généraux estimés, on abandonna Châlons, on marcha vers le Nord, on aboutit à Sedan !

18. — J'ai visité les remparts, de la porte de Gentilly à la porte d'Italie. Ce ne sont que terrassements de toute sorte, levées de terre, rampes, casemates, abris, cavaliers, sacs à terre, traverses, etc., etc.,; en outre, entre le chemin de fer militaire et le chemin de ceinture, une ligne ininterrompue de barricades fermant les rues qui aboutissent au rempart, de murs crénelés, de barrières de bois à meurtrières, pour fusiller l'ennemi, s'il franchissait la fortification; c'est comme une seconde enceinte : on emporte la conviction que la ville est imprenable, si l'on se défend.

La question est précisément de savoir si l'on aura l'occasion de se défendre, c'est-à-dire, assez de vivres pour attendre le débloquement. On ne peut être débloqué qu'en faisant un puissant effort, — et les récentes tentatives ne sont pas propres à inspirer une grande confiance ; ou en étant aidé par les armées de l'extérieur, — et les nouvelles reçues jusqu'ici ne prouvent pas que ces armées soient vraiment organisées et en forces.

La ville prend, de plus en plus, l'aspect d'une ville assiégée : les voitures rares, — on a mangé beaucoup de chevaux — les omnibus ne circulant plus à partir de 10 heures, les rues peu éclairées, les magasins presque tous fermés le soir ; silence, nuit, ensemble lugubre.

M. le général Trochu, cependant, semble vivre dans un rêve : il ne cesse d'écrire des *ordres,* des proclamations, des lettres, des arrêtés, où apparaissent à la fois le plus vif sentiment de satisfaction de ses actes, et l'ignorance complète de la situation, de la pratique des choses et du cœur humain. Ainsi : 1° il publie un rapport sur les travaux militaires accomplis pendant son administration : ces travaux sont considérables, et il faudrait être aveugle pour ne les pas voir ; ils ne sont pourtant ni extraordinaires, ni même suffisants, puisqu'une partie de ce qu'il revendique existait avant lui, et qu'on en est encore à commencer la fabrication des canons se chargeant par la culasse, etc. On ne doit donc pas s'étonner qu'il ait pu faire les travaux dont il se glorifie; ce qui serait étonnant, c'est que, depuis plus de deux mois (sa nomination au poste de gouverneur de Paris remonte au 13 août), il ne les eût pas faits; 2° il propose de former des bataillons de gardes nationaux, qui marcheraient à l'ennemi comme des troupes de ligne; et, pour arriver à ce but, il fait appel aux *volontaires.* Beaucoup de gens s'effrayent d'une telle mesure et des conséquences désastreuses qu'elle peut avoir. La bourgeoisie, disent-ils, aura peu de volontaires; les ouvriers en compteront un plus grand nombre, et si l'ennemi est repoussé, ils s'attribueront, non sans raison, la plus grande part du succès : « C'est nous qui avons tout fait! » diront-ils, et ce sera un prétexte de plus pour imposer leur volonté, qu'appuiera la qualité supérieure des armes; car les chassepots seront réservés aux volontaires [1]. Au lieu de scinder en deux la garde nationale, par cet appel aux volontaires, il fallait appeler *tous* les célibataires de vingt à quarante ans : point de préférence, point de classification; plus de différence entre ceux qui s'offriront et ceux qui ne se présenteront pas ; plus de jalousies, de haines et de périls

[1] On a vu, plus tard, combien ces craintes étaient chimériques : ce sont les bataillons où il y avait le plus de bourgeois-qui ont fourni le plus de volontaires, et qui se sont le mieux battu.

dans l'avenir ! Mais, au lieu d'un homme d'État, nous avons un phraseur ; 3° M. le général Trochu écrit aux généraux, pour leur apprendre qu'il est « une grande pensée, dont n'ont pas voulu les monarchies, et que la République doit consacrer : *l'opinion seule peut récompenser dignement le sacrifice de la vie* ». En conséquence, il réprouve les *citations à l'ordre du jour*, et prétend les rendre très rares. Cette préoccupation serait louable, si l'on n'y voyait une autre idée à peine dissimulée. Le général Trochu, pressé par les exaltés du parti républicain, fait une concession à leurs exigences : ils voulaient l'obliger à *abolir la Légion d'honneur;* il ne leur a pas complètement obéi, craignant de s'aliéner l'armée, mais il leur a donné satisfaction, en posant ce principe que *l'opinion seule*, etc., principe aussi faux qu'impraticable. Eh ! soldat rêveur, le *signe* de l'opinion, où est-il ? Si vous le détruisez, comment se manifestera l'opinion ? Croyez-vous que le soldat, le Français surtout, se contentera de cette pensée : « On a l'opinion que je suis brave, » si aucun signe ne l'atteste à tous les yeux ? — Ces utopistes s'imaginent qu'ils peuvent changer les mœurs et le caractère d'un peuple par quelques lignes d'un décret !

Le gouvernement tremble devant les Com-

munistes. Il n'a pas osé arrêter M. Flourens;
il n'a pas osé révoquer le maire du XI* arrondissement, M. Mottu, qui a expulsé les *frères*
et les *sœurs*, fait enlever les crucifix des salles
d'école, etc. Les honnêtes gens ont protesté,
les journaux qui ont conservé quelque respect des choses respectables ont énergiquement réclamé; M. Mottu n'a pas été troublé
dans sa guerre contre Dieu. Le gouvernement
se soucie peu de plaire aux honnêtes gens, il
a peur de la *Commune!*

19. — Hier soir, de 9 heures à 10 heures et
demie, très vive canonnade où retentissent des
coups si forts, que l'on pense que ce sont les gros
canons des Prussiens nouvellement arrivés,
et plus loin, un roulement continuel qui indique
un combat. Ces bruits terribles, à cette heure,
dans le silence de la nuit, inspirent plus
d'anxiété encore que d'habitude.

Les deux pièces publiées hier (de M. de Bismarck et de M. J. Favre) ne modifient que
pour un détail les faits connus; mais ce détail
a son importance. Il n'est pas vrai, comme je
l'avais cru, que M. de Bismarck ait proposé à
M. J. Favre la réunion des *anciennes* Chambres,
ce qui, pourtant, était logique et *politiquement*
raisonnable; mais il lui a proposé la réunion
d'une *nouvelle* Assemblée; M. J. Favre, dans
sa réponse, ne le nie pas. M. de Bismarck
offrait un armistice de trois semaines, avec le

statu quo. Or, M. Jules Favre ne nous avait pas parlé de cet armistice, avec le *statu quo;* cet armistice, l'opinion publique l'eût accepté, et l'Assemblée se serait réunie. Mais, c'est ce que ne voulaient ni M. J. Favre, ni ses collègues, qui se sont emparés du gouvernement : il est donc certain, aujourd'hui, par les rapports contradictoires des deux négociateurs, que M. J. Favre nous a trompés, en nous cachant la proposition du *statu quo,* afin de garder un pouvoir qu'il eût perdu par la réunion d'une Assemblée nationale. M. J. Favre dit en vain que ces propositions étaient dérisoires et ces conditions inacceptables. On lui répond : Plus elles étaient inacceptables, plus il devait les faire connaître, sûr qu'elles seraient repoussées. Il ne les a pas fait connaître ; c'est qu'elles étaient acceptables, et qu'il craignait qu'elles ne fussent pas repoussées. L'opinion que notre gouvernement eût fait la *paix,* s'il l'eût voulu, se répand dans le peuple, car l'*armistice,* pour le peuple, *c'est la paix.* La publication du rapport de M. J. Favre lui sera défavorable, même près de la multitude, qui ne juge que par le résultat.

M. Rochefort ne fait pas parler de lui, et plusieurs bonnes gens s'imaginent qu'il est, comme l'avait promis M. J. Favre, *un des plus modérés* du gouvernement. Je crois qu'il est toujours d'accord avec les plus violents, et qu'au jour marqué, il se retrouvera à leur tête ou à leurs côtés. En attendant, il continue à être accompagné de ses gardes du corps, les *voyous* de Paris. Il y a quelques jours, il passait je ne sais quelle inspection, à Saint-Denis, et était accueilli par les cris redoublés de : *Vive Rochefort !* Au moment où il s'éloignait, pour remonter en voiture : « Ah çà, s'écrièrent des hommes en blouse qui l'entouraient, est-ce qu'il va nous *embêter ?* (On emploie, sous la République, un mot moins propre.) Croit-il que nous allons nous en retourner à pied à Paris ? » C'étaient les applaudisseurs de M. Rochefort. Il comprit, un ami s'approcha, on vit les mains se tendre, et tout se calma.

L'affaire Mottu est devenue une question sérieuse : le gouvernement s'est enfin décidé à le révoquer, mais alors a éclaté un conflit : les chefs de bataillon du faubourg Saint-Antoine, au nombre de 30, sont allés le sommer de leur laisser leur maire ; le gouvernement y consentait, pourvu que M. Mottu laissât à ses administrés la liberté de conscience. Les 30 commandants ne l'entendaient pas ainsi ; ils voulaient garder M. Mottu sans condition : on a transigé, on a maintenu la révocation de M. Mottu, mais on l'a remplacé par un autre *libre penseur* — traduction libre du vieux mot *athée* — M. de Fonvielle.

C'est ce procédé qui s'appelle, dans la langue des journaux amis du gouvernement, *absorber les rouges* et, dans la langue vulgaire, *céder à l'émeute*. C'est le procédé qu'a employé à Lyon le Préfet, M. Challemel-Lacour, qui annonce qu'il a *absorbé* les rouges, en les *introduisant* à l'Hôtel de Ville. Les rouges lui ont prouvé qu'ils étaient plus vivants que lui-même : ils l'ont forcé de sanctionner les mesures les plus abominables; et, comme ils règnent par la terreur, qu'ils ont mis le général en prison, désorganisé l'armée devenue un type d'indiscipline (M. Challemel-Lacour, dans une proclamation, demande que l'on respecte la discipline, et que l'armée *s'abstienne de manifestations militaires devant l'Hôtel de Ville!*) et que, par conséquent, personne n'ose bouger, cela donne lieu à M. Gambetta d'écrire : « L'ordre est rétabli à Lyon. »

Les magasins qui restent ouverts sont, de jour en jour, moins nombreux : dans les rues jadis les plus peuplées, et les plus commerçantes, telles que la rue de Rivoli, beaucoup de boutiques sont fermées; dans la rue Bonaparte, depuis la place Saint-Sulpice jusqu'au quai, on en compte 24 sur 70, c'est-à-dire, 1 sur 3. En revanche, une foule de petits détaillants se sont établis sur les ponts, les quais et dans les rues les plus larges, et y débitent toutes sortes d'objets étalés sur le pavé : ce sont des objets que les marchands avaient en grande quantité dans leurs magasins, et dont ils se débarrassent ainsi à bas prix, pour se procurer un peu d'argent.

Le gouvernement déclare, toutes les fois qu'il en a l'occasion, « que l'ordre le plus parfait règne à Paris » ; mais les faits crient contre lui. Se figure-t-on les impressions de la province, en lisant, dans le *Journal Officiel*, que M. Mottu a été remplacé par M. de Fonvielle ? « Qui ? M. de Fonvielle ? *le rédacteur de la Marseillaise ?* de la *Marseillaise*, si violente que M. Rochefort a dû la désavouer et en cesser la publication, tant elle passait le *Combat*, et la *Patrie en danger*, les journaux de MM. Pyat et Blanqui ! M. de Fonvielle est nommé maire du faubourg Saint-Antoine ! Et l'ordre règne à Paris ! » Il n'est pas de signe plus manifeste de l'anarchie, qui existe dans le gouvernement, et de la domination qu'exerce déjà la *Commune ;* elle n'est pas proclamée, mais son esprit nous régit. — Ajoutez la nomination de M. Georges Pouchet au poste de secrétaire général de la Préfecture de police : M. Georges Pouchet est le fils du chimiste qui a soutenu la thèse des *générations spontanées ;* le fils est aussi franchement matérialiste que son père, et ses premiers écrits ont eu pour but de prêcher l'athéisme : « La *fatalité* est la loi de la vie, écrivait-il ; quant à *Dieu*, à une *âme*, il y a longtemps qu'on en a fait justice ; de ces choses *caduques*, il faut simplement rire, etc. » (*Revue des cours scientifiques*, 11 décembre 1866.) Le gouvernement a été forcé par l'opinion de révoquer un athée, M. Mottu, il en a recruté aussitôt un autre, M. Pouchet, obéissant à la force du principe révolutionnaire qui, ainsi que le dit M. Blanqui, « fait corps avec l'idée de l'athéisme ».

21. — La déclaration de la *Commission d'enseignement*, relativement à l'exclusion de toute instruction religieuse dans les écoles de l'État et des communes n'est pas restée lettre morte : les matérialistes qui la composent ont obtenu tout de suite que la pratique suivît la théorie. Par arrêté du maire de Paris, des écoles *laïques*, c'est-à-dire, d'où Dieu sera exclu, vont être instituées dans Paris, et 100,000 francs sont affectés à cet établissement. Ainsi, d'une part, on cède aux récriminations des honnêtes gens, en révoquant M. Mottu, qui avait fermé les écoles des Frères et des Sœurs, et fait enlever le crucifix des salles d'école; et de l'autre, on fonde, aux frais de la ville de Paris, des écoles où le crucifix ne paraîtra jamais :

on détruit sur *un* point, et l'on élève sur *cent!*
La *Commune* n'a point à se plaindre, elle
n'existe pas encore de nom, mais, en fait,
elle agit ; quand le temps sera venu, une partie de son œuvre sera faite ou préparée, elle
n'aura qu'à s'installer. Déjà, M. de Fonvielle
est nommé membre de la *Commission d'enseignement;* on n'a pas à regretter M. Mottu.

Dans un autre monde, même aberration et
même absence de principes: un journaliste,
au bruit du canon qu'écoute une population
anxieuse, à la veille d'un bombardement, face
à face avec la famine qui s'avance, demande
instamment que l'on rouvre les théâtres ; il
voudrait entendre de la musique, assister à
quelques représentations de drames et de tra-
gédies. La population, dit-il, a besoin de se
« *distraire* » ; on ne sait que faire le soir, les
cafés sont fermés à 10 heures et demie ; que
l'on nous rende nos acteurs, nos mimes et nos
chanteurs ! Le souvenir de leur vie de bohème
tourmente ces malheureux et, comme les Grecs
à Byzance enveloppés par les Turcs de Maho-
met II, qui leur allaient donner l'assaut, ils
songent au bon temps où ils s'agitaient et se
passionnaient pour la faction blanche ou bleue
des cochers du cirque ! La proposition a fait
du chemin, et plusieurs journaux s'en occupent et l'appuient.

Quant à la population ouvrière, son ardeur pour le combat ne répond pas à l'espoir du général Trochu : elle s'arrête volontiers devant les caricatures étalées le long des rues, et où l'ignominie est versée grossièrement et sans esprit sur l'Empereur et même l'Impératrice, elle pourfend les Prussiens en paroles ; mais le nombre des volontaires est bien moindre qu'on ne l'avait pensé. Aussi annonce-t-on un décret qui *obligerait* à marcher ces *volontaires* hésitants. — Plus bas encore, la plèbe montre quel est son patriotisme : la plaine, entre les remparts et les forts, est couverte de maraudeurs, qui déterrent ou recueillent les légumes laissés dans les champs, et les vendent aux Prussiens, *qui les paient plus cher;* et, pour achever de donner raison à M. de Bismarck, beaucoup d'entre eux servent d'espions aux Prussiens et leur indiquent la position de nos francs-tireurs, souvent surpris et décimés !

Grosse canonnade au N.-O. dans l'après-midi : il doit se livrer un combat sérieux.

Quel changement dans mes dispositions depuis le 4 septembre ! Avant, j'étais plein d'enthousiasme, d'espérance, de résolution, d'énergie. Aujourd'hui, il semble que je ne suis plus le même homme : je ne crois plus à la défense de Paris, je n'ai aucun espoir dans les efforts que l'on tente, et je n'aspire qu'à la paix. Je ne le dissimule pas; oui, telles sont mes impressions, et j'ose le dire, ce sont celles, non de la foule, mais des hommes qui réfléchissent et observent. Il y a un mot que, dès le lendemain du 4 septembre, on entendait dire : « Nous n'avons plus d'enthousiasme, *nous avons les bras cassés !* » C'est le crime des républicains *d'avoir compliqué la guerre d'une révolution*, comme si ce n'était pas assez d'une guerre, et de la guerre la plus effroyable !

22. — Les boucheries continuent à être assiégées, malgré la prétendue organisation de nos municipalités : j'ai vu, dans le XIV° arrondissement, des *queues* de plusieurs centaines de personnes. Comment en serait-il autrement, lorsqu'on choisit, pour administrer les mairies, des professeurs sans élèves, ou des journalistes sans talent, mais aussi pleins de suffisance que d'incapacité et d'ignorance des affaires? Le nouveau maire du XIV° arrondissement est M. Asseline, l'homme de lettres qui ne professe pas seulement l'athéisme, mais qui s'en vante.

Il y a, pourtant, à ce triomphe momentané des matérialistes, une compensation dont on parle peu, parce qu'elle ne fait pas de bruit : ces événements extraordinaires, soudains, où la sagesse des hommes a été déjouée, et où

s'est si manifestement montrée l'action divine;
le danger présent, la mort sans cesse menaçante, l'impuissance humaine dont on ne peut
ne pas avoir conscience, ont courbé bien des
fronts et ébranlé bien des âmes. Un prêtre me
dit que grand est le nombre des personnes
qui reviennent aux idées et à la pratique de
la religion.

Voici quelques chiffres sur les enrôlements
volontaires de la garde nationale; ils pro-
viennent de personnes appartenant aux bataillons cités : 120ᵉ bataillon, 2ᵉ compagnie
(boulevart de l'Hôpital, ouvriers, petits marchands), 2 volontaires; — 223ᵉ bataillon,
1ʳᵉ compagnie (Batignolles-Clichy, presque
tous ouvriers), 6 volontaires; — en attendant,
le 223ᵉ bataillon procède encore à ses élections : c'est la troisième fois depuis six
semaines; on ne peut y établir la discipline
et le respect des supérieurs; — 3ᵉ bataillon,
8ᵉ compagnie (rue Saint-Lazare, bourgeois),
5 volontaires; — bataillon de la gare du Nord,
14 volontaires; — un bataillon cité par *Paris-
Journal*, 11 volontaires sur 1,500 hommes;
— 161ᵉ bataillon, 3ᵉ compagnie (Jardin des
Plantes, ouvriers, industriels, tanneurs), 3 volontaires; dans tout le bataillon, 18; — 156ᵉ bataillon, 6ᵉ compagnie (rue de Vaugirard, rue
des Fourneaux, etc., ouvriers, employés, petits

bourgeois), pas un seul ; — 17° bataillon, 8° compagnie (quai Voltaire, rue de Baune, rentiers, artistes, bourgeois, négociants), 5 volontaires ; — 19° bataillon (rues de Sèvres, Saint-Placide, etc., bourgeois, petits rentiers, ouvriers), 14 volontaires. Le 72° bataillon (Passy, bourgeois, artistes, etc.), presque seul, a pris une autre attitude : le bataillon avait protesté contre le décret, dès qu'il parut, déclarant qu'il n'entendait pas se partager, en envoyant au dehors les plus braves et les plus forts, et ne gardant pour les remparts que les invalides ou les timides : il veut marcher tout entier. — On peut juger de l'effet que produiront ces chiffres, quand ils seront connus des Prussiens et de la province : les Prussiens sauront que l'on n'a pas assez de soldats, qu'on en a demandé, et qu'on n'en trouve pas ; et la province : « Quoi? dira-t-elle, voilà l'ardeur que les Parisiens mettent à se défendre ! ils hésitent à sortir de leurs remparts, quand nos fils se battent pour les secourir ! leurs patriotisme est à la hauteur de leur esprit d'ordre et de leur raison ! »

Mᵐᵉ *** a été invitée par M. Raphaël Félix, directeur du théâtre de la Porte-Saint-Martin, à venir visiter l'ambulance de son théâtre. Elle a trouvé les actrices réunies dans une maison mise à leur disposition par une dame riche et généreuse, et a été aussi surprise que charmée de l'attitude de ces jeunes femmes. Au nombre de 10 ou 12, elles étaient occupées à coudre de gros vêtements, à ravauder des bas, à raccommoder du linge pour les blessés, qu'elles soignent avec zèle, activité, intelligence (elles en ont 26). Mises, d'ailleurs, avec simplicité, en robe de laine noire et tablier blanc, elles font elles-mêmes toutes leurs petites affaires : Mme Marie Laurent est chargée de la cuisine, Mme Lia Félix (sœur de Rachel) repasse le linge ; M. Raphaël achète les provisions lui-même à la halle ; ainsi des autres : tous servent, jusqu'aux comparses et aux derniers employés du théâtre. Le directeur a été paternel envers ses administrés : malgré ses pertes, il leur conserve la moitié de leur traitement et, après la levée du siège, l'arriéré leur sera payé intégralement. Beaucoup de personnes envoient des dons à l'ambulance ; mais l'administration se pique de grandeur : en leur adressant un reçu et un remerciement, elle y joint un *bon* pour un certain nombre de places, quand les représentations seront reprises, *bon* correspondant à la somme envoyée ou à la valeur des objets donnés.

Puisque je parle des ambulances, j'ajouterai un petit trait qui appartient bien au caractère Français : on voit partout des ambulances ; il y en a au moins une par rue, c'est presque devenu une mode ; mais, les combats ayant été jusqu'ici assez rares, les blessés, grâce à Dieu, sont en petit nombre, de sorte que beaucoup d'ambulances n'en ont pas encore. Cela fait le désespoir de jeunes dames aussi élégantes que charitables; alors, on va à la recherche des blessés : « Qui pourrait nous en fournir? » On se rend à l'Elysée, chez les Sœurs de son quartier : « N'avez-vous pas trop de blessés ? quand m'en donnerez-vous ? vous m'en aviez promis ! vous m'avez manqué de parole ! — Il est vrai, j'avais bien songé à vous, je vous en avais réservé deux ; quelqu'un est venu, on me les a enlevés ! mais soyez tranquille ! je ne vous oublie pas, vous en aurez ! » Ces petites fuites de vanité n'empêchent pas qu'on ne fasse beaucoup de bien : les blessés sont parfaitement soignés dans toutes les ambulances privées.

L'affaire d'hier, du côté de Bougival, Rueil, la Jonchère, Buzenval, a été fort rude : nos soldats se sont très bravement battus, mais les pertes des deux côtés semblent avoir été graves. Nous avons eu plusieurs centaines de blessés, deux canons pris, et une batterie disparue; on ne cite pas encore le chiffre des morts. Un intendant militaire, occupé à surveiller l'enlèvement des blessés, et qui a passé quelques heures parmi les Prussiens, rapporte que leur assurance dans un succès prochain est loin d'avoir diminué : « Eh bien ! lui ont dit les officiers, vous ne mourez pas encore de faim à Paris ? » Ainsi, leur plan est bien de nous affamer. Les journaux, selon leur habitude de paraître tout savoir et tout avoir vu, se sont empressés de faire des récits circonstanciés du combat : ils ont raconté, entre autres choses, que nous avions assailli l'ennemi sur plusieurs points, enlevé des positions importantes, et « *repris Montretout*, qui, cette fois, ne serait pas abandonné. » — Or, voici ce qui s'est passé à Montretout, et le détail m'en est donné par ceux-là mêmes qui l'ont *occupé* : Lorsque nos troupes se déployèrent en demi-cercle autour du Mont-Valérien, de Courbevoie à Suresnes, le 7ᵉ bataillon de mobiles reçut l'ordre de se maintenir à gauche. L'ordre fut mal compris d'un capitaine, qui emmena sa compagnie beaucoup plus loin, prendre position dans la plaine ; comme il n'y avait aucun Prussien devant eux, nos jeunes gens poussèrent toujours en avant, et arrivèrent ainsi au pied de la redoute de Montretout, où l'on ne voyait personne. Ils y montèrent, et y trouvèrent, quoi ? quelques brouettes abandonnées par les Prussiens. Ils y passèrent une demi-heure, puis s'en allèrent, sans y laisser un seul soldat. — La prise de Montretout n'a pas souffert d'autres difficultés ; il n'y a eu ni assaut, ni combat, on n'a pas tiré un coup de fusil; on est allé à Montretout, et on l'a quitté, comme on va sur une colline se promener.

23. — J'ai déjà indiqué quelques traits de la physionomie de Paris assiégé; mais nous ne pouvons, nous qui ne l'avons pas quitté, apprécier le grand changement qu'il a subi. Il faut entendre les jeunes mobiles placés aux avant-postes, et qui obtiennent permission de venir à Paris, qu'ils n'ont pas vu depuis un mois; ils en sont bien autrement frappés. Plus de voitures dans les rues, plus de toilettes, presque tous les hommes vêtus d'uniformes de toutes couleurs; un grand nombre de magasins fermés; le boulevart, sauf quelques cafés, presque aussi sombre que le reste de la ville; les boutiques éteignant, dès 7 ou 8 heures, le gaz inutile; les rues, même les plus brillantes naguères, désertes et silencieuses à 9 heures. Du reste, deux seules préoccupations, deux uniques sujets de conversation : le *siège* et les *subsistances;* on ne peut rester cinq minutes ensemble sans parler des moyens de manger, de la quantité de viande qu'on s'est procurée, de la viande de cheval, etc. Point de distinction à cet égard ; les hommes les plus intellectuels s'en entretiennent aussi bien que leur bottier ou leur concierge. — Sur les remparts, le spectacle est plus animé : là, des

milliers de gardes nationaux, qui vont et viennent, stationnent, causent, fument, boivent, de toutes classes, boutiquiers, ouvriers, gentilshommes, commerçants, commis, employés de ministère, journalistes, artistes, avocats, notaires, médecins, etc., menant la vie la plus vide et la plus désœuvrée, obligés, pour *tuer le temps*, de rompre avec toutes leurs habitudes, et qu'on croirait devenus des *piliers de café*, à voir le nombre de verres de bière ou d'eau-de-vie qu'ils absorbent, et de pipes ou de cigares qu'ils fument en se promenant le long du bastion. Dans les ministères et les principales administrations, presque plus d'employés (au Crédit foncier, qui en compte près de 900, quelqu'un, hier, en trouva 6 présents); tous sont au rempart; sur les places et les boulevarts éloignés, des mobiles ou des gardes nationaux qui font l'exercice; par toute la ville, le tambour et le clairon, retentissant le matin, le soir, à chaque heure de la journée; et, de temps en temps, par-dessus tous les autres bruits, un son sourd, violent, court, souvent trois ou quatre fois répété, le canon ! Telle est, en ses principaux traits, la physionomie de Paris, le 23 octobre.

Elle est sévère, triste même parfois, mais pas encore sombre; aussi, les journaux exagèrent singulièrement, quand ils vantent, à tout propos, avec de grands gestes et une voix retentissante, l'*héroïsme de la population de Paris*. Il faut dire la vérité : Paris n'a pas encore mérité ce magnifique éloge ; il est assiégé depuis six semaines, mais il n'a réellement pas éprouvé les *horreurs* du siège : la viande est rationnée, mais il n'en a pas manqué ; les provisions qu'ils ont faites permettent aux bourgeois de varier leur nourriture et, sans être aussi *confortable* qu'il y a deux mois, leur table est suffisamment garnie. Quant au peuple, on distribue largement des *bons* de viande, de pain, de légumes ; les gardes nationaux peu aisés sont habillés aux frais de l'État, reçoivent 1 fr. 50 par jour, et leurs femmes trouvent du travail aux ateliers municipaux ; pas une bombe n'est encore tombée sur la ville ; pas un désastre de guerre ne s'est produit, pas un garde national n'a été à l'ennemi. Les Prussiens sont encore si éloignés que la préoccupation n'est pas de les éviter, mais de les voir : chaque jour, les hauteurs de Passy, de Montmartre, les Buttes-Chaumont, sont couvertes de curieux qui, avec des lunettes, cherchent à apercevoir les casques *à paratonnerre*. Bien plus, la santé générale n'a jamais été meilleure : en effet, un exercice continuel (nombre de gens qui se faisaient toujours traîner en voiture sont obligés d'aller à pied), une nourriture moins abondante, l'activité de l'esprit sans cesse agité, le sang mis en mouvement et circulant plus rapidement sous l'impression des récits de guerre, de l'attente, de la crainte, de l'espoir, de toutes les passions émues, font que les maladies ordinaires ont moins de prise sur le corps, et l'on entend répéter partout ces mots strictement vrais : « Je ne me suis jamais mieux porté. » Et, soit dit en passant, si cette population était, non pas reconnaissante, mais seulement juste, elle bénirait M. Haussmann, pour les grandes-voies qu'il a ouvertes, les vastes boulevards qui donnent de l'air, les égouts vraiment admirables qu'il a creusés sous Paris, et sans lesquels, en ce temps-ci, Paris serait un foyer de maladies épidémiques et d'infection.

24. — Le gouvernement continue à nous fournir des preuves répétées de l'anarchie morale qui nous ronge et nous doit dissoudre : 1° Acquittement de M. Sapia ; M. Sapia avait été arrêté par une partie de son bataillon, qu'il excitait à «renverser le gouvernement». A l'audience, plusieurs témoins sont venus déposer que M. Sapia leur avait donné l'ordre de marcher sur l'Hôtel de Ville « en armes et avec des cartouches », pour jeter les membres du gouvernement « par la fenêtre ». Ils apportaient, outre leur souvenir, « des notes prises en écoutant leur commandant ». Ces témoi-

gnages ont été comptés pour rien, il a été renvoyé absous. Il est vrai qu'il a donné lui-même des preuves de la mollesse du gouvernement : il a affirmé que « *le Préfet de police (Kératry) lui avait offert de le faire évader* ». Les juges ont compris, et leur verdict a été conforme aux désirs du gouvernement intimidé. 2° Par décision de M. Jules Simon, le collège Bonaparte s'appellera désormais *Lycée Condorcet*. Il y avait vingt noms illustres à choisir ; on a préféré l'auteur des *Progrès de l'esprit humain*, où est enseignée la doctrine panthéiste de *la perfectibilité indéfinie*, c'est-à-dire, la négation de l'immortalité de l'âme et de Dieu ; le philosophe qui termina sa vie par le suicide, pour échapper au couteau de la guillotine dont allait le frapper la République. Voilà les leçons que puiseront nos enfants dans sa biographie ; heureux, s'ils sont frappés de la conclusion, qui les renseignera sur les bienfaits de la Révolution ! 3° L'enseignement laïque commence à s'appliquer : on fait appel aux instituteurs laïques ; dans le IIIᵉ arrondissement, le maire, M. Bonvalet, a déclaré que, *sur la demande des habitants*, — il ne dit pas quand et comment ils ont été consultés — l'enseignement serait exclusivement laïque, vu que l'on sait à quoi s'en tenir « sur l'esprit et les tendances des instituteurs congréganistes ». 4° Lettre de M. J. Favre au maire de Paris sur la mobilisation de la garde nationale : M. J. Favre a la plus grande confiance dans le patriotisme, l'ardeur, la vaillance, etc., etc., de la garde nationale. Il croit, cependant, devoir les prévenir qu'il « faut de la *discipline* et de la foi en leurs chefs » ; en outre, que « l'*obéissance* double les forces » ; de plus, il « les convie à la *discipline* » ; enfin, il demande à chacun « de se *commander* à *lui même* ». Ces appels réitérés à la *discipline* marquent assez combien elle laisse à désirer; et, afin que nul n'en doute, le même *Journal Officiel* rapporte un fait de violence exercé par des gardes nationaux sur un officier, qu'ils ont arrêté : « Cet acte, dit le gouvernement, sera poursuivi », mais rien n'est moins probable.

Cette garde nationale, du reste, dont la mobilisation *en partie* devait fournir 35 à 40 mille hommes, témoigne peu d'enthousiasme: les volontaires se présentent en si petit nombre, qu'on en a honte; on prétend même que le général Trochu n'en est pas fâché. Ce serait contre son sentiment qu'aurait été décidée cette mobilisation; il y avait consenti, mais avec le secret espoir que la mesure aurait peu d'effet.

M. Gambetta nous télégraphie que la ville de Marseille est *rentrée* dans le calme : on ne nous avait pas dit qu'elle eût été troublée,

mais tout le monde le savait. Le mot de
M. Gambetta atteste que le désordre a été sérieux et long, puisqu'il nous informe seulement aujourd'hui que l'ordre est enfin rétabli : le Préfet se fait obéir ! Lequel, M. Marc
Dufraisse envoyé pour remplacer M. Esquiros,
ou M. Esquiros même ?

25. — Période de calme et de silence : pas
d'attaque du côté des Prussiens, quelques
escarmouches de nos francs-tireurs, et attente.
On en profite pour examiner notre situation
et discuter nos chances de succès. Ceux-ci les
exagèrent, ceux-là les diminuent, avec autant
de raison les uns que les autres. La vérité
est, quant aux forces de l'ennemi, que nous
ne savons rien de certain ; nous ignorons absolument ce qui se passe à deux lieues de
notre horizon. A l'intérieur, l'entente n'est
pas parfaite : la patience, qui n'est pas la qualité éminente des Français, manque, à la fois,
aux gouvernés, qui trouvent qu'on ne va guère
vite, qu'on ne tente pas d'assez grands coups,
qu'on n'a pas d'énergie ; et à plusieurs membres du gouvernement, dont les dissentiments
transpirent dans le public. M. Picard serait
en désaccord avec M. Garnier-Pagès, dont les
prétentions en fait de finances persistent, malgré le succès qu'il obtint, en 1848, par son
impôt des 45 centimes. Les soucis de l'alimentation commencent à inquiéter la population;

une partie de Paris est rationnée à 50 grammes de viande ; tout Paris le sera bientôt. Je tiens de plusieurs employés des mairies que la période de viande fraîche expirera vers le 10 novembre ; alors commencera celle de la viande salée. Le gouvernement a fait démentir le bruit que le pain allait être rationné : mais il faut regarder ce démenti comme nul ; le pain ne pourra ne pas être rationné à son tour.

M. le maire de Paris vaque, comme à l'ordinaire, à ses grandes affaires, le changement du nom des rues, et la consolidation de la République par ce moyen. Le boulevard du *Prince-Eugène* s'appellera désormais *boulevard Voltaire ;* de plus, la statue du prince Eugène sera remplacée par la statue de Voltaire. J'accepte ce changement, et je propose que l'on grave deux inscriptions sur la base de ces statues, la première : *Au prince Eugène, au soldat courageux, qui battit les ennemis de la France, à l'honnête homme qui mérita leur respect et leur admiration, en repoussant leurs bienfaits, pour rester fidèle à sa patrie !* La seconde : *A Voltaire, au flatteur des courtisans et des puissants, à l'ami des Prussiens, qui applaudit aux revers de la France, et vilipenda l'héroïne par qui fut sauvée notre nationalité !* Le premier on le dégrade, le second on le propose en exemple à nos enfants.

M. de Bismarck, dans une nouvelle circulaire, ose encore attribuer à la France l'initiative de la guerre horrible dont souffre la moitié de l'Europe, et qui s'étendra peut-être sur l'autre moitié. Il affirme que la France a entrepris cette guerre, « *pour son bon plaisir* », lui qui, mieux que personne, sait quel en fut l'instigateur et la prépara de longues années, comme un conspirateur s'apprêtant à un mauvais coup.

Un autre document est la *Lettre* adressée par Victor-Emmanuel au Pape, avant d'envahir ses États : l'hypocrisie, l'impudence, le mensonge, l'avidité, le principe de l'unique droit moderne, la *force,* ne s'étaient pas exprimés plus nettement à la face du monde, depuis le jour où trois vautours se jetèrent sur la Pologne, pour la dépecer. Comme Frédéric, Marie-Thérèse et Catherine, le roi d'Italie s'adresse au Pape, d'un ton doux et attendri, afin de *l'informer des dangers* dont la Révolution *menace* Rome ; il est touché de *pitié*, il tremble pour sa *sécurité ;* il souhaite avec passion son *bonheur*, sa prospérité, son *indépendance ;* il ne saurait demeurer *indifférent* à ses *angoisses,* immobile devant les *périls* qu'il entrevoit. En conséquence, il met la main sur ses États et lui dit : Ceci est à moi !

Il y a lieu de remarquer, dans la circulaire de M. de Bismarck, qu'il déclare ne reconnaître, comme gouvernement, que celui de l'Empereur Napoléon.

26. — M. de Bismarck comptait, évidemment avec trop de confiance, sur les troubles de Paris, et il n'a pas hésité à faire part de ses espérances à l'Europe. Il n'avait, pourtant, pas tout à fait tort, et je persiste à penser que la lutte armée dans Paris n'est qu'ajournée. On peut le prévoir par les déclarations, les propositions et les décrets des clubs qui, chaque soir, annoncent une véritable liquidation sociale. Le gouvernement fait semblant de ne s'en pas inquiéter, d'abord parce qu'il n'ose l'empêcher, ensuite parce qu'il croit que le danger n'est pas imminent. La masse de la population répugnerait, certes, à une nouvelle révolution en face des Prussiens, mais les clubs, les socialistes se préparent à agir, et l'on sait comment se font les révolutions.

M. Pouchet, à la mairie du VIe arrondissement, vient de trouver moyen de désorganiser la Commission des secours aux gardes nationaux gênés : il a forcé à se retirer les hommes honorables et bienfaisants qui, depuis trente ans, s'occupaient avec autant de zèle que de désintéressement de ces œuvres de charité : ils étaient *cléricaux*, ce motif d'exclusion a suffi. Il faut dire que ces honnêtes gens avaient adopté le principe de la *Société du*

Prince impérial, le prêt sur parole, principe éminemment noble, qui suppose, dans celui à qui l'on fait une avance d'argent, un sentiment d'honneur et de dignité qui l'engage et le relève à ses propres yeux. M. Pouchet a préféré confondre avec les indigents, inscrits sur le registre de secours, les malheureux marchands, industriels et ouvriers, que les nécessités du temps obligent à solliciter un subside momentané; c'est ce qu'il appelle *l'égalité républicaine*. — Dans le même arrondissement, un médecin dont j'ai déjà parlé, devenu chef de bataillon, s'est installé à la mairie, et a tant tracassé la municipalité, à l'occasion de la *garde civique* (les vétérans), destinée à maintenir l'ordre dans les rues, que le maire a dû dissoudre cette garde civique.

Nulle institution, pourtant, n'était plus nécessaire que celle de ces gardes, dans un temps où la police fait absolumént défaut. Non seulement les *gardiens de la paix* ne servent pas à cette police, mais ils évitent avec soin toutes les occasions où ils pourraient aider les citoyens : dès qu'ils aperçoivent un groupe animé, où s'échangent les injures et les coups, ils s'éloignent rapidement : « Ils ont ordre, disent-ils, de n'intervenir que si on les appelle, et de ne jamais prendre l'initiative. »

Le burlesque se mêle au drame : ces messieurs de l'Hôtel de Ville en sont à négocier avec mesdames les *chiffonnières*, qui se sont emparées de l'École de droit, voisine des rues Mouffetard, de la Montagne-Sainte-Geneviève, etc., et qui y tiennent un club dans le grand amphithéâtre. On y traite, comme dans tous les clubs, les questions sociales; on y admet les chiffonniers, mais les orateurs sont les chiffonnières seules. Ce club a du succès; il ne manque jamais d'auditeurs, et des bourgeois, hommes et dames, tentent souvent de s'y introduire; mais c'est une faveur d'y entrer, on n'y est reçu qu'avec des cartes, et on ne les obtient pas sans protection. Comme le jour de la rentrée des cours approche, et que le ministre de l'Instruction publique veut absolument que les Prussiens sachent que l'on continue à Paris l'étude du droit civil et romain, comme s'ils n'étaient pas là, il avait arrêté que l'École rouvrirait le 3 novembre; mais les chiffonnières ont excipé, elles aussi, de leur droit : « La salle leur a été concédée pour leurs assemblées; on ne les en peut évincer, etc. » On a parlementé; enfin, il y a eu compromis, chacun a fait une concession : les chiffonnières resteront dans l'École, et les cours seront retardés jusqu'au 15, époque où elles se seront procuré une autre salle.

Le bruit se répand de tous côtés qu'il n'y a plus de viande fraîche que pour quinze

jours; viendra la période de la viande salée,
puis des légumes secs, puis...

Ces chiffres sont conformes, du reste, à la
déclaration faite par le gouvernement, le 10
ou le 12 septembre, que l'on avait des vivres
pour deux mois. Car il ne faut pas faire entrer
dans ce compte le pain tout sec, ou même
accompagné de viande salée. Ce régime
effraye déjà les pauvres et les ouvriers; et il
n'est pas rare d'entendre, dans les rues et
dans les groupes, des gens du peuple demander : « Quand cela finira-t-il? » Mot qui, par
le ton, les commentaires et le développement,
signifie : « Quand aurons-nous la paix ? » et,
faut-il le dire, ce *peuple* ne s'occupe pas de
savoir *à quel prix* [1]?

On apprend successivement les modifications qui s'opèrent dans la garde nationale :
telle avait été la précipitation avec laquelle
s'étaient faites les élections que, dans nombre
de bataillons, les chefs et les officiers sont
reconnus *indignes.* Ainsi, le 156ᵉ bataillon

---

[1] Disons, en passant, que l'on commente, non sans
froncer le sourcil, le rapport d'après lequel la population
actuelle de Paris est de 2,120,000 habitants, sans compter
l'armée et la garde mobile, soit près de 2,300,000! On
croyait qu'il n'y avait que 17 ou 1,800,000 âmes. On
s'épouvante de toutes ces bouches armées de bonnes
dents, dans lesquelles il faudra mettre de la viande et du
pain.

(Vaugirard) a pour commandant un ancien maçon, de mœurs décriées, et non moins impudent qu'impudique; de sa maîtresse, sorte de fille de bas lieu, il a fait la cantinière du bataillon, devant lequel il la tutoie et la traite ouvertement comme sa concubine. Le bataillon a pourtant fini par avoir honte de son commandant, et il s'agit de le remplacer.

Dans une compagnie de ce bataillon, la 6e, les officiers n'étaient pas choisis avec plus de discernement : le lieutenant est constamment ivre et, il y a quelques jours, s'est présenté dans un tel état devant sa compagnie, qu'il avait tout à fait perdu la raison ; il a, le mot est du moment, *engueulé* la compagnie : il a fallu se saisir de lui et le conduire au poste. On va procéder à de nouvelles élections; quant aux enrôlements, il ne pouvait en être question dans un corps aussi bien commandé; les hommes n'ont pas été invités à faire connaître leurs intentions à ce sujet.

Il y a quelque chose de plus vil que le mensonge, c'est l'applaudissement donné au mensonge; et nous assistons tous les jours à ce misérable spectacle : aujourd'hui, c'est M. Legouvé, de l'Académie Française [1], qui,

---

[1] Poète délicat, qui met sur la même ligne Lamartine et M. J. Favre.

devant une nombreuse assistance, des écrivains, des journalistes, des membres du gouvernement, le *tout Paris* de la République, vient accuser la France d'avoir été *l'agresseur* dans la guerre, d'avoir eu tous les *torts*, d'avoir commis *l'iniquité*. C'est au Théâtre-Français, dans une représentation de *gala*, — car les réclamations de quelques journalistes ont obtenu ces *distractions*, dont ils ne se pouvaient passer — que M. Legouvé jette cette injure à la face de la France! Que les membres du gouvernement, ces ambitieux qui avaient, de longue main, préparé le succès de leur conspiration, se retranchent dans ce mensonge, on le comprend; quelle excuse et quel autre prétexte donneraient-ils à leur trahison? Mais cet Académicien, ce qui le pousse à cette indignité, c'est uniquement la soif des applaudissements : il sait que cette accusation est accueillie par la faveur populaire, il la répète; ce qui l'inspire, ce n'est ni l'honneur de sa patrie, ni le sentiment de la justice et de la vérité, c'est le désir de recueillir les bravos des maîtres du moment.

Même apologie du mensonge, au surplus, dans la plupart des journaux, et jusque dans les épîtres adressées à l'ennemi. Après M. J. Favre, M. Legouvé; après M. Legouvé, M. Fustel de Coulanges, professeur, qui ne trouve pas de meilleur moyen d'apaiser les pasteurs Luthériens du roi Guillaume, que de leur avouer « *l'iniquité de la France* » , et d'abaisser sa patrie devant leur morgue insultante et leur dédaigneux orgueil. Ah ! que nos ennemis, à la vue de ces turpitudes, nous doivent mépriser, et nous juger dignes de tous les châtiments et de toutes les humiliations !

28. — Il n'y a pas eu que le Théâtre-Français qui ait donné une représentation : la Porte-Saint-Martin le suit, et l'on annonce plusieurs autres soirées dramatiques. *Dramatiques !* ce mot seul n'eût-il pas dû faire baisser la tête à ces critiques ennuyés, qui ont réclamé et obtenu la réouverture des théâtres ? *Dramatiques !* les événements dramatiques ne nous manquent pas ! Nous faisons l'Histoire tous les jours, et la plus variée, la plus changeante et la plus émouvante ! Nous demandons des *distractions*, et, à chaque heure, nous sommes à la porte du cimetière, y conduisant quelqu'un des nôtres, ou près d'y entrer nous-mêmes !

Il est bon de citer, comme spécimen du style de certains journaux, un article de la *Patrie en danger;* tous les jours, nous en lisons un ou deux de ce genre :

« Révolution. — Réaction.

« D'un côté, les faunes et les flores de la lumière et des brises. De l'autre, les crypto-

games à poison et les bêtes monstrueuses.
Parmi celles-ci, la pire, c'est le prêtre. Auprès
de lui, la salamandre et la chauve-souris sont
attractives. Similitude : elles aiment l'humi-
dité sépulcrale des caves et des grottes ; lui,
la sombre froideur des cloîtres et des cryptes.

« Protestant, catholique, juif, mahométan,
etc..., peu m'importe. De tous les cultes, le
meilleur ne vaut pas un chien crevé.

La théocratie est une énorme tarentule qui,
depuis l'origine des siècles, enserre l'humanité
dans des mailles funestes, et l'englue d'une
bave immonde.

Pauvre humanité ! dois-tu périr dans ce lin-
ceul qu'a tissé l'*infâme*, ou vas-tu, par un coup
d'aile désespéré, reconquérir à jamais l'espace
infini ?

N'écoute pas les voix maudites qui te prê-
chent la mansuétude et l'humilité.

De l'audace et de la colère ! de la colère et
de l'audace !... ou tu es morte.

Veux-tu l'écrasement dans le dogme, ou
l'expansion dans la science ? — Il faut opter
et vite ! Ta délivrance est au prix d'un effort
suprême, terrible. Terrible !... entends-tu bien ?

Dix-neuf siècles, n'est-ce pas assez ?

A l'œuvre ! c'est-à-dire, au combat ; combat
à outrance !

Révolution. — Réaction.

Il faut que l'une des deux reste sur l'arène.

Et pas de défaillance! et pas de pitié!

Que fait-on d'un amas de tourbe?... On y
met le feu.

Et d'une charogne?... On la jette à la voi-
rie! — Raoul LAFAGETTE. »

(Patrie en danger, 27 octobre 1870.)

Nos administrateurs luttent de bon goût et
d'atticisme avec les écrivains de la République.
Paris est couvert d'affiches du nouveau maire
du V° arrondissement (je ne sais pourquoi on
a éloigné le citoyen Bocquin, qui, pourtant,
n'était pas tiède), et l'une des premières phrases qui frappe les yeux est celle-ci : « Citoyennes, vous tenez les cœurs des hommes
dans vos mains! n'y faites naître que de nobles
et mâles résolutions! » Le maire nous apprend
ensuite dans quel but il s'adresse en ce style
lyrique aux *citoyennes :* c'est afin d'activer
les enrôlements volontaires de la garde nationale. Ces enrôlements se faisaient avec aussi
peu d'ardeur dans cet arrondissement que dans
les autres; mais le D⟨r⟩ Bertillon, nouveau
maire, a imaginé d'aider à l'enthousiasme.
Les gardes nationaux gagnent 1 fr. 50 par
jour, en montant une faction sur les remparts;
le D⟨r⟩ Bertillon leur promet une *prime*, quand
ils sortiront de la ville : non seulement, ils
recevront 1 fr. 50, mais, de plus, ils *seront
nourris*, légère déviation à l'égalité républi-

caine, puisque les mobiles, qui font continuellement ce service hors des murs, ne reçoivent que la même somme et sont *obligés de se nourrir*. — Ils ne veulent pas quitter leurs femmes et leurs enfants : « Vous vous éloignerez rarement des remparts, » leur dit M. Bertillon, « vous serez donc en communication facile avec votre famille... », « les grandes opérations militaires exceptées », ajoute-t-il ; mais cette phrase n'est qu'incidente, et laisse ces opérations dans un vague rassurant. Les gardes nationaux s'inquiètent du sort de leurs proches, le Dʳ Bertillon a un spécifique : il sera remis à chaque volontaire « *un morceau de toile blanche*, sur laquelle est imprimé le triangle républicain ». S'ils sont tués, leurs femmes et leurs enfants que, du reste, la République adoptera, n'auront qu'à s'appliquer ce nouveau scapulaire sur la poitrine, il leur donnera droit de se présenter partout, à la mairie, aux distributions de vivres, etc., et d'entrer « sans attendre » ! Toutes les objections sont ainsi levées : peu ou point de danger, — une haute paie — et des honneurs ! « J'aurais aimé, dit agréablement M. le maire, à inaugurer par cette fête le Panthéon ; » malheureusement, ce temple n'est pas « rendu à la patrie, » il appartient encore à Dieu. Il célébrera, néanmoins, la fête « en face le Panthéon », où les enrôlements seront inscrits, *sur le livre d'or de la République*.

En effet, on approche : une vaste estrade couverte d'une tente est dressée le long de la grille du Panthéon, avec force drapeaux, oriflammes, écussons au chiffre de la République, longues tables rouges, sur lesquelles sont placés des registres et, dans un angle, un groupe de tambours, dont les caisses sont drapées de noir et qui, lorsque se lève la canne du tambour-major également enveloppée de crêpe noir, exécutent un roulement retentissant. Telle est la *fête* inventée par le docteur Bertillon. Au premier aspect, on se croit devant un théâtre de la foire ou les tréteaux d'une baraque de saltimbanques ; on dirait à tout instant que le *boniment* va commencer. Le public même, composé surtout de femmes et d'enfants, que des sentinelles tiennent à distance, semble attendre la parade, mais il a beau attendre, rien ne vient. Il ne quitte pas des yeux l'estrade, espérant voir s'y presser la foule des *volontaires :* les volontaires ne se hâtent point ; seuls apparaissent des messieurs ceints d'écharpes, leurs registres ouverts devant eux, et qui semblent fort s'ennuyer, et des officiers de la garde nationale, qui font les cent pas, en fumant. J'ignore si la *bande de toile* et le *triangle,* sinon la haute paie, ont tenté plus tard quelques volontaires ; mais, je

suis forcé de l'avouer, *en trois quarts d'heure,
je n'en ai pas compté plus de six ;* et pas de cris,
pas de chants ; l'enthousiasme était complètement absent. Pauvres petits esprits, qui s'imaginent que c'est par des moyens si mesquins
et si misérables que l'on fait vibrer les âmes,
et qu'on éveille les sentiments généreux ! Elle
n'a pas eu besoin de tout ce tapage, de ce
clinquant, et de cet appareil théâtral, l'héroïque petite ville de Châteaudun, dont le nom
se lit sur un drapeau noir (seule bonne idée
qu'ait eue le docteur Bertillon, et à laquelle il
fallait se tenir) : à l'approche des ennemis,
elle s'est levée, indignée, résolue ; elle n'a pas
parlé, elle a couru aux armes, elle a combattu
tout un jour un contre cinq, et est glorieuse-
ment tombée, en léguant sa mémoire à la
France et un exemple immortel !

En passant devant l'École de droit, j'ai
remarqué sur la façade une longue inscription,
ainsi conçue : *unité, indivisibilité de la République : liberté, égalité, fraternité ou la mort.*
A la forme des lettres, il était facile de reconnaître que c'était l'ancienne inscription de la
Révolution qui, recouverte seulement de mor-
tier, avait été retrouvée intacte. Quelques pas
plus loin, ayant rencontré M. Ferdinand Denis, directeur de la bibliothèque Sainte-Gene-
viève, qui me demandait des nouvelles, j'étais

en train de lui expliquer qu'en fait de nou-
veautés, ce qu'il y avait de plus récent, c'était
cette vieillerie sa voisine, déterrée sous le
plâtre, quand nous avons été accostés par un
monsieur à barbe grisonnante, qui nous a dit :
« Oui, messieurs, vous ne vous trompez pas ;
cette inscription n'est pas nouvelle, c'est celle
de 93, et j'ai voulu la conserver ! Nous avons
reçu, à l'Hôtel de Ville, beaucoup de lettres qui
nous demandent des explications à ce sujet
(*ou la mort* inquiète probablement les bourgeois) ; mais, afin d'enlever toute équivoque,
j'ai fait tracer au-dessous une nouvelle inscription : *Liberté, Égalité, Fraternité.* » Ces paroles
empreintes d'autorité, et la connaissance per-
sonnelle qu'avait de ce personnage M. Ferdinand Denis, m'ont appris que j'avais devant
moi le citoyen Galtier-Boissière, « délégué »
par le maire de Paris, pour faire rétablir sur
tous les monuments la devise républicaine. Le
citoyen Galtier s'est ensuite retiré avec majesté,
comme il convient à un homme chargé d'une
si haute mission, et qui a retrouvé un si beau
reste de la grande République. Heureux
homme ! il n'a rien à envier aux antiquaires
qui se pâment d'aise devant une médaille fruste,
il nous a restitué un souvenir de 93 [1] !

Je me suis amusé, après son départ, à ef-

---

[1] Après le siège, les mots *ou la mort* ont été effacés.

frayer le pauvre M. Ferdinand Denis, qui rougissait et pâlissait de peur, à chacune de mes tirades réactionnaires en pleine rue, et qui a fini par s'enfuir, épouvanté de se trouver avec un homme si compromettant.

Tout Paris a été en émoi, par suite d'un article du *Combat*, qui annonçait que « le maréchal Bazaine avait envoyé un plénipotentiaire à l'ennemi, pour traiter de la reddition de Metz et de la paix, *au nom de Sa Majesté l'Empereur* Napoléon III ». Il n'est pas besoin de faire remarquer l'importance de cette nouvelle, donnée comme « un fait vrai, sûr et certain ». Le *Journal Officiel* a aussitôt répliqué par le démenti le plus net. Il y a lieu, cependant, de douter des assertions du *Journal Officiel*.

Quant à une *félonie*, à une trahison, insultes dont on gratifie Bazaine à Paris, comment les aurait-il méritées ? Il ne trahit personne ; il traite *au nom de l'Empereur*, parce que le droit de l'Empereur, quoique 5,000 coquins de la Villette aient proclamé la République à Paris, n'en est pas moins entier ; et lui, maréchal nommé par l'Empereur, commandant en chef de l'armée, n'est-il pas plus autorisé à traiter de la paix, que les hommes qui se sont emparés du pouvoir par un criminel attentat ?

29. — Ce qui a lieu d'étonner, c'est la prodigieuse dépense qui se fait partout et avec

une prodigalité dont nous n'avions pas encore
eu d'exemple : le gouvernement semble tirer
de l'argent d'une source inépuisable. Ainsi,
non seulement il l'emploie largement aux frais
de la guerre, à juste raison, mais il ne l'épargne
en aucune occasion ; il suffit qu'on lui en
demande, il en donne ; les mairies sont bour-
rées d'employés, avec ou sans titres officiels, et
tous payés. On fournit leur équipement, dès
qu'ils en expriment le désir, aux officiers mal
aisés de la garde nationale, on leur donne, de
plus, des gratifications. On paye les employés
quinze jours, un mois d'avance (à l'Hôtel de
Ville, au ministère de l'Intérieur, etc.). On
envoie, sans qu'ils l'aient demandé, des sommes considérables à divers services. On double
le traitement des instituteurs (*laïques*), etc. Le
gouvernement de l'Hôtel de Ville agit comme
on fait, en général, *avec l'argent d'autrui;*
il ne regarde pas à le dépenser. Il sait bien
qu'il n'a qu'un avenir de peu de durée; à quoi
bon épargner? Ce gaspillage sera imputé à la
nécessité des temps ; il n'en sera pas responsable ! — Cela n'empêche pas que ce ne soit
toujours un *gouvernement d'honnêtes gens* [1].

[1] « Gens honnêtes, uniquement préoccupés des intérêts
du pays, qui ne trouverait nulle part une représentation
meilleure et plus exacte, » disait M. Thiers au comte de
Beust, à qui il demandait de *prendre ce gouvernement
au sérieux.* (Voy. Valfrey. *Diplomatie du Gouvernement
de la Défense nationale,* chap. III.)

La *Commission d'enseignement* de l'Hôtel de Ville vient de faire connaître son programme : il a pour principe, dit-elle, la *liberté*. L'enseignement est *libre ;* seulement, tout père est *obligé* d'envoyer son enfant à l'école ; les subventions de l'État seront *doublées* pour les instituteurs *laïques*, et des écoles *laïques* seront fondées dans tous les quartiers ; — de sorte que, d'une part, les écoles de Frères étant appauvries, et de l'autre, les écoles laïques enrichies, les premières périront nécessairement, et les pères de famille seront *forcés de préférer* les secondes.

C'est ainsi qu'on entend la *liberté* sous la République, et ainsi que l'applique déjà, dans le IIIe arrondissement, entre autres, le maire, M. Bonvallet, ancien restaurateur du boulevard.

Afin de prouver que tout ce qui se fait ici n'est pas sérieux, MM. les Francs-maçons viennent de joindre leur note au concert : ils ont rendu un décret, pour traduire à leur tribunal le roi de Prusse et son neveu, le prince Frédéric-Charles, qui sont, à ce qu'il paraît, Francs-maçons. Si le roi Guillaume et Frédéric-Charles ne se présentent pas, *ils seront jugés par défaut !*

Je suis retourné au spectacle de la place du Panthéon donné par le Dr Bertillon ; le deuxième jour n'a pas été plus brillant que le début. Malgré les belles promesses du docteur,

et la haute paie, les engagements sont en petit
nombre, en si petit nombre, qu'un citoyen ne
peut contenir son indignation, ameute la foule
par ses clameurs, et s'écrie : « La France est
pourrie! les jeunes gens n'ont pas de c... au
c... ! » ce qu'entendant, les femmes s'enfuient,
d'autres jettent les hauts cris, et veulent qu'on
arrête un homme qui emploie de telles expressions : « Qu'est-ce qu'il f... ici ? » s'écrie
l'une d'elles, en répétant les mêmes expressions. On peut juger, par là, de la composition de l'assistance et de l'empressement des
volontaires. La foule commence à plaisanter :
cet appareil de charlatan ne l'abuse pas, et
l'on demande *s'il n'y aura pas aussi un peu
de musique?* On a, cependant, envoyé le matin,
un tambour dans tout le quartier, accompagné
d'un crieur, qui lisait la proclamation du maire,
et criait ensuite : *Vive la République !* Mais je
sais, de personnes en qui j'ai foi, qu'à ce cri
personne ne répondait, tant la République est
devenue indifférente, même dans l'arrondissement du citoyen Passedouet (le XIII*). C'est,
sans doute, cette indifférence qui exaspère le citoyen Passedouet, car il vient de faire afficher,
dans tout Paris, une proclamation, pour demander des canons, et ces canons serviront, dit-il,
« non seulement contre les Prussiens, *mais
contre tous les tyrans qui voudront nous empêcher d'établir notre République !* » Ces affreux

tyrans, cela s'entend, sont tous les Français qui ne sont pas républicains. Le citoyen Passedouet aura fort à faire, et il ne risque rien de fondre beaucoup de canons.

Le gouvernement de l'Hôtel de Ville devient, chaque jour, plus révolutionnaire et tourne de plus en plus à la Commune, poussé et aidé par les mairies : il vient de *supprimer la Légion d'Honneur pour les services civils.*

Le maire de Paris, M. Arago, précipitant le mouvement Communiste, s'est empressé de faire enlever la statue du prince Eugène de son piédestal. Plusieurs journaux réactionnaires ont en vain signalé la lettre généreuse, noble et patriotique du prince Eugène à l'Empereur Alexandre, dans laquelle il refusait ses offres brillantes, et déclarait vouloir partager le sort de la France vaincue (cette lettre est gravée sur le piédestal). M. Arago a répliqué, dans le *Bulletin de la municipalité*, affiché partout, que « nos enfants devant se former aux idées républicaines, il avait remplacé *un prince de la légende Napoléonienne* par la statue du grand homme qui nous a enseignés *à vouloir* ».

Il serait à désirer que M. Arago nous expliquât cette charade, l'influence de Voltaire en fait de *volonté :* il est probable que le citoyen maire, ancien meneur du troupeau comique, ne sait pas lui-même ce qu'il a voulu dire.

Les maires, du moins, marchent avec ardeur sur ses pas : voici le maire du XVIII° arrondissement (Montmartre), M. Clémenceau, qui enjoint aux instituteurs primaires de ne conduire leurs élèves ni à la *messe du Saint-Esprit*, pour la rentrée des classes, ni « *à aucune cérémonie religieuse quelconque* », ni au catéchisme, ni, « sous aucun prétexte, dans un *lieu quelconque* affecté à l'exercice *d'un culte quelconque* ». On a révoqué le maire du XI° arrondissement, il y a dix ou douze jours, pour des faits de ce genre ; les autres maires reprennent, une à une, les prescriptions de M. Mottu et les appliquent dans leurs arrondissements et, cette fois, le gouvernement ne dit rien. Au contraire, il donne l'exemple : il vient de décréter que les tribunaux feraient leur rentrée, « sans aucune solennité », ce qui veut dire : « sans messe du Saint-Esprit ». M. J. Favre affirme pourtant qu'il est chrétien, et l'on prétend que le général Trochu est dévot. Mais ces hommes sont condamnés à céder constamment aux exigences de la plèbe.

L'ordre continue à être complètement absent : on apprend, par des lettres de démocrates à démocrates, que le citoyen Limousin, adjoint à la mairie du XIV° arrondissement, « ne peut justifier de l'emploi de plusieurs milliers de francs », et l'on prononce tout haut le mot de *vol*. Plus bas, l'explosion d'une fabrique de produits chimiques nous révèle la confection de *bombes Orsini* destinées, non aux Prussiens, mais à ces *tyrans* dont parlait M. Passedouet, qui ne veulent pas « raffermir la République ». Plus bas encore, les bouchers ne s'en tiennent pas à refuser de vendre à la taxe ; ils invectivent ceux qui réclament, et les mettent à la porte, avec des injures et quelquefois des coups. Dans la garde nationale, la discipline laisse fort à désirer, puisque le nouveau maire du XI° arrondissement est obligé de rappeler avec insistance la nécessité de cette « *concorde*, de cette *union* indispensable pour chasser les Prussiens ». L'abandon enfin où on nous laisse est si irritant, qu'on entend des gens s'écrier : « Lorsque les Prussiens viendront, ils mettront tout en ordre ! »

30. — Une cause peu connue des dangers qui nous menacent, c'est la lutte qui existe entre deux associations : la *Société d'enseignement élémentaire*, et la *Société Internationale*, l'une représentant, dans la République, le présent arrivé, l'autre l'avenir, qui veut dominer à son tour. La *Société d'enseignement élémentaire*, peu bruyante, et qui fonctionnait publiquement depuis plusieurs années, était l'officine où se préparait la Révolution ; sous prétexte d'enseignement, on y posait les

bases de la République, j'entends les bases philosophiques. Dans cette Société qui comptait parmi ses membres : MM. J. Favre, Carnot, Alb. Leroy, Sauvestre, Leblond, etc., presque tous libres penseurs (c'est le nom que prennent, dans notre siècle, les athées, le nom d'*athée* étant demeuré, quoi qu'ils fassent, odieux à l'humanité), on s'occupait des moyens d'isoler l'État de la Religion, c'est-à-dire, de fonder un État sans culte, et d'élever les nouvelles générations suivant les principes de la morale indépendante, *indépendante de Dieu.* Aujourd'hui que la plupart sont devenus membres du gouvernement, maires, préfets, conseillers d'État, procureurs généraux, etc., etc., ils se sont mis à l'œuvre, pour appliquer leurs théories : tel a été le but de la Commission d'enseignement de l'Hôtel de Ville. La *Société élémentaire* a cru, à cette occasion, devoir tracer sa voie à cette Commission : elle s'est réunie, il y a quelques jours, dans une séance extraordinaire, où les principaux orateurs se sont fait entendre. Trois opinions ont été soutenues : l'une, par un homme de qui l'on n'attendait pas cette modération, M. Sauvestre, de l'*Opinion Nationale :* «Durant tout l'Empire, il avait réclamé la liberté pour les anti-chrétiens et leur enseignement ; au moment où ils triomphaient, il regardait comme juste d'accorder à leurs adversaires, aux

Chrétiens, la même liberté. » — Ces sentiments font honneur à M. Sauvestre, mais ses
auditeurs durent penser qu'il était un faible
homme d'État. Un fougueux orateur le lui
prouva bien, en repoussant violemment cette
concession, et s'écriant que « la République
était l'ennemie de la Religion; que prétendre
faire vivre la République avec la Religion,
c'était comme si l'on proposait au peuple de
Paris d'introduire les Prussiens dans la place,
et qu'on lui dît ensuite : combattez-les ! »
C'était un jacobin qui parlait ainsi, et il allait
droit au but. Mais on eût effrayé, en démas-
quant si brusquement les batteries de l'im-
piété : aussi, un girondin, M. Alb. Leroy, qui
vit le danger, proposa-t-il de décréter simplement la séparation de l'Église et de l'État :
« Ce principe seul, fit-il finement observer,
emportera toutes les conséquences que l'on
désire; il suffit de le poser, on sera obligé
d'aller jusqu'aux extrêmes résultats. » —
Cette démonstration faite avec habileté enleva
les suffrages de la Société, et M. Leblond s'em-
pressa de déclarer que la *Commission de
l'Hôtel de Ville* serait informée des vœux de
l'Assemblée et invitée à s'y conformer. Ainsi
s'expliquent les décisions de cette Commission,
les arrêtés des maires, l'appui exclusif donné
aux écoles laïques, l'expulsion des écoles Congréganistes, l'accroissement du budget des

instituteurs primaires, etc. La *Commission* marche en avant, et elle est poussée par la *Société élémentaire*, qui ne lui permettra pas de dévier.

Mais il existe une autre Société, bien plus puissante, bien plus ardente, bien plus ambitieuse, bien plus énergique, décidée à dominer, et à dominer seule : c'est la *Société Internationale*, en grande partie composée d'ouvriers, mais conduite par quelques hommes de la classe moyenne. Cette Société traite l'autre de modérée, et en juge très sévèrement les chefs : « Les membres de la *Société élémentaire*, dit l'*Internationale*, ne sont que des parleurs, des avocats, des médecins, des professeurs, des journalistes, etc., qui *n'entendent rien aux affaires*. Tout ce qui s'est fait de bon, dans les mairies, l'a été *malgré eux, ou sans eux ;* ils ont dû céder aux membres de l'*Internationale* établis dans les mairies, pour en surveiller les opérations et qui, eux, sont des administrateurs. » L'*Internationale* affirme donc sa prétention de supplanter la *Société élémentaire*, et il semble, si la situation se prolongeait encore, qu'elle aurait droit de compter sur le succès. Elle a déjà le verbe très haut, non seulement dans les journaux dont elle dispose, le *Combat*, la *Patrie en danger*, le *Réveil*, etc., mais partout où elle peut prendre la parole. Hier, on a entendu l'un de ses membres influents, M. Goupil, faire bon marché de l'opinion de son auditoire : c'était à l'École de médecine, où avaient été convoqués les gardes nationaux du 115° bataillon, afin d'adresser quelques questions à leur chef, M. Goupil. Assez préoccupés de la perspective d'une sortie prochaine et d'une lutte contre les Prussiens, ces gardes nationaux ont demandé à M. Goupil s'il avait bien toutes les connaissances nécessaires pour un commandement si important : « Il est médecin, mais non militaire, il aura 1,500 hommes à diriger, il faudra commander des mouvements et des manœuvres compliqués ; s'il se trompe, il court risque de les faire écharper. On fait donc appel à ses sentiments d'honneur ; il répond de l'existence d'une quantité d'hommes, devant sa conscience et devant Dieu !... » A ce mot, le citoyen Goupil a bondi : « Dieu ! s'est-il écrié, je ne crois pas en Dieu ; je n'ai pas des idées aussi étroites ! » — « Mais, a répliqué un auditeur, si vous ne croyez pas en Dieu, du moins, vous croyez aux Prussiens ! » Et il a de nouveau insisté pour que M. Goupil donnât des preuves de sa capacité comme chef. Mais M. Goupil s'est absolument refusé à toute explication et, non sans quelque bon sens, a soutenu que, « *si on l'avait élu, c'est qu'on le croyait capable de commander* », et a vertement mené ses adversaires. Ceux-ci, sortis de la salle en assez grand nombre, ont protesté qu'ils auraient raison de sa résistance. Mais M. Goupil est demeuré maître du terrain, et continuera très probablement à être commandant de son bataillon ; le gouvernement ne le révoquera pas.

Les nouvelles qui nous arrivent de province, par bribes coupées çà et là, nous montrent le désordre non moins complet qu'à Paris : Marseille, qui a deux Préfets, dont l'un chasse l'autre et établit le régime de la Terreur ; Lyon, où une nouvelle émeute vient à peine d'être réprimée ; Lille, qui essaie aussi une insurrection. On affirme, du reste, que la province est, en général, peu satisfaite des Préfets qu'on lui a expédiés. Comment en serait-il autrement, quand on sait que plusieurs de ces Préfets ont un dossier à la Préfecture de police, dossier politique et même, pour quelques-uns, *judiciaire !*

Trait de mœurs, qui ne doit étonner aucun homme habitué à observer le *peuple :* Mme ****, femme d'un poète distingué, se consacre, depuis longues années, aux œuvres de charité, particulièrement à l'Œuvre des Faubourgs, et est connue dans son quartier (Mouffetard) de tous les pauvres ménages, à qui elle a porté des secours. Quand est venu le rationnement de la viande, elle a été obligée d'aller *faire queue,*

à la porte des boucheries; là, elle a trouvé
les femmes qu'elle a si longtemps et si souvent soulagées : ces femmes, dès qu'elles l'ont
aperçue, l'ont accueillie par des injures et
l'expression de la joie la plus haineuse : « Ah !
te voilà donc enfin, vieille g... ! tu es forcée
de faire comme nous ! à la bonne heure ! il
n'y a plus de riches maintenant ! » — O peuple,
qu'il faut assez aimer, en vue de Dieu, pour
le servir, et dédaigner assez, pour n'en attendre
que l'oubli, l'ingratitude, l'outrage et souvent
d'atroces fureurs, par lesquelles il se venge de
tout le bien qu'on lui a fait !

Des bruits de diverses natures circulent
dans Paris, et y causent la plus vive émotion :
la nouvelle de la reddition de Metz est confirmée; après deux mois et demi de défense,
le maréchal Bazaine, sans vivres, sans munitions, a été forcé de capituler. La nouvelle
remonte, au moins, au 27, et les pourparlers,
d'après les journaux Anglais, au 20. M. F. Pyat
avait dit vrai, et c'est pourquoi le gouvernement, qui le savait, n'avait pas osé l'arrêter.

En second lieu, nous avons éprouvé un
échec, et un échec sérieux : dans une sortie,
du côté de l'est, nous avions occupé, hier, le
village du Bourget, position avancée, qui pouvait devenir tête d'attaque contre les lignes
ennemies. Aujourd'hui, les Prussiens sont

revenus avec des forces supérieures, ont repris le Bourget et nous ont repoussés, en nous faisant subir une perte de 1,200 hommes. La nouvelle de ce revers augmente encore la consternation de Paris ; des groupes nombreux discutent avec une animation fiévreuse. Le gouvernement affirme que des armées de secours approchent et remportent des succès : *ces succès, j'en suis sûr*, dit M. J. Favre (discours aux maires de Paris) ; et, en fait de succès, tandis qu'il parlait avec tant d'assurance, le gouvernement avait en mains la nouvelle de la capitulation de Metz, qu'il nous cachait !

D'autre part, on s'entretient de M. Thiers, revenu de sa tournée d'Europe, et que les Prussiens ont laissé rentrer dans Paris, et des propositions d'armistice, qu'il irait porter, dès demain, à Versailles. Ce mot d'*armistice* est accueilli, dans les groupes, avec les sentiments les plus opposés : aux uns, gens paisibles, de la classe aisée et commerçante, l'armistice inspire confiance et espoir : « L'armistice permettra la réunion d'une Assemblée ; immédiatement disparaîtront les républiques socialistes de Lyon et de Marseille, et aussi le gouvernement de Tours, aussi anarchique que celui de Paris. Nos derniers revers, la reddition de Metz obligent à faire la paix : la paix, ils l'attendent, ils l'espèrent ; ils ne redoutent qu'une chose, c'est que le gouvernement de l'Hôtel de Ville ne résiste à ces vœux, et ne s'obstine à se défendre, sans aucune chance de succès. »

Mais ces dispositions ne sont pas partagées par ce qu'on appelle le *peuple*. Les chefs des Communistes ont jugé l'occasion favorable et excitent les esprits déjà exaltés. Le mot de *trahison*, tant de fois prononcé depuis le début de la guerre, est appliqué à l'armistice et à l'échec du Bourget : « Si nous ne sommes pas vainqueurs, s'écrient les meneurs, c'est qu'on ne se sert pas des forces dont on dispose. On parle d'armistice ! Accepter l'armistice, c'est se rendre, et se rendre sans avoir combattu ! Résistance, résistance à *outrance !* pas d'armistice ! nous voulons combattre ! » La *résistance à outrance* est devenue le mot d'ordre ; on l'entend dans tous les groupes où dominent les ouvriers, et on ne dissimule pas que, *si le gouvernement veut traiter, on le renversera.* Paris a cette physionomie, insaisissable pour un étranger, mais à laquelle ne se trompe pas un Parisien, et qui présage l'émeute. Il y aura demain, dit-on, une manifestation. Il est à craindre que les Communistes n'en profitent et qu'elle ne soit sérieuse.

Ce soir, on affirme que la mairie de Belleville a été envahie par les partisans de la Commune, et qu'ils y ont établi un gouvernement insurrectionnel.

31. — Aujourd'hui a été une des *grandes journées* de la République de 1870. Les événements se comptent par heure, et les péripéties sont aussi rapides que dans un gros mélodrame du boulevard ; je rapporte seulement ce que j'ai vu et entendu, ayant eu l'occasion de me trouver successivement dans plusieurs quartiers de Paris très différents d'esprit et de caractère.

A midi, avait lieu l'enterrement d'une jeune femme, fille du sculpteur Dubray. De Passy, on se rendait au cimetière des Prés-Saint-Gervais, sous le fort de Romainville. Dans ce nombreux cortège, faut-il l'avouer, on pensait bien plus à ce qui allait se passer dans Paris, qu'à la pauvre morte, dont le cercueil était devant nous couvert de couronnes, d'immortelles et d'un bouquet de fleurs, le dernier attaché sur son corsage immobile, et avec elle jeté dans sa fosse ! En ces temps de troubles civils et de guerre, les deuils particuliers sont de peu de durée, et les morts, quels que soient les regrets, ne laissent, hélas ! qu'une courte trace dans les cœurs si violemment, si constamment agités. A peine sortis de l'église, les assistants ne s'entretenaient que des événements qui se préparaient. On savait que le *peuple* se dirigeait vers l'Hôtel de Ville ; du haut du boulevard Magenta, nous apercevions une fourmilière noire d'hommes, qui s'avançaient du même côté. Mais ce fut à 3 heures, au retour de l'enterrement[1], que, dans les faubourgs du Temple et de Belleville, nous apparut le vrai spectacle de l'émeute. C'était plus qu'une émeute: la population tout entière était dehors, toutes les boutiques fermées, les hommes en uniformes et en armes, les tambours battant le rappel, et les femmes, sur les portes, les excitant. Des bandes nombreuses descendaient, marchant rapidement, le fusil sous le bras, des cartouches dans leurs gibernes, paraissant sûres du succès.

Au boulevard du Temple, nous nous informons : « *La Commune est proclamée!* » Les bataillons de la garde nationale débouchaient de tous côtés, sous la pluie, d'un pas alerte, les uns allant à l'Hôtel de Ville, les autres en revenant; ils allaient saluer ou ils venaient d'installer la Commune. En deux heures, tout avait été fini, un gouvernement jeté par terre, un autre établi.

Je cours à la place de l'Hôtel-de-Ville : elle était pleine de peuple, comble comme aux jours d'émeute, et nous avons malheureusement acquis de l'expérience à ce sujet : partout, des

----

[1] Au moment où l'on descendit le corps dans le caveau, le fort de Romainville fit entendre trois sourds grondements : c'était son canon, qui allait tuer quelques hommes, comme pour accompagner les funérailles de la jeune femme.

gardes nationaux en armes ou sans armes, les
tambours battant, les clairons retentissant,
des cris continuels, confus, un mouvement,
une agitation incessante, tous les regards
tournés vers la façade de l'Hôtel de Ville et,
aux fenêtres, des têtes qui se penchent, des
bras qui s'agitent, des discours qu'on n'entend
pas. Dans la foule, on confirme que la Commune est proclamée, *avec M. Dorian pour président* (M. Dorian est ministre des travaux
publics). Pourquoi M. Dorian ? D'où lui vient
cette subite popularité? C'est un des caprices
de cette prostituée, la populace. — Le spectacle ne changeait pas : toujours des bataillons
succédant aux bataillons, avec les mêmes cris
et les mêmes drapeaux. Je remonte vers le
Palais-Royal. Paris est si grand, que certains
quartiers n'apprennent les nouvelles les plus
importantes que plusieurs heures après l'événement. Je fus, cependant, assez étonné que,
si près de l'Hôtel de Ville, on ne connût pas
la proclamation de la Commune. Des groupes
nombreux stationnaient devant la porte du
général Trochu, dont on ignorait la présence
ou l'absence, encore plus la captivité ; de
nombreux gardes mobiles — de province —
stationnaient sur la place du Carrousel et sous
les galeries du nouveau Louvre. L'esprit de
ce quartier était évidemment hostile à ce qui
se passait, et ces gardes mobiles étaient appelés

dans un autre but que d'appuyer la Commune. Une heure après, même ignorance, rue de Berlin ; bien plus, M. de ***, qui arrive des *Archives*, sait que Paris est en émoi : il a vu passer la foule, mais il ne se doute pas du résultat. Il faut notre affirmation et la lecture de plusieurs journaux du soir, pour le convaincre de la réalité. On n'était pas, d'ailleurs, sans inquiétude aux *Archives*, puisque les fonctionnaires avaient ordre d'y venir coucher ; M. de *** nous quitte à huit heures et demie. Une demi-heure après, nous tressaillons, au bruit de tambours battus par saccade ; on s'élance aux fenêtres, c'est la *générale ;* une rumeur immense monte jusqu'à nous. Il y a un nouveau et grand mouvement dans Paris, on n'en peut douter. Je pars aussitôt pour le faubourg Saint-Germain : les rues présentaient le spectacle d'une vive animation, les boutiques se fermaient, les gardes nationaux couraient avec leurs armes, ou se groupaient aux carrefours ; la *générale* retentissait de tous côtés. Du reste, l'intention de cette nouvelle prise d'armes est manifeste : on marche contre la Commune ; un combat va se livrer peut-être entre deux armées fraternelles et ennemies, pendant la nuit.

A la place Saint-Sulpice, la foule est amassée devant la mairie, mais grande est l'incertitude des esprits. Il y a là des hommes appartenant aux bataillons *bien pensants* (commerçants et bourgeois); loin de s'entendre, ils perdent le temps à discuter: quelques-uns ont tourné, et parlent en faveur de la Commune, d'autres les combattent; le reste penche alternativement à droite et à gauche. Les tambours attendent des ordres, et l'on n'en donne pas, une partie des assistants prétendant marcher pour soutenir la Commune, l'autre pour la renverser. — Cependant, arrivent des gens essoufflés et troublés, qui font pressentir un changement: ils racontent qu'on a fait des prisonniers à l'Hôtel de Ville; mais de quel côté? Ceux-ci affirment que, parmi ces prisonniers, se trouve Blanqui, ceux-là Trochu. Un homme accourt, enfiévré et pâle (on me dit que c'est M. Bouillon, commissaire de police), et s'écrie: « Commandant, faites battre le rappel, il n'est que temps ; on a assailli l'Hôtel de Ville, et donné à Blanqui *des coups de crosse dans les reins !* » Les groupes deviennent plus animés, les modérés reprennent courage: « Les commandants des forts ont juré, assure-t-on, qu'ils n'obéiraient pas à la Commune, et qu'ils tourneraient plutôt leurs canons contre Paris. » D'autres annoncent qu'on se réunit rue d'Assas, pour se rendre à la place Vendôme, *conformément à l'ordre du gouvernement.* Les partis se dessinent de plus en plus ; déjà des gardes nationaux s'éloignent et se dirigent vers la rue d'Assas. Le commandant, tiraillé de plusieurs côtés, était demeuré quelque temps sans se décider ; mais, tout à coup, il donne ordre aux tambours de battre le rappel. Les tambours s'éloignent dans toutes les directions, et le rappel et la générale retentissent dans tout le quartier ; jusqu'après minuit, les rues du faubourg Saint-Germain sont ébranlées par ce bruit sinistre.

NOVEMBRE

1er *Novembre*. — Une grande partie des habitants de Paris s'étaient couchés sans avoir connaissance des événements nouveaux, qui changeaient encore le gouvernement, et convaincus que la Commune était établie, au moment même où on la jetait à bas. L'histoire se faisait d'heure en heure, une journée étant aussi pleine qu'en d'autres temps une année entière.

En se réveillant, Paris, ce matin, a appris qu'il avait subi une nouvelle révolution. Finissons-en avec la première : comment s'était-elle faite ? Comme à l'ordinaire : la foule la veille avait escaladé les grilles de l'Hôtel de Ville, forcé les portes, envahi les salles; on ne s'était pas défendu. Trois ou quatre hommes, montés sur une table, à défaut de tribune, s'étaient nommés chefs de la *Commune*, et Paris avait un nouveau gouvernement. C'était comme le 29 juillet 1830, le 24 février 1848, le 15 mai 1848, le 4 septembre 1870. Pour ces révolutions de populace, il n'y a pas deux procédés; seulement ce procédé ne réussit pas toujours. La Commune du 31 octobre a eu la même fortune que celle du 9 thermidor 1794 et du 15 mai 1848, et M. Pyat, le même succès que Robespierre : mais, comme la République de 1870 n'est que le diminutif des Républiques de 1848 et de 93, le grotesque et le ridicule se sont mêlés à l'odieux; la chute de la Commune de 1870 n'a pas eu la tragique fin de la Commune de 1794 ; le sang lui a manqué.

Je n'ai pas à raconter cette chute, dont les journaux ont rapporté les plus petits incidents, ce chassé-croisé d'ambitieux, se jetant l'un l'autre à la porte, tour à tour triomphants et vaincus; à montrer, ô expiation! les membres du gouvernement du 4 septembre arrêtés, confinés dans la salle même où ils délibéraient, et forcés d'assister à la victoire de leurs ennemis; Trochu, hué, injurié, frappé, ses croix arrachées ; J. Simon, consterné et ne comprenant pas; J. Favre, le visage meurtri de coups, même, dit-on, sali de crachats, mais affectant de ne rien

sentir, en avocat habitué à lancer et recevoir
toutes les insultes ; le vieux Garnier-Pagès et
Pelletan, bousculés, vilipendés, dix fois le
pistolet sur la poitrine et les poings sous la
figure (ils en sont malades ; mais, couchés sur
leur lit et réfléchissant aux rafales de l'*aura
popularis*, il est peu probable qu'ils s'avouent
aussi niais que coupables) ; Schœlcher, riche
vieillard, qui s'honore de son athéisme, foulé
aux pieds, etc.; et vis-à-vis d'eux, le pâle Blanqui et Millière, résolus, écrivant et expédiant
des ordres (ce sont les hommes de tête du parti),
F. Pyat, le barbu, roulant ses grands yeux,
Flourens haranguant la foule, du haut d'une
table, et agitant ses longs bras ; le pauvre
M. Dorian stupéfait et se défendant des honneurs dont on l'accable ; Rochefort bien embar-
rassé, se laissant faire et mettre dans le nouveau gouvernement ; et Et. Arago, sans plus
d'idées qu'à l'ordinaire, mais ravi de jouer
un rôle dans la comédie, acceptant tout de
suite la Commune, sans que personne s'y
prête ou s'y oppose.

Tout cela allait changer, par un coup de
théâtre : un des membres du gouvernement,
M. Picard, un vrai Parisien, leste et avisé
comme un gamin de Paris, quoique gros et
gras, s'était esquivé, avait couru droit au ministère de l'Intérieur, fait jouer le télégraphe,
appelé à lui les généraux, les mobiles, l'armée.

(Si les Prussiens avaient tenté un mouvement, auraient-ils trouvé des troupes devant eux, pour les empêcher d'assaillir les remparts?) Enfin, il avait donné l'ordre d'appeler la garde nationale, les *bons* bataillons. Il n'y a véritablement que ce M. Picard (M. J. Ferry ne fut que l'instrument) qui témoigna de l'esprit. Les Pyat, Flourens et Blanqui, tout occupés du lendemain, de l'organisation de leur Commune, avaient négligé le présent : ils ne se gardaient pas ! l'Hôtel de Ville était plein; les alentours, les rues voisines étaient abandonnés ; ils faisaient ce qu'ils ont tant reproché à nos généraux : pas d'avant-postes, pas de reconnaissances. Ils n'avaient pas, surtout, de forces supérieures : les bataillons de Belleville, après avoir *manifesté*, croyant, vers 4 ou 5 heures, l'affaire faite, étaient remontés dans leurs quartiers, avec la naïveté du populaire et des enfants. Rien ne fut plus facile que d'emporter la position : les hommes de la Commune furent, eux aussi, surpris. Les bataillons de M. Picard arrivent *en masses profondes,* comme on dit des Prussiens; en un tour de main, — ce *fameux tour de main* de M. Ledru-Rollin — voilà un gouvernement renversé; l'Hôtel de Ville, envahi par de nouveaux bataillons; le général Trochu enlevé à bras-le-corps, par un homme de taille colossale, emporté comme un nourrisson, à travers

mille gens qui montent, descendent et se
poussent (il dut, encore cette fois, être assez
maltraité par ses sauveurs) ; Pyat saisi à son
tour, jeté dans un cabinet et séquestré « *par
les émeutiers,* » comme il les appelle plai-
samment, dans son journal, le *Combat*, de ce
matin. Un ou deux tentèrent de résister :
Flourens, dit-on, lâcha un coup de revolver,
souvenir de thermidor, mais le reste se con-
tenta de lâcher pied. J. Favre, Simon, et je
ne sais qui, attendirent les derniers leur
délivrance ; ils purent craindre qu'on les
fusillât. Mais — ceci sera éclairci plus tard —
il y eut sans doute un *compromis ;* car, après
quelques *parlementeries*, ils furent libres : les
bataillons de la Commune se retirèrent en
silence, et tout se retrouva dans la même
situation que 15 heures auparavant, c'est-à-
dire, le gouvernement en l'air, et l'émeute
les yeux fixés sur lui, ne le perdant pas de
vue !

La journée — c'est la Toussaint, le temps
est superbe, l'air froid et le soleil brillant —
s'est passée de façon à rassurer les honnêtes
gens, qui ne demandent pas mieux que de se
rendormir sur l'oreiller de la confiance ; M. Trochu a passé la revue des gardes nationaux ;
la Commune est écrasée. Deux affiches avaient,
dès le matin, il est vrai, inquiété Paris, et

l'on se demandait, en les lisant, si le gouvernement était réellement rétabli. La première, signée de MM. Arago, maire de Paris, Dorian, prenant le titre de *président de la commission des élections*, et Shœlcher, *vice-président*, appelait le peuple à voter, pour *l'élection de quatre-vingts membres de la municipalité de Paris ;* c'était l'élection de la Commune. Comment donc prétendait-on que la Commune avait été vaincue pendant la nuit ? La seconde affiche était bien autrement révolutionnaire : elle émanait d'un pouvoir inconnu, qui s'intitulait *Comité républicain,* et sommait le gouvernement de prendre diverses mesures *révolutionnaires,* entre autres, de « destituer et *emprisonner tous les généraux,* qui avaient causé nos désastres », lui déclarant que, « s'il refusait, il eût *à donner en masse sa démission* ». Cette proclamation était signée du *maire* du VI° arrondissement, le docteur Robinet, et de M. Roussello, adjoint. C'est ce dernier, dit-on, qui l'a rédigée, et le docteur maire aurait eu la faiblesse de l'accepter. (J'apprends, de plusieurs côtés, que le docteur Robinet est un homme bienveillant, médecin capable, praticien habile, mais à qui la République — événement peu rare — a faussé le cerveau et qui, par faiblesse, adopte des résolutions que, seul, il serait incapable de concevoir.) Quoi qu'il en soit, ces deux affiches avaient effrayé beaucoup de gens, quand est apparue la troisième affiche, de M. J. Favre, qui a découvert aux regards charmés tout un pan de ciel bleu : M. J. Favre nous a informés, en termes modestes, que, hier, « les membres du gouvernement *avaient été gardés à vue* », ce qui fait sourire quelques malins Parisiens ; qu'on avait abusé de cette *retenue*, pour appeler tout Paris aux élections de la Commune ; mais que cet appel devait être considéré comme non avenu. M. J. Favre ajoute que l'on aura à voter après-demain, 3 ; mais le but de ce vote est assez incertain : « Vous voterez par *oui* et par *non*, nous dit-il, si vous voulez qu'on procède aux élections municipales, et que l'on conserve le gouvernement. » En y réfléchissant, cela signifie « qu'on votera pour savoir si l'on votera ». Là-dessus, on a déchiré les deux affiches communistes et terroristes, le rappel a battu encore dans les *bons* quartiers, et les bataillons *bien pensants* se sont rendus à la place de la Concorde, dans la rue de Rivoli et à la place de l'Hôtel-de-Ville, pour témoigner au gouvernement leur satisfaction, leur confiance et leur approbation. La journée de la Toussaint s'est passée dans ce calme et cet épanouissement de la plus grande partie de la population.

2. — Je cite quelques épisodes de la journée du 31 et de celle d'hier. Plusieurs jour-

naux ont affirmé que l'on n'avait tiré qu'*un* coup de feu sur la place de l'Hôtel-de-Ville, et que ce n'était même qu'un coup de revolver parti par hasard. Or, deux personnes de ma connaissance se trouvaient en ce moment sur la place : M. M*** et M. S***. M. M*** a entendu tirer cinq coups de feu : « Je les ai comptés, » m'a-t-il dit. M. S*** était près d'un garde national, quand il le vit abaisser son fusil dans la direction de l'Hôtel de Ville, viser et tirer : « Ah ! s'écria M. S***, ne pouvant retenir son indignation, misérables gardes nationaux ! » Aussitôt, tous ceux qui l'entouraient l'interpellèrent, et l'injurièrent en de tels termes qu'il se hâta de s'éloigner. Quelques meneurs auraient tâché d'engager une lutte sérieuse, par le procédé de Lagrange, le 24 février 1848, le coup de pistolet, la riposte des défenseurs de l'Hôtel de Ville, le cadavre et le tombereau. Enfin, on sait que des coups de fusil furent tirés de l'Hôtel de Ville, lorsque les bataillons sauveurs vinrent expulser les membres de la Commune.

On ne peut trop admirer comment s'opèrent les révolutions, les acteurs étant souvent eux-mêmes dans l'ignorance de ce qu'ils font ou, ce qui est plus comique, faisant précisément le contraire de ce qu'ils veulent. C'est ce qui est arrivé notamment à plusieurs gardes nationaux des Batignolles. Le 31, à 1 heure, leur bataillon (223°) était rassemblé : « Êtes-vous pour un armistice, s'écria le commandant, ou pour la résistance à outrance? — Pour la résistance! répondirent les gardes nationaux, presque unanimement. — Venez donc à l'Hôtel de Ville, *manifester* près du gouvernement! » On se met en marche, on part : il s'agissait *tout simplement d'instituer la Commune;* la plupart le savaient, les autres, — quelques rares bourgeois mêlés aux ouvriers du bataillon, l'ignoraient. Ils défilèrent devant l'Hôtel de Ville, acclamant des messieurs qui les saluaient aux fenêtres. A leur retour seulement, ces honnêtes gens apprirent qu'ils venaient de présenter leurs hommages à la *Commune!* — Par contre, un autre bataillon, le 161°, reçoit l'ordre, hier, de se rendre sur la place de la Concorde, pour être passé en revue par le gouvernement; mais beaucoup de gardes nationaux de ce quartier éloigné (le Jardin des Plantes) n'avaient pas encore vu les affiches qui annonçaient la réintégration de l'ancien gouvernement; ils croyaient que la Commune était instituée et, dociles au commandement, ils allaient candidement parader, à la place de la Concorde, *devant le gouvernement de la Commune;* c'est sur la place qu'ils furent détrompés, et comprirent que le gouvernement était celui de MM. Favre et Trochu! — Ce n'est pas, non plus, sans un étonnement mêlé d'indignation qu'une partie du 106ᵉ bataillon (ce bataillon est excellent, mais une minorité, appartenant au quartier du Gros-Caillou, pactiserait volontiers avec la Commune), a appris, ce matin, que leur chef, M. Ibos, les avait conduits, la nuit, à l'Hôtel de Ville, pour délivrer le gouvernement Trochu, tandis qu'ils croyaient aller consolider la *Commune* : restés en dehors de l'Hôtel de Ville, ils ne s'étaient pas rendu compte de la révolution qu'ils accomplissaient. Ils parlent, ce soir, de révoquer leur chef, qui les a, disent-ils, indignement trompés! Ces exemples, et il doit y en avoir d'autres, marquent ce qu'on peut faire du *peuple :* on le mène où l'on veut, avec des paroles, — fausses ou vraies.

La préoccupation des événements intérieurs a été telle, qu'on a fait à peine attention à la démarche de M. Thiers près de M. de Bismarck. Il ne s'agit, pourtant, de rien moins que de la demande d'un *armistice*, qui mettrait fin au siège, et peut-être à la guerre. Mais avec quel sourire M. Thiers a dû être accueilli par M. de Bismarck, quand, arrivant à Versailles, le 31, il a parlé *au nom de son gouvernement !* — Quel gouvernement? Celui de M. Favre ou de M. Blanqui?

Il y avait un *compromis*, comme je le pensais, et nous en avons aujourd'hui des preuves, qui pourraient bien devenir *frappantes :* voici ce que nous ont révélé les proclamations affichées par ordre du gouvernement, et les articles du *Journal Officiel :* le gouvernement déclare qu'il est décidé à maintenir l'ordre; depuis deux mois, il n'avait pas osé sévir, il l'avoue, mais il vient de s'apercevoir que c'est son devoir, et il n'hésitera plus : « Il ne faut plus, dit-il, que de pareilles aventures se renouvellent ! » Il veut que cette « journée du 31 octobre soit la dernière ! » En conséquence, il est résolu à être énergique. En effet, il révoque huit ou neuf chefs des bataillons les plus compromis, entre autres, Floure.·s, Millière, Goupil, etc. Ces mesures ont pour but de rassurer les bataillons libérateurs et les honnêtes gens; mais, en même temps, le gouvernement donne des gages plus certains aux Communistes : il n'arrête aucun des meneurs et des chefs de l'insurrection. Ils ont, il est vrai, *séquestré* le gouvernement, se sont mis à sa place, l'ont déclaré déchu, etc. Tout cela n'est rien ! Laissons-les aller ! Après tout, ce sont des républicains égarés ! — Quand M. Picard, à 3 heures du matin, rentra au ministère des Finances, et raconta aux gardes nationaux, accourus pour le défendre, les dangers du gouvernement, le triomphe momentané de la Commune, puis, la réaction, la délivrance de MM. J. Favre et Trochu, l'expulsion enfin de Pyat, Flourens, Blanqui, etc., des cris d'indignation s'élevèrent, mêlés aux applaudissements : « Sont-ils arrêtés ? » s'écria-t-on de toutes parts. M. Picard se troubla, hésita un instant, puis, les réclamations continuant, répondit avec vivacité : « Certainement ! messieurs, certainement, on les arrêtera ! » et s'esquiva au plus vite. C'est qu'on n'avait arrêté et l'on n'a, depuis, arrêté personne ! De plus, le citoyen Robinet, maire du VIe arrondissement, fait afficher, le matin, sa proclamation terroriste; nul avertissement ne lui est donné; au contraire, M. Robinet, voyant le triomphe du gouvernement, se prend à réfléchir, et envoie sa démission; le gouvernement la refuse et le maintient à son poste. Enfin, le gouvernement, après le vote de demain, par *oui* et par *non*, convoque la population à nommer, par arrondissement, *un* maire et *trois* adjoints, c'est-à-dire, quatre-vingts membres qui, réunis, formeront un conseil municipal assez semblable à une *Commune!* Tous ces faits prouvent qu'il y a eu un arrangement, dans la nuit du 31, entre les compétiteurs du pouvoir, et que les membres du gouvernement n'ont été mis en liberté, *qu'après avoir promis des élections municipales immédiates.*

Cette opinion n'a pas été affaiblie par une proclamation longue et diffuse du général Trochu et un article du *Journal Officiel*, où l'on nous fait espérer un prochain secours de la France, un succès « qui ne peut manquer », et où l'on nous exhorte à résister à outrance. Prodigieux et effronté mensonge, quand tout Paris connaît la mission de M. Thiers, parti, avec *pleins pouvoirs*, pour négocier l'armistice ! Le gouvernement a donc intérêt à faire ces évolutions en sens contraires ; son intention est trop évidente pour qu'on s'y trompe. Il veut obtenir le plus de *oui* possible, afin de fortifier son pouvoir, et se présenter à la future Assemblée, appuyé par de nombreux adhérents : de là, pour rassurer encore la bourgeoisie, cette seconde affiche, qu'il a fait placarder dans la journée, et où il affirme que cette élection est *tout à fait différente de la Commune*. Mais toutes ces finesses, concessions et tergiversations ont été mises à néant : tout à coup, M. Rochefort vient de donner sa démission de membre du gouvernement ; M. Adam, Préfet de police, se retire aussi, et en déclare nettement le motif : il a servi d'intermédiaire avec la Commune, fait des promesses, donné sa parole, « *et cette parole, on ne la tient pas !* » En même temps, on apprend que Belleville, la Villette, etc., se séparent du reste de Paris, ont proclamé une *Commune*, et que les mairies de ces hauts quartiers sont occupées par les hommes du 31 octobre. Le gouvernement n'a pas tenu la promesse qu'il leur a faite, s'est joué d'eux, sans les désarmer et sans arrêter leurs chefs; ils se lèvent. Aussi, dans Paris, le bruit se répand qu'il y aura une émeute cette nuit, peut-être un combat : « *Belleville descendra!* » c'est le mot qu'on entend partout. A la place Vendôme, des bataillons stationnent avec du canon; l'Hôtel de Ville est garni de troupes; les postes des mairies sont doublés. Ce soir, celle de Saint-Sulpice est entourée de sentinelles de vingt-cinq en vingt-cinq pas; il n'est pas permis de passer sur le trottoir, on vous en tient éloigné par un cri : *Aù large!* ordre est donné aux sentinelles de surveiller les débouchés des rues et de se replier, si des bandes se présentent; Belleville et la Villette pèsent sur la cité et la tiennent éveillée, en menaçant de se laisser tomber sur elle.

3. — La nuit s'est bien passée, et l'ébranlement fatal est retardé. Paris, sauf les quartiers Communistes, qu'on laisse à eux-mêmes, jusqu'à nouvel ordre, est calme; on se presse au scrutin. Je parcours la ville en plusieurs sens : le faubourg Saint-Germain est couvert d'affiches, où l'on invite les citoyens à voter *oui*, afin de maintenir le gouvernement. Le résultat n'est pas douteux. Sur les boulevards,

près du nouvel Opéra, des gardes nationaux défilent en rang, avec un bulletin *oui* à leur képi ou au bout de leur fusil. En avançant vers le faubourg Saint-Martin, les affiches favorables aux *oui* deviennent plus rares, puis disparaissent ; à l'entrée du faubourg du Temple, l'hostilité se dessine : quelques centaines d'hommes et de femmes, un drapeau rouge en tête, et criant : *Vive la Commune !* descendent vers l'Hôtel de Ville ; ils ne sont pas ostensiblement armés ; ce n'est qu'une protestation pacifique. On a pris, cependant, des précautions : les mairies sont gardées, et des troupes *de ligne* campent dans les Champs-Élysées. Mais ces précautions seront inutiles : les Communistes ne feront rien, ils savent que le gouvernement aura une majorité considérable. Ils attendent deux événements : l'armistice et les élections municipales : l'armistice, ils le présenteront comme une humiliation ; les Prussiens n'étant plus à craindre, ils reprendront les questions de la *Commune,* de l'*organisation sociale,* des *associations ouvrières,* etc., et c'est alors qu'ils auront chance de succès. Du reste, par les élections des maires et adjoints, ils vont se préparer des chefs, des lieux de réunion, un centre. Il y a de fortes raisons de croire, quoique le vote du 3 soit favorable au gouvernement, que celui du 5 le sera davantage aux Communistes, et que beaucoup de gens, qui ont voté *oui* pour le gouvernement, nommeront des maires partisans de la Commune; Paris se donne souvent des démentis de cette sorte.

Une marque de ces dispositions se voit dans notre faubourg Saint-Germain : M. le maire Robinet vient de faire afficher une *protestation*, pour expliquer sa fameuse proclamation terroriste du 1er novembre. Il veut persuader au public qu'on a mal compris ses *intentions :* c   a prétendu qu'il attaquait le gouvernement; ce sont des « bruits *calomnieux;* il a *toujours* défendu le gouvernement; la *manifestation* de ses intentions, fait-il remarquer, a pu être *différente* (eh ! M. Robinet, comment connaître vos intentions, autrement que par leur *manifestation ?*), mais, malgré les *apparences* contraires, il est tout dévoué au gouvernement ». Cette bizarre et illogique *protestation* a pour but d'obtenir les votes de la bourgeoisie; car le Dr Robinet se présente aux élections de demain. Mais, en même temps, il fait mettre son nom sur la même affiche que le commandant Goupil, que le gouvernement vient de casser comme Communiste, et qui aspire au titre d'adjoint. Par cette association avec le commandant Goupil, M. Robinet espère obtenir les votes des Communistes. C'est le même jeu que le gouvernement. Demain, il se détachera bien des gens du groupe des *oui*, et celui de la Commune demeurera intact : c'est là-dessus que comptent les Communistes.

Quant au vote *oui* et *non*, en voici la signification : le 31 octobre a effrayé une grande partie de la population de Paris : de deux maux, elle accepte le moindre ; fuyant Blanqui, Pyat et Flourens, elle embrasse Ferry, Favre et Trochu. Je me suis abstenu de voter, ne voulant pas de la Commune, et pas davantage de la République : car les républicains entendent se servir de ce vote, « pour consolider la République ».

La journée nous a apporté un nouveau Préfet de police ; c'est le troisième, depuis moins de deux mois ; il s'appelle M. Cresson, et l'on s'amuse déjà à des jeux de mots sur son nom ; il va sans dire qu'il est avocat. M. Arago demeure maire de Paris ; il est de tous les gouvernements, avec ou sans Trochu, de la Commune ou hors de la Commune ; on laisse faire volontiers les comédiens, ils sont sans conséquence.

Tout le monde attend l'armistice, avec la confiance qu'on l'aura, et l'espérance qu'il amènera la paix définitive. Sur cette espérance, la rente a monté de deux francs. On considère aussi la paix comme devant amener la fin de la République, et l'on ne se cache pas d'ex-

primer cette opinion, l'armée et la province
surtout, représentées par la garde mobile :
dans les adresses que le général Vinoy, au nom
de l'armée et des gardes mobiles, a envoyées
au gouvernement, pour le féliciter d'avoir
échappé à l'attentat du 31 octobre, le mot de
République n'est pas une fois prononcé ; on
l'a omis avec affectation. Ces mobiles et
ces soldats ne veulent pas de la Commune,
mais ils ne prétendent pas garder la République.

4. — Le gouvernement a un grand nombre
de *oui*, 321,000, et la Commune, seulement
53,000. Aussitôt les bonnes gens du parti
modéré se sont cru sauvés : une si forte majorité leur donne pleine sécurité, les Communistes sont à jamais vaincus. Le gouvernement n'a pas montré moins de satisfaction,
quoique sachant à quoi s'en tenir. Dans deux
proclamations, coup sur coup affichées, dans
deux discours adressés à la garde nationale,
MM. Favre, Arago et Trochu ont fait éclater
leur joie, leur enthousiasme, leur reconnaissance, leur dévouement, etc. Ils ont même été
si troublés de leur succès, qu'ils se sont laissé
aller à des déclarations assez surprenantes :
M. le général Trochu a affirmé qu'il était *républicain*, qu'il fallait fonder la République, que,
sans elle, « nous serions perdus ! » On ne
peut avoir plus de zèle, et l'on reconnaît là

un nouveau converti. Il me paraît, de plus en plus, que ce général qui, jusqu'ici, a su plutôt aligner des phrases que des soldats, a peu de portée d'esprit. De son côté, M. J. Favre a assuré que désormais, comme auparavant, « la préoccupation unique du gouvernement serait la défense nationale ». On sait si telle a été sa préoccupation *unique* dans le passé. Ce sont donc purement des phrases vides d'avocat.

Quelques esprits méfiants ne partagent ni la sécurité du public, ni la joie fausse ou vraie du gouvernement, et voici les motifs de leur opinion : le chiffre de 321,000 *oui* paraît considérable, et celui de 53,000 *non* relativement faible ; mais, il y a un chiffre plus important, le chiffre des abstentions. Il suffit de faire ce calcul : d'après le dernier recensement, la population est de 2,120,000 âmes (sans compter l'armée et la garde mobile). Les femmes comptant pour la moitié (quoiqu'il en soit sorti de Paris un grand nombre), et les enfants pour un tiers, restent 725,000 hommes faits qui auraient dû voter ; il y en a donc près de 350,000 qui se sont abstenus. De plus, une grande partie de ceux qui ont voté *oui* ont cru nécessaire d'appuyer, *pour un temps*, le gouvernement[1] ;

---

[1] C'est ce qui s'est passé notamment à Passy (dans le 72ᵉ bataillon, 3ᵉ compagnie), où le capitaine invitait ses hommes à s'abstenir, et ne s'est décidé à voter *oui*, que

mais ils ont bien su lui témoigner que ce n'est pas l'enthousiasme qui les a décidés : les journaux, en publiant le résultat du vote, l'ont accompagné des remarques les plus dédaigneuses sur la *capacité* de nos gouvernants, leur *intelligence*, leur *activité*, et même leur *honnêteté* politique. Ceux-ci ont fait semblant de ne pas comprendre et ont chaleureusement remercié la population de Paris : il n'y a pas de quoi ! — Si même on veut réfléchir que les 53,000 *non* peuvent compter, à un autre moment, sur beaucoup d'électeurs qui se sont abstenus, on trouvera, au contraire, qu'il y a moins à se réjouir qu'à craindre pour l'avenir, et cet avenir est prochain. Une fois l'armistice proclamé (en supposant qu'il ne soulève pas de troubles), les Communistes élèveront le ton avec plus de force et d'autant plus haut que le canon des Prussiens ne se fera plus entendre ; cette majorité dont on se vante aujourd'hui se fondra en partie, et la Commune surgira menaçante, en face d'un pouvoir sans énergie et sans autorité.

On peut même prévoir que la Commune aura un état-major légalement formé, dès demain, par les élections municipales. Comme à l'ordinaire, les modérés ne s'entendent pas, et n'osent parler franchement, comme tou-

parce qu'on lui a fait observer qu'il le fallait, *en vue des Prussiens.*

jours. Dans plusieurs quartiers la majorité est réactionnaire, c'est-à-dire absolument anti-républicaine ; mais elle craint de le dire, si bien qu'elle est obligée de nommer des républicains. C'est ce qui arrive, entre autres, dans le VIe arrondissement : les meneurs du parti modéré, tous légitimistes, orléanistes ou bonapartistes, la plupart chrétiens et catholiques sincères, présentent, en regard de MM. Goupil, Hérisson et Robinet, qui ? des républicains amis de MM. Ferry et Pelletan. On leur a fait observer que ces alliances étaient suspectes : « Oh ! ont-ils répondu, ce sont des libéraux, ils promettent la *liberté de conscience !* » — Oui, comme M. Pelletan, qui préside la commission d'enseignement à l'Hôtel de Ville, et l'on sait comment se pratique cette liberté ! On leur propose M. Cochin : « M. Cochin est trop notoirement réactionnaire ! » — Eh ! c'est précisément pour cela qu'il le faut nommer ! Vous grouperez autour de vous tous les réactionnaires, on vous connaîtra, votre franchise sera une force ! — Mais, toujours des concessions, qui ne rallient personne, qui ne désarment pas les méchants, et ne servent qu'à les encourager ! A en juger par ce quartier, il en sera de même partout ; les *modérés* se diviseront, et les Communistes, avec l'appui des *vrais* républicains, feront élire leurs hommes, c'est-à-dire, la future Commune.

Le gouvernement, d'ailleurs, suit la même politique : il a destitué quelques chefs de bataillon, mais il en a respecté d'autres, et des plus dangereux, Tibaldi, par exemple ; mais celui-ci est Italien, et il ne faut pas mécontenter Garibaldi, que l'on a nommé *général Français*. En outre, M. Tamisier a donné sa démission de *général de la garde nationale*, parce que, comme M. Adam, il avait été *intermédiaire* du gouvernement près de la Commune, et fait des promesses qu'on n'a pas tenues. On ne peut plus avoir de doute sur les concessions du gouvernement à la Commune.

5. — Le gouvernement de province, d'après les nouvelles qui nous arrivent, est frappé du même esprit de vertige que celui de Paris. Parmi ces nouvelles, il en est deux qui méritent confirmation, tant elles semblent dépourvues de bon sens, et qui, pourtant, dit-on, sont exactes : 1° le gouvernement de Tours a nommé M. de Kératry *général de division*. M. de Kératry était, il y a deux mois, capitaine, le voilà général ! Ces insanités ne sont pas propres à encourager la province à secourir Paris et sa République. La nouvelle est confirmée, ce matin, par une proclamation de M. de Kératry à ses troupes : cette proclamation a ceci de remarquable, que M. de Kératry a repris en province, et signe son titre de *comte*, et qu'il n'y prononce pas le mot de *Répu-*

blique; il n'invoque que *Dieu* et la *patrie:* c'est, du moins, un bon symptôme ; 2° le gouvernement de Tours vient d'émettre un *emprunt* de 250 millions, à 42 francs. Il y aurait trop à dire sur cette mesure usuraire et ruineuse; mais on ne peut s'empêcher de s'indigner, en pensant aux résultats. C'est, à la fois, une iniquité et une maladresse : une *iniquité,* puisqu'à Tours on émet un emprunt à 42 francs, quand Paris achète la rente à 54 francs, et ne peut profiter d'un taux aussi inférieur, qui n'enrichira que l'étranger, et peut-être ceux qui l'ont décrété ; une *maladresse,* car elle dénonce à l'Europe la détresse d'un gouvernement, réduit à ne trouver do l'argent qu'à de si dures conditions.

D'autres nouvelles ne sont pas moins caractéristiques : on avoue que le gouvernement n'est obéi, ni à Lyon, ni à Marseille, ni à Toulouse, ni à Bordeaux, où règnent les terroristes; en outre, une émeute *rouge* a eu lieu à Lille, de sorte qu'il y en ce moment, en France, y compris les gouvernements de Tours, Paris, Belleville en perspective, et les anciennes Chambres, si, comme on le dit, elles sont réunies, au moins six, et peut-être huit gouvernements! Ce sont là les résultats de la proclamation de la République, le 4 septembre, par les chefs de la gauche aidés des gens de la Villette. Quelque mal qu'on pense de l'Empire,

15.

jamais eût-il produit des maux aussi désas-
treux et préparé des dangers aussi menaçants !

Avant d'aller plus avant, il est juste de
faire quelques rectifications : l'une se rapporte
à M. Picard. J'avais cru, comme tout Paris,
que c'était lui qui avait sauvé le gouvernement, le 31, par son courage et sa décision ;
mais il faut en rabattre, et c'est le contraire
qui est vrai. Après s'être esquivé de l'Hôtel
de Ville, M. Picard arriva tout courant au
ministère des Finances et, ému, haletant, dès
qu'il aperçut le capitaine de la garde nationale de service : « Tout est perdu ! s'écria-t-il,
on a envahi l'Hôtel de Ville ! la Commune
est maîtresse ! Mes collègues sont arrêtés !
Moi, j'ai pu me sauver ! mais j'en ai assez ! je
donne ma démission, je m'en vais ! » Il n'y
avait rien là d'héroïque, comme on voit. Ce
fut l'honnête capitaine qui releva M. Picard :
« M. le ministre, lui dit-il, il ne faut pas ainsi
désespérer, ne vous en allez pas ; nous vous
défendrons, je vais faire sonner le rappel, et
le bataillon, soyez-en sûr, accourra à votre
secours ! » C'est ce qui fut fait : le bataillon,
composé des employés des Finances, fut réuni
en un instant ; M. Picard reprit ses sens, son
courage en outre et, dès lors, bien entouré, ne
craignant rien, fut d'avis qu'on pourrait aller
délivrer ses collègues. Tels sont les faits rap-

portés par un témoin oculaire, qui fait partie de ce bataillon. Il en résulte que le gouvernement a été réellement sauvé par ce
brave capitaine, appelé M. de C..., dont on ne
parle pas, et qui ne s'en vante pas. Si M. Picard
était juste, il le ferait nommer général ; car
il a certainement témoigné plus d'énergie et
d'à-propos que M. de Kératry.

Voici encore une autre version sur le
dénoucment de la journée du 31 octobre :
c'est un inconnu qui, en relevant le courage
de M. Picard, nous a conservé le gouvernement du 4 septembre ; c'est un homme non
moins obscur, et dont nul n'a parlé, M. ***,
capitaine du 106ᵉ bataillon, qui aurait délivré
le général Trochu. M. ***, qui est entrepreneur de menuiserie, avait été chargé à l'Hôtel
de Ville de travaux concernant son état.
Lorsque son bataillon accourut aux secours
du gouvernement, il alla droit à une porte dont
il connaissait le secret, et qui s'ouvre en mettant le pied sur un certain endroit du parquet ; cette porte donne dans la salle où était
détenu le général Trochu. M. *** et plusieurs
de ses camarades entrent et se mêlent à la
foule des insurgés : l'un d'eux voit un képi de
garde national de Belleville sur une table ; il
le met sur sa tête et, profitant du désordre,
saisit le général Trochu et l'entraîne, comme
s'il l'arrêtait, en criant, à mesure qu'il avance :

« *Cette fois, nous le tenons !* » Les envahisseurs, trompés par le numéro du képi, croient
qu'il est un des leurs, il traverse la foule et
sort. — Dehors, se trouvaient des hommes
du 106ᵉ bataillon ; le général était sauvé.

Enfin, une autre rectification est faite par
le gouvernement lui-même : jusqu'ici, l'on
était persuadé que, si la défense de Paris laissait tant à désirer, c'est qu'on manquait d'une
armée *sérieuse*. On avait des gardes nationaux,
des gardes mobiles, mais l'armée, proprement
dite, était bien peu nombreuse ; les plus con-
fiants l'estimaient à 45 ou 50,000 hommes,
et il y avait lieu de croire qu'ils ne se trom-
paient pas, puisque, dans tous les combats,
on avait vu beaucoup de mobiles et peu de
soldats ; au Bourget, par exemple, étaient en
ligne : 3 bataillons de mobiles, 1 de francs-
tireurs, quelques turcos et un seul bataillon
de l'armée. Le gouvernement vient de nous
détromper : en publiant le résultat des votes,
il nous apprend que l'armée et la garde mobile ont voté, au nombre de 245,000 hommes,
et, comme on compte 100,000 mobiles, il se
trouve que nous avons sous Paris et dans les
forts 145,000 vrais soldats (sans compter les
abstentions). L'étonnement du public n'est pas
médiocre : si ce chiffre est exact, comment,
ayant en outre 300,000 gardes nationaux,
n'osez-vous rien tenter de sérieux, depuis sept

semaines? Allez-vous donc vous rendre, avec 550,000 hommes armés? Il est vrai que le gouvernement ajoute *sauf rectifications;* porte de sortie !

M. Picard, ravi d'avoir été sauvé par son bataillon des Finances, ne veut plus s'en séparer : il a déclaré qu'il lui fallait tous les jours 200 hommes, pour garder son ministère et, comme le commandant lui faisait observer que le bataillon avait aussi à faire un service sur les remparts, M. Picard s'est récrié, a dit qu'il ne l'entendait pas ainsi, et qu'il allait arranger lui-même l'affaire : il s'est rendu à l'état-major et, en effet, a obtenu ce qu'il désirait. Il a donc sa garde à lui, dévouée et obéissante, car elle se compose de ses employés. Ceux-ci ne s'en plaignent pas, mais ils auraient souhaité que M. Picard fût un peu plus généreux; que, par exemple, sans égaler la libéralité de l'Hôtel de Ville, il leur donnât, de temps en temps, quelques rafraîchissements, ce dont ils n'entendent pas parler. L'Hôtel de Ville, au contraire, fait très grandement les choses: il nourrit les gardes nationaux de service; une table est toujours dressée, et l'on y invite même des étrangers. Aussi, ce poste est-il fort recherché, et y monter la garde est une bonne fortune, en état de siège ! — Voilà ce qui explique les nombreux saucissons, jambons, et autres victuailles trouvés par les envahisseurs le 31, est si vite consommés ou enlevés : l'Hôtel de Ville et une vaste succursale des restaurants les mieux approvisionnés ; des indiscrets demandent qui paie toutes ces dépenses ?

6. — On a vu, à l'occasion des élections des maires, qu'un grand nombre de gens s'en tenaient aux discours, et ne votaient pas. Nul doute que, pour les élections des adjoints, il n'y ait encore plus d'abstentions : on se fatigue de voter, et *trois votes en cinq jours* paraissent beaucoup au public peu persévérant de Paris. C'est, du reste, le moyen de ruiner le suffrage universel, machine détestable, inepte, inique, tel qu'il est organisé, et qui ne sert qu'aux ambitieux. En 1849, un ancien membre du gouvernement provisoire, Flocon, disait : « Osez donc enlever le suffrage universel à la France ! Elle vous montrera si elle y tient ! — Je n'essaierais pas, répondit son interlocuteur ; au contraire ! Je ferais voter la France tous les huit jours, à tout propos ; dans trois mois, le suffrage universel mourrait tout seul ; personne n'irait voter. » On est assez perplexe sur le choix des maires : les pauvres honnêtes gens, ahuris, ne savent qui nommer. Plusieurs personnes de ma connaissance ont, depuis le 4 septembre, absolument changé d'opinion,

et, quoique n'ayant jamais auparavant songé à la République, se déclarent aujourd'hui et se croient républicains ; de là, leurs incertitudes électorales sur des candidats qui leur sont presque tous inconnus. Un médecin, après avoir écouté quelques-uns de ces néo-républicains, disait : « Les républicains du lendemain ont une simple bronchite ; c'est une affection passagère, accidentelle ; on la guérit facilement, pourvu qu'on la prenne à temps, car si on la néglige, elle dégénère. Les républicains de la veille, eux, ont une névrose, maladie profonde, indéterminée, difficile à traiter, et qui se transforme aisément en épilepsie ; presque toujours ils sont incurables, ils meurent avec et, ce qu'il y a de pis, ils en transmettent souvent le germe à leurs enfants. » « Il devrait y avoir, ajoutait-il, des refuges écartés, où l'on isolerait ces malades, comme autrefois les *léproseries;* ce serait le seul moyen de l'extirper de l'Europe. »

Ce qui complique la difficulté, c'est que quelques-uns des candidats aux fonctions de maires *viennent d'être arrêtés,* pour avoir concouru à l'attentat du 31 octobre. S'ils sont élus, que fera le gouvernement ? Il a cédé aux instances de la plupart des journaux, qui l'exhortaient à être ferme après le vote des 321,000 voix, et a fait arrêter MM. Pyat, Millière, Goupil, Mottu, etc. ; mais Flourens,

Blanqui, Delescluze, etc., sont libres, c'est-à-dire, les plus renommés et les plus dangereux. En ce moment, on connaît quelques-unes des élections des maires : M. Mottu, *récemment arrêté*, est élu ; il y en aura peut-être d'autres. — M. Victor Hugo avait donné la preuve de la vertu la plus éminemment chrétienne, l'*humilité*, en se présentant tout simplement aux élections du XV° arrondissement (Vaugirard). Cette petite place de maire lui est même refusée : on lui préfère le citoyen Corbon. M. V. Hugo sera obligé de reporter sa candidature sur celle de Président de la République.

L'armistice subit quelques difficultés, à ce qu'il paraît, et le public s'en inquiète : M. de Bismarck pourrait bien nous jouer le tour de faire traîner les négociations. Pendant ce temps, nous épuisons nos vivres : le prix des légumes a doublé ; il est devenu presque aussi difficile de se procurer de la viande de cheval que de bœuf ; on annonce le rationnement à 35 grammes, et nous allons bientôt manquer de coke pour le chauffage.

Je venais d'écrire les lignes qui précèdent, quand j'ai appris que le gouvernement avait *repoussé l'armistice...*

Parce, Domine, parce populo tuo ! chant qui retentit, tous les dimanches, dans les églises, répété par tout un peuple. Oh ! jamais plus qu'aujourd'hui je n'en fus ému ! Oui, Seigneur, ah ! épargnez votre peuple, sur qui vous avez déchaîné tant de fléaux, *et in œternum ne irascaris nobis !* Jusques à quand serez-vous irrité ? Oh ! que ces cris désolés ont retenti dans les cœurs ! En quel moment ils éclataient ! O patrie, en larmes et à genoux, qui lève tes bras vers le ciel ! Le ciel ! il n'y a que des maux qui en tombent ! est-il donc fermé, et n'avons-nous pas encore mérité d'être exaucés !

Cependant les représentations théâtrales continuent, la reprise est complète, tout sert de prétexte : une quête, des blessés, un canon, etc. Là, se trouvent, avec les *purs* de la démocratie, tout ce qui reste à Paris du demi-monde, des critiques du lundi, des acteurs et actrices, des bohèmes et des viveurs. Avant-hier, cette assemblée choisie a applaudi à outrance les extraits des *Châtiments*, de M. V. Hugo, les vulgarités de la *Nuit du 2 Décembre*, les tirades hachées de *Waterloo*, et les dénombrements, embarrassés de chevilles, de la *Retraite de Moscou*. — Mais ce qui a le plus excité les transports d'enthousiasme, c'est la pièce de l'*Expiation*, où M. V. Hugo représente Napoléon Ier poursuivi par une idée fixe, le souvenir, le remords d'un crime qui ne lui laisse pas de repos, du *18 Brumaire*. Rassemblez, partout ailleurs, dix personnes ou mille, et dites-leur que le 18 brumaire était le tourment, la pensée constante, la torture de Napoléon, dans son exil de Sainte-Hélène, ils croiront que vous avez perdu le sens ; mais, ici, à Paris, les Prussiens sous nos murs, voilà ce qui soulève l'admiration de nos lettrés républicains, et leur fait battre des mains avec frénésie : plus c'est faux, plus on le trouve beau.

7. — La nouvelle d'hier soir, dimanche, *l'armistice repoussé*, a consterné Paris : on s'attendait à cet armistice, on s'était habitué à cette idée, on faisait déjà des projets ; tout cela s'est écoulé comme un rêve. Plus rien devant soi, que la perspective de la guerre qui reprend, et de la guerre la plus terrible et la plus menaçante ! C'est seulement aujourd'hui que commence le vrai siège, avec ses rigueurs et ses rudes combats, sans autre fin que la prise de Paris, ou sa reddition ! Tout est contre nous, la Terreur imminente, l'anarchie, la guerre civile, la famine. Les élections des maires, terminées hier, par un scrutin de ballottage, attestent ce que sera cette municipalité élue : déjà, pour ce vote (il y en a eu trois, plébiscite, élection des maires, ballottage), on remarquait moins d'électeurs que le premier jour ; aujourd'hui, pour l'élection des adjoints.

l'empressement sera moindre encore ; mais comme ce ne sont pas les violents qui s'abstiendront, les adjoints seront favorables à la Commune.

On doit peu compter sur une résistance efficace : nos soldats sont braves, les mobiles déterminés et ardents, mais la direction manque : les qualités qui, jadis, nous distinguaient entre tous, la décision, l'activité, la vivacité d'allure, nous font défaut aujourd'hui ; ce sont les Prussiens qui les ont et les emploient contre nous. A Maisons-Alfort, pour ne citer qu'un point, ils ont, en face de nos troupes et de nos forts, fait des travaux immenses, élevé et armé des redoutes formidables, tandis que nos travaux, commencés huit jours auparavant, ne seront armés que dans une semaine ; de même à Châtillon, à Brimborion et ailleurs. Quand on sait, en outre, que les Prussiens vont envoyer ou ont déjà envoyé devant Paris 100,000 hommes de leur armée de Metz, on comprend que ceux qui examinent et pèsent les forces soient peu rassurés sur le résultat définitif. Ces dangers intérieurs, cette lutte inégale, cette fin effrayante, nous les devrons à M. J. Favre, qui, il y a six semaines, refusa, sans nous en donner avis, sans nous consulter, l'armistice avec le *statu quo*, quand nous avions des vivres, quand la France pouvait encore s'abuser sur

ce gouvernement, quand l'anarchie n'était pas
encore éclatante, quand l'émeute n'était pas
encore descendue dans la rue, quand la province pouvait se réunir, se concerter, élire
une Assemblée, traiter de la paix, et éviter
tant de pertes, tant de ruines et tant de morts !
Aujourd'hui, l'armistice est de nouveau refusé,
« *à l'unanimité* », parce que M. de Bismarck,
dit-on, « ne veut pas nous laisser ravitailler,
et met des conditions aux élections de la Lorraine et de l'Alsace ». Je le crois ; mais, outre
ces conditions, des paroles ont été dites à
M. Thiers et à M. Favre, que l'on ne nous répète pas, et qui sont le véritable motif des
exigences de M. de Bismarck et du refus de
nos gouvernants. Il a dû, M. de Bismarck,
faire entendre qu'il ne s'abusait pas sur la
consistance de ce gouvernement, renversé le
31 octobre, relevé le 1ᵉʳ novembre, menacé
encore par l'émeute, par la Commune, par le
pouvoir des maires mêmes, pouvoir opposant,
contradictoire et bientôt dominant. Il a dû ne
pas dissimuler son dédain, à ce grand mot :
Gouvernement de la défense nationale. Il n'i-
gnore pas non plus ce qu'il faut attendre de
la province, et M. J. Favre ne l'ignore pas plus
que M. de Bismarck.

O homme fatal et criminel, que l'émeute du
31 octobre a épargné, se contentant de l'insulter, mais à qui est destinée la plus terrible

expiation, pour son ambition et son mensonge ! Le gouvernement qui pèse sur Paris n'a pas voulu de l'armistice, parce que l'armistice c'est la paix, et la paix, c'est tomber, c'est renoncer à la révolte ; or, il ne veut renoncer ni à son pouvoir, ni à sa rébellion. Ils ne pensent qu'à eux et à leur domination, le peuple n'est que leur instrument. Ce qu'ils veulent sauver, ce n'est pas la France, la patrie, c'est leur République, c'est-à-dire, le gouvernement qu'ils ont fait, par lequel ils sont puissants, et qui, s'il s'écroule, les laissera par terre, à plat, dans leur stérilité, leur impuissance, leur incapacité et leur néant !

Les arrestations continuent : le gouvernement, ayant commencé, est poussé à compléter son œuvre ; après Pyat, Goupil et Mottu, voici Eudes, Tibaldi, etc., *tous ceux qu'avait condamnés l'Empire ;* on les poursuit maintenant, comme ennemis de l'ordre établi ; ce sont les républicains, les hommes de l'Hôtel de Ville, qui se chargent de justifier l'Empire. Oui, l'Empire fut juste ; il n'eut qu'un tort : *de ne pas les arrêter, eux, nos gouvernants d'aujourd'hui !*

8. — J'ai vu, hier, plusieurs personnes, dans divers quartiers de Paris, et j'ai trouvé partout la même impression : profonde affliction du refus de l'armistice, et les plus sombres

pressentiments : « Nous sommes perdus ! »
Voici ce qu'on entend de tous côtés. Le gouvernement a cru rassurer la population, en
publiant la *composition des trois armées de
Paris*. C'est l'effet contraire qu'il a produit.
La première armée est la garde nationale, et
les généraux comptent peu sur elle ; la
deuxième et la troisième sont composées de
quinze divisions, plus, deux de cavalerie,
c'est-à-dire, à peu près 150,000 hommes ; mais
il faut en soustraire les malades, les blessés,
les hommes attachés à l'intendance, à l'administration, etc., les troupes qui doivent demeurer dans les forts ; on ne saurait mettre
en ligne plus de 120,000 hommes, y compris
les mobiles et les jeunes recrues. Ce n'est pas
avec si peu de forces qu'on peut rompre les
lignes Prussiennes, appuyées par des ouvrages formidablement armés. Quelques-uns,
il est vrai, continuent à se nourrir d'espérances,
et parlent de succès avec la plus entière confiance : « Oui, disait un sceptique, quand
j'entends discourir les gardes nationaux, je
suis tout prêt à me rassurer ; mais je perds
l'espérance, quand j'interroge les officiers de
l'armée. »

Il faut remarquer que le gouvernement
vient de nous donner ainsi le *vrai chiffre* de
l'armée, un peu différent de celui déclaré, il y
a trois jours.

En attendant, nous demeurons dans un silence absolu : depuis samedi matin, où la rupture de l'armistice a été certaine, les Prussiens n'ont pas fait un mouvement sérieux ; leurs canons se taisent. De notre côté, nous voyons défiler, dans tous les sens, des troupes, de l'artillerie ; on prépare, dit-on, un grand coup. Rien de plus important que de se hâter : nos vivres diminuent rapidement ; nous sommes, à partir d'aujourd'hui, rationnés à 33 grammes de viande par personne.

Les maires et les adjoints sont nommés, et le gouvernement va avoir immédiatement à résoudre une difficulté, qui ne présente guère de solution raisonnable : plusieurs ont été arrêtés et sont sous le coup de graves accusations. S'il les met en liberté (sans parler de la question de justice), il lâche des bêtes féroces, furieuses de leur détention ; s'il les garde en prison, il irrite le *peuple*, qui les a élus et qui, au nom de ce beau procédé dont notre siècle est engoué, le *suffrage universel*, redemandera avec autorité les mandataires de son choix. Quoi qu'il fasse, il soulèvera la colère et les haines des électeurs ou des élus.

M. V. Hugo n'a pas été élu : il se défend, à cette heure, d'avoir prétendu aux honneurs municipaux ; mais on lui répond, non sans

quelque apparence de raison, que celui-là seul
a dù faire les frais d'affiches, qui y avait intérêt, et l'on n'ajoute pas foi à son démenti. Ses
partisans ont cherché à faire nommer des
adjoints de leur couleur; les modérés, insou-
ciants comme toujours, n'avaient pas de candidats. C'est seulement hier, sur les instances
de ses administrés, que le maire, M. Corbon,
s'est décidé à présenter des noms qui inspirent
quelque confiance.

M. Corbon est un de ces maires qui ne sont
pas Communistes, qui ne pactiseront pas avec
la Commune, mais qui ne la combattront pas
comme on doit combattre une bête malfaisante : gens doux, bienveillants, conciliants,
remplis des illusions les plus sereines et les
plus dangereuses. J'en ai rencontré un autre,
M. Arnaud (de l'Ariège), que je connais depuis
longtemps, le plus distingué et aussi le plus
complet de ces rêveurs. Malgré tout ce qu'il a
vu, depuis 1848, — le 15 mai, — les journées
de juin, — la jacquerie de 1852, — les satur-
nales récentes de l'Hôtel de Ville, malgré les déclarations matérialistes, athées, anti-sociales,
des journaux jacobins, il a conservé toutes ses
espérances et s'est raffermi dans ses utopies.
Il a foi dans la *raison* du peuple, dans les *bons
sentiments* et la *puissance de la parole*, pour
apaiser ces aspirations furibondes, ces ambi-
tions désordonnées, ces passions déchaînées

et ces appétits féroces de jouissances matérielles ; il croit que « l'on calomnie ces hommes
égarés », qu'on ne les connaît pas : « ils ne
sont pas méchants », et on les adoucirait, en
les fréquentant et les sermonant ! — Mais, ce
qui m'a de plus frappé, c'est le changement
intérieur qui s'est fait en lui, sans qu'il en ait
conscience : lui, l'ancien *montagnard catholique*
de 1848 (ô sacrilège et insensée alliance de
mots !), je l'ai trouvé moins convaincu de
l'influence de la Religion, et plus persuadé, au
contraire, de l'action « des mœurs démocratiques ». La politique l'a envahi et le domine ;
les non-chrétiens ne lui inspirent aucune terreur. On lui objecte la *Commission d'enseignement* et ce qu'elle tente, ce qu'elle fait, ce
qu'elle décrète ; il garde le silence. Il aperçoit
« peu de différence » entre les siècles Chrétiens
et ceux qui ne le sont pas. Il a oublié que,
seule, la Religion est capable d'arrêter le
hommes pervers et de mater leurs passions ;
et que ce qui fait la grande différence de ces
siècles et du nôtre, la différence radicale, c'est
qu'alors le *mal était reconnu mal*, et non défendu comme un principe et comme le *bien*.
En réalité, il ne comprend plus que la Religion
prime toutes les questions et tous les intérêts ;
sans s'en apercevoir, il est plus politique et
moins Chrétien.

On appelle les partisans de la Commune de différents noms : *communistes, communaux, communeux, communards, communitaires:* leur vrai nom serait *communs;* il est plus exact et indique bien ce qu'ils sont.

Les élections municipales sont mauvaises : la Commune a *sept* maires, et elle aura probablement la majorité parmi les adjoints, ce que nous saurons après-demain.

9. — Le refus de l'armistice nous a valu une nouvelle pièce d'éloquence de M. J. Favre : M. J. Favre ne nous apprend rien sur les négociations, mais il se plaint longuement et amèrement. Il se plaint que M. de Bismarck ait refusé le ravitaillement de Pàris, que M. de Bismarck lui ôte les moyens de réunir une Assemblée, que M. de Bismarck brave l'indignation de l'Europe. J'ignore si M. de Bismarck répliquera, mais la réponse à M. J. Favre est facile, et je me chargerais bien de la faire, d'accord avec tous ceux qui veulent la paix, c'est-à-dire, la partie saine de la population de Paris : « Vous vous plaignez que je vous refuse l'armistice avec ravitaillement, dirait M. de Bismarck. Pourquoi ne l'avez-vous pas accepté, il y a six semaines, quand je vous l'offrais avec le *statu quo?* La question des subsistances n'était pas capitale, comme aujourd'hui; vous aviez trois semaines pour convoquer

l'Assemblée, qui eût traité de la paix, et, si elle n'y eût pas réussi, trois autres semaines, que vous venez de perdre. Prenez-vous-en à vous seul : vous l'avez refusé, et vous n'avez même pas daigné consulter la population de Paris sur ma proposition, que vous lui avez cachée ! Quant à l'indignation de l'Europe blessée, dites-vous, de ce que je me comporte envers vous avec si peu d'égards, je l'avoue, je n'ai pas cherché à vous en témoigner, et je ne redoute pas la douloureuse et pénible surprise de l'Europe, quand elle apprendra ma conduite. Vous prétendez que vous êtes des hommes sérieux ! Je ne vois en vous rien de sérieux ! Je dois chercher à négocier avec un pouvoir sinon régulier, du moins stable, qui ait l'apparence de la durée et de la vie, et vous n'êtes pas sûrs de vivre un jour ! Si je négocie avec vous, le traité ne sera-t-il pas, dès le lendemain, déchiré par la Commune, qui vous remplacera ? Et l'Europe accepterait-elle que je traite avec la Commune ? Vous prétendez négocier au nom de la France ! Mais, comme le dit M. Gladstone : « Avant de vous faire reconnaître par les puissances étrangères, faites-vous reconnaître par la France ! » (1er octobre.) Et vous n'êtes pas reconnu par une partie de la France, que dis je, par une partie de Paris ! Car ces votes, si nombreux en votre faveur, ne m'abusent pas ; la nomination de

maires et d'adjoints hostiles est un assez éclatant démenti à votre plébiscite. Je lis vos
journaux, et ils le constatent. Pourquoi m'in-
téresserais-je à vous? Est-ce que je ne vois
pas votre situation? Vous êtes des moribonds
à l'agonie, qui se débattent sous l'étreinte de
fous épileptiques ! L'Europe le sait aussi bien
que moi, et voilà pourquoi elle ne se soucie
pas de vous ! »

Il ne reste plus maintenant qu'à combattre ; le gouvernement vient de prendre
diverses mesures extrêmes, et l'on peut, hélas !
le prédire, absolument inefficaces. On mobilise
une partie de la garde nationale ; partout circulent les canons, les troupes, la garde nationale, en tenue de campagne ; tout le monde
croit qu'avant peu il se livrera une grande
bataille. Mais les gens éclairés ont peu de foi
dans la réussite, les militaires moins que personne. Le général ***, que j'ai vu à son quartier général, m'a expliqué les difficultés
presque insurmontables qu'il s'agit de vaincre.
Voici les conditions d'une *trouée:* il faut
rompre les lignes, — emporter une quantité
considérable de vivres et de munitions, pour
lutter après avoir passé, — s'établir dans une
position forte, — s'y maintenir, — avoir assez
de troupes pour les lancer au-devant de celles
qui nous doivent rallier, — enfin, continuer

les relations avec Paris, le ravitailler et ne pas le laisser sans défense. L'exécution de ce plan suppose des troupes de secours assurées, une artillerie et des approvisionnements immenses, et une armée capable de repousser 300,000 hommes, qui tomberont sur elle à droite et à gauche, si elle parvient à franchir leurs premières lignes. Or, ces ressources nous manquent : le général croit que nous pourrons livrer un combat honorable, glorieux même, mais qui nous coûtera d'autant plus cher qu'il sera plus glorieux. Les Prussiens porteront toutes leurs forces sur le point où sera tentée la trouée, et l'on ne saurait calculer les pertes que, dans une lutte de plusieurs jours, subiront des soldats peu aguerris.

Aussi, est-on dans la plus vive anxiété, et entrevoit-on, dans un avenir peu éloigné, la nécessité douloureuse et fatale, faute de vivres, comme à Sedan, comme à Metz, de capituler.

10. — Voici quelques traits de notre situation actuelle : les élections municipales ont donné un résultat déplorable; les maires Communistes sont, il est vrai, seulement au nombre de sept; mais, quatre ou cinq autres, moins déterminés, faibles, mous, se laisseront entraîner et céderont à la pression de leurs adjoints. La majorité des adjoints est favorable à la Commune, parce que, avec la légèreté et la rapidité d'improvisation habituelle aux avo-

cats, le gouvernement a accumulé coup sur coup les élections; il a fallu, y compris les ballottages, voter *cinq fois* en *six jours;* les modérés, fatigués, ne se sont pas présentés. Les Communistes connaissent très bien leurs avantages et tiennent déjà le gouvernement en échec : il fait garder tous les jours par des troupes nombreuses l'Hôtel de Ville *où, d'ailleurs, il n'ose plus se réunir*, prélude de la mesure indispensable que l'on devra prendre désormais: tout pouvoir qui voudra durer sera obligé de siéger hors des atteintes d'une insurrection sans cesse imminente. Belleville, la Villette, Montmartre, Ménilmontant, etc., sont comme indépendants du gouvernement. De ces hauteurs de Paris, les Communistes le menacent et attendent le moment d'agir : quand il sera temps, leurs maires se réuniront, et leurs prétentions auront l'apparence de la légalité. Alors, il faudra résister, et la lutte armée ne se pourra plus éviter.

Les impatients voudraient déjà commencer : dans le XIII° arrondissement, le maire élu est précisément celui nommé le 4 septembre, que ses administrés avaient mis à la porte, et remplacé par M. Passedouet. M. Passedouet ayant échoué cette fois, ses partisans protestent, et déclarent avec emportement qu'il ne partira pas, qu'il restera maire de fait et sans élection. Dans le XV° arrondissement, M. Corbon montre la faiblesse qu'on doit attendre d'un théoricien rêveur : les officiers du 156ᵉ bataillon, dégoûtés plus que jamais de la conduite de leur chef, Leclère, l'ancien maçon, dont j'ai déjà parlé, ont prié M. Corbon de les aider à s'en débarrasser. M. Corbon, craint d'un conflit, a refusé : « Il est nommé, laissons-le tranquille ! ce serait un scandale, et il y en a déjà assez ! » Il est vrai que les scandales, dans la garde citoyenne, ne manquent pas : voici encore le commandant du 215ᵉ bataillon, Bachellery, que l'on a arrêté, pour détournement de fonds.

Il n'y a, du reste, d'ordre, de police et d'obéissance nulle part. Les bouchers, les marchands de comestibles, sont de plus en plus insolents ; ils vendent ouvertement au-dessus de la taxe, et nul ne peut les obliger à s'y conformer ; ils insultent et chassent ceux qui se permettent d'élever des réclamations. — Lors des élections des adjoints, une réunion d'électeurs Communistes s'était établie à l'amphithéâtre de l'École de médecine : avant-hier, M. Verneuil, professeur, s'est présenté pour faire son cours. Le président de la réunion, le citoyen Guillet, s'est redressé, avec des airs de Mirabeau : « Allez dire au citoyen Verneuil, s'est-il écrié, que nous nous occupons ici d'affaires autrement importantes que de questions de médecine! qu'il attende que la salle soi. libre! » M. Verneuil a été forcé de se retirer et de ne pas faire sa leçon. — L'indiscipline, dans la garde mobile de Paris, encouragée par ces exemples, s'est encore accrue. Non seulement les mobiles de plusieurs forts (Saint-Denis, la Double-Couronne, la Briche, etc.) ne cessent de venir passer la nuit à Paris, sans permission, et en costume civil ; mais le service militaire se fait avec une négligence qu'on n'ose ou ne sait réprimer.

Les vivres diminuent rapidement : après la période du cheval et de l'âne, on vient d'entrer dans celle des *rats* et des *chiens*, qu'on poursuit et tue impitoyablement.

Des plaintes s'élèvent contre la mobilisation de la garde nationale : on la trouve trop tardive ; on croit peu au succès d'une sortie, et l'on ne compte pas sur le secours de la province ; et ces impressions se traduisent avec une vivacité et une franchise que nous ne connaissions plus depuis deux mois. Les républicains de la veille sont désorientés : les uns, les forcenés, s'emportent contre la province, et prétendent qu'on s'y est mal pris, et que, puisqu'elle ne se levait pas, il fallait la forcer à marcher, *avec des gendarmes !* D'autres, plus timides et plus modérés, semblent abattus ; ils avouent avoir perdu leurs illusions, et l'on

est témoin de conversions inattendues, celle
de M. Beudant, par exemple, qui s'est présenté
aux élections d'adjoint, dans le VI° arrondissement, et est revenu des réunions électorales,
épouvanté, navré, désenchanté et honteux de ce
qu'il y a entendu : on lui a fait un crime de
croire en Dieu, tandis que ses concurrents, qui
prétendent qu'on ne prononce plus le nom de
Dieu dans les écoles, ont été élus. Les journaux n'hésitent pas à se faire les organes du
mécontentement général : l'opposition s'étend
jusqu'aux feuilles qui appuyaient les hommes
de l'Hôtel de Ville ; on les accuse de toutes
les fautes, et surtout M. J. Favre. Le refus
qu'il a fait de l'armistice a tourné contre lui
ses anciens admirateurs : l'avocat éloquent,
le grand patriote, l'éminent écrivain, le grand
cœur, le sublime penseur, etc., est aujour-
d'hui réprimandé et malmené durement : on
l'accuse d'*impéritie*, de *tromperie*, de *maladresse*, d'*incapacité*, d'*inhabileté*, de *légèreté*,
de *manque* d'*idées*, de *vanité*, de *vantardise*,
de *puérilité*, d'*inintelligence* ; on l'accusera
bientôt de trahison, — j'entends les modérés
et ceux qui l'ont le plus applaudi.

On dit que deux *Amazones de la Seine* ont
paru sur les remparts, avec leur uniforme et
leurs fusils. Est-ce l'avant-garde du bataillon
de M. Belly ?

11. — Paris a aujourd'hui trois préoccupa-

tions : la mobilisation de la garde nationale, la reprise des négociations, et la Commune toujours imminente. La mobilisation a soulevé tant de récriminations, que l'on sera forcé de revenir sur la mesure étourdiment prise par nos avocats. Telle qu'ils l'avaient conçue, les charges retombaient, en beaucoup de cas, sur les pères de famille et épargnaient les jeunes gens ; c'était impraticable : les journalistes ont dû le leur démontrer.

Le public a la plus grande peine à se persuader que toute négociation pour l'armistice est définitivement rompue, et se leurre de l'idée que les Puissances obligeront M. de Bismarck à nous faire toutes les concessions. Il faut, au contraire, être convaincu que les Puissances ne se soucient pas du tout de nous, que l'Empereur de Russie a fait une simple démarche de politesse et de bienveillance en notre faveur, et que, désormais, elles regarderont, spectatrices muettes, la fin du drame dont nous sommes les acteurs.

Le gouvernement vient de faire un acte d'énergie, apparent du moins, en annulant provisoirement les élections du XX° arrondissement, qui avait nommé maire et adjoints MM. Ranvier, Millière, Flourens, et Lefrançais, objets en ce moment de poursuites judiciaires, pour les faits du 31 octobre. Reste à savoir s'il persistera : comme il vient de relâcher sournoisement plusieurs autres inculpés, « contre qui il n'y a pas lieu de procéder », il se pourrait bien, qu'afin d'éviter un soulèvement Communiste, il relâchât encore ceux du XX⁰ arrondissement. Belleville affecte une attitude menaçante, et l'on dit plus que jamais : « On se tirera des coups de fusils ! »

Le siége s'accentue de plus en plus, sinon par le fer et le feu, car on est assez tranquille des deux côtés, du moins, par une petite pointe de disette. La compagnie du gaz ne livre plus de coke; on ne brûlera bientôt plus que du bois, quand on le pourra; mais, en revanche, un nouvel aliment vient de paraître sur le marché, les *rats :* on en vendait, hier, sur la place de l'Hôtel de Ville, en cage, à six sous pièce.

Je suis allé hier à Neuilly, voir le général d'Hugues, qui s'est installé dans un bel hôtel mis à sa disposition par le propriétaire, assuré de sauver ainsi sa maison du pillage. Le général d'Hugues a peu ou point d'espoir : nous avons un trop petit nombre de troupes solides; les nouvelles recrues ont été assez vite formées et peuvent aujourd'hui tenir devant l'ennemi; les mobiles individuellement sont braves, actifs, dévoués; mais, en corps, on ne saurait compter sur eux; leurs officiers sont la plupart insuffisants, peu instruits; de telles troupes ne sauraient lutter efficacement contre une armée commandée par des officiers aussi savants que les Prussiens. Il eût fallu, selon le général, encadrer un ou deux bataillons de mobiles entre deux régiments; ils y eussent appris la discipline, et aujourd'hui ils auraient la consistance de l'armée de ligne. La qualité des forces dont on dispose rend donc la rupture des lignes Prussiennes impossible. Quant aux sorties, elles avaient une raison d'être avant l'investissement complet; c'est alors qu'on eût dû, à tout prix, conserver une issue, une porte ouverte sur la France. On ne l'a pas fait; maintenant, les sorties n'ont aucun effet sérieux : on va vers un point, on le reconnaît, on en repousse, un moment, l'ennemi, mais on est obligé de l'abandonner et de rentrer, ne pouvant tenir devant des forces très supérieures. Aussi, en fait-on le moins possible, et encore pour satisfaire l'opinion publique très impatiente, et dont on a grand souci. De temps en temps, on tente une attaque contre une position ennemie; à de certaines heures, on ordonne de tirer *tant* de coups de canon; mais on sait que tout cela ne peut avoir de résultat. Le général Trochu ne l'ignore pas; il parle d'un *plan, il n'en a pas, et ne peut en avoir*; autour de lui, même sentiment. Le général d'Hugues, s'appuyant sur ces considérations, croit que notre intérêt est de négocier le plus tôt possible, afin d'obtenir les conditions les moins dures et les plus honorables, ne doutant pas, depuis deux mois, que nous n'avons pas les moyens de résister, persuadé que la province ne nous viendra pas secourir, et que la prolongation de la lutte ne servira qu'à verser du sang, et à assurer le succès des Communistes.

Le général et ses officiers m'ont paru, d'ailleurs, pleins d'entrain : ils vivent ensemble dans ce désert, et passent leurs soirées en famille; un ordre arrive, l'un d'eux sort, court aux avant-postes, et revient continuer la *partie* commencée. Le canon tonne ou se tait, la conversation a toujours le même ton d'insouciance, de légèreté et de gaieté.

Il est un sujet rétrospectif que je veux toucher en passant, et sur lequel j'avais depuis longtemps une opinion faite, mais que j'exprime aujourd'hui avec d'autant plus de confiance, que je viens de la voir appuyée par l'autorité du général d'Hugues. On s'étonne que la France n'ait pas été prête pour la guerre, et l'on en fait un crime à l'Empire. — On semble oublier que l'Empire, eût-il mis en *ligne* une armée de 500,000 hommes, et Napoléon Iᵉʳ ne l'a jamais eue (l'armée de la campagne de Russie ne comptait que 400,000 hommes), cette armée eût été encore insuffisante. Ce n'est pas une armée, en effet, qu'elle allait trouver devant elle, mais une nation, et une nation organisée militairement depuis soixante ans. Et l'Opposition systématique et haineuse, chaque année, exigeait la diminution du contingent, chicanait les dépenses les plus urgentes et, la veille même de la guerre, à force d'importunités, arrachait au gouvernement une réduction de 10,000 soldats ! A quoi donc pouvait aboutir la guerre, sinon à des revers?

Tant d'événements se sont passés et si émouvants, que nous oublions ce que disaient et pensaient les autres, bien plus, ce que nous pensions nous-même. Or, il faut le rappeler, quoiqu'il y ait si peu de temps : quand allait commencer la guerre, la confiance était entière, complète, universelle. Le peuple, la masse, croyait à la victoire, sans réfléchir : les amis du gouvernement l'espéraient fermement, et ses ennemis la prévoyaient avec effroi; et c'est pourquoi ils s'opposaient si vivement à la guerre. Ils comprenaient combien une victoire, qui semblait certaine, fortifierait ce pouvoir, qu'ils battaient en brèche depuis tant d'années. Et ils dévoilaient leurs craintes et le fond de leurs sentiments, par cette accusation d'*intérêt dynastique*, qu'ils jetaient à la face du gouvernement.

Ce n'est pas la crainte d'un revers qui les

faisait tant insister contre la guerre, c'était la crainte d'un succès! Voilà ce que reconnaissent toutes les personnes instruites de l'état des choses, et ce que la France entière reconnaîtra dans un avenir peu éloigné, en faisant une part équitable à la faiblesse du gouvernement et à la criminelle opposition de quelques ambitieux [1].

Voilà pourquoi, enfin, nous sommes à la veille de perdre l'Alsace et la Lorraine pour un temps du moins! Car, je ne me résigne pas plus que la France, et j'ai la foi que nous ne nous reposerons pas, avant d'avoir ressaisi la main de ces frères qu'on nous arrache, et les avoir ramenés au sein de la famille nationale!

12. — Toujours mêmes préoccupations relatives à un armistice, ou plutôt à une Assemblée, qui mettra fin à la guerre et conclura la paix. La presse émet les affirmations les plus opposées, et dont il lui est impossible de donner aucune preuve : hier, on assurait à la fois que les négociations étaient reprises ; — qu'elles ne l'étaient pas ; — que les diplomates étrangers insistaient auprès de M. de Bismarck ; — qu'ils n'étaient pas à

---

[1] « Je suis de ceux qui ont voté la guerre ; je me suis séparé en cela de mes amis politiques, blâmé par certains de l'avoir votée, *parce qu'un succès pourrait réconforter l'Empire,* » a dit M. de Kératry (*Le Quatre-Septembre et le gouvernement de la Défense nationale*). Il n'est pas le seul qui ait fait cet aveu.

Versailles; — que M. Thiers n'avait pas
quitté Versailles; — qu'il était à Tours; —
que l'Assemblée se réunirait; — qu'elle ne
pouvait être convoquée; — qu'il était facile
d'en élire les membres; — que ces élections
n'auraient pas lieu; — qu'elles étaient déjà
commencées; — que la réunion des députés
était prochaine, etc.

Nos gouvernants, feignant de croire à leur
durée, continuent à légiférer et à décréter,
comme si leurs décrets devaient être mis
à exécution : ils viennent d'adjoindre un
membre à la *Commission d'enseignement.*
Autrefois, on cherchait, pour ces fonctions,
des hommes qui avaient étudié les questions
d'instruction publique, dirigé des établisse-
ments d'enseignement. Eux, ils ont nommé un
romancier feuilletoniste, M. Claretie. M. Claretie s'était retiré de la Commission des *papiers des Tuileries;* il a été jugé apte à organiser les écoles du gouvernement. On ne
parle plus guère des *papiers secrets ;* la publication en continue néanmoins, et l'inutilité,
le vide, l'inintelligence, l'odieux d'une telle
entreprise frappent aujourd'hui tous les yeux.
Les éditeurs se sont bien gardés de publier
les pièces qui compromettaient les républicains, ils ont écarté tout ce qui les concer-
nait. Ils n'ont réussi jusqu'ici qu'à fournir

des preuves plus éclatantes du mérite, de l'honnêteté et de la perspicacité de plusieurs des hommes de l'Empire, M. Rouher, M. Magne, M. Duvernoy (13ᵉ livraison), même M. Ollivier. Mais ce que les journaux ne disent pas, parce qu'ils se contentent de publier des fragments de cette correspondance, c'est le caractère des *notes*, dont M. Lavertujon et ses collègues accompagnent les pièces officielles : au lieu d'en faire simplement l'analyse, ou d'en expliquer le sujet, ils en prennent occasion de se lancer dans des diatribes furieuses, d'écrire de véritables articles de journaux, où ils déversent toute la haine dont ils sont pleins. Après avoir reproduit les lettres où les procureurs généraux font connaître au ministre de la justice les dispositions de la population, des démagogues, des conspirateurs, du clergé, de la bourgeoisie, etc., la Commission perd toute mesure : « Voyez-vous, s'écrie-t-elle, ces magistrats, ces prélats complaisants! Qu'on vienne maintenant nous parler du respect dû à la magistrature et au clergé! *Au bûcher épurateur* ces deux corporations! » (12ᵉ livraison.) Je ne cite que ce trait, il n'est pas le seul. Il importe de rappeler que cette Commission avait dit, en commençant : « La publication des papiers trouvés aux Tuileries aura un caractère *absolument officiel,...* la Commission ne *juge pas,* elle inventorie, elle ne *fait pas œuvre de polémique... le travail est soumis au contrôle du gouvernement de la défense nationale.* » (Préface.) Ainsi, le gouvernement est *responsable* de ces attaques violentes contre les seules institutions que l'on respecte encore; l'*honnête* M. J. Favre, le philosophe M. Simon, le catholique M. Trochu, sont les complices de M. Lavertujon; il parle, mais, eux lui soufflent ces paroles, et ils ne rougissent pas de couvrir de leur nom des menaces qui doivent faire tressaillir de joie la Commune.

Voici un résultat inattendu et peu connu du siège : jamais on n'avait vu tant de mariages; il est vrai qu'il s'agit de mariages, où les conjoints *habitant la même rue,* c'est-à-dire, déjà unis réellement, mais non régulièrement, ont été touchés de la grâce, et ont voulu, avant de courir le risque d'être mis en pièces par les bombes, légaliser leur alliance interlope. Le *Moniteur* d'hier contenait l'annonce de 11 de ces mariages (sur 14). C'est le seul résultat moral que nous aura donné la République.

On peut difficilement s'imaginer la vivacité du désir de la paix : la population Parisienne est si impressionnable, qu'il a suffi de lui parler d'une *possibilité,* pour qu'elle croie à la *certitude;* la paix et une Assemblée sont le sujet presque unique des conversations. La question des vivres accroît encore l'ardeur des désirs : on sait, à n'en pas douter, que, le 18 ou le 20, il n'y aura plus de viande fraîche ; les autres comestibles augmentent rapidement de prix, on s'effraie, et l'on accuse le gouvernement.

Le siège se traîne ; quelques coups de canon, çà et là, voilà tout. Belleville, de son côté, se tient muet et isolé ; on fait courir les bruits les plus alarmants : on dit que, dans ces hauts quartiers, on se prépare au combat, qu'on y fabrique des cartouches, des bombes Orsini, etc.; on est persuadé, si le gouvernement traite de la reddition de Paris, que les faubourgs s'insurgeront. Nous serons réduits à cette nécessité fatale et horrible, de tirer des coups de fusils dans nos rues contre nos concitoyens, et de ne pouvoir en tirer au dehors contre les Prussiens.

— M. ***, employé à la mairie de ...;, m'a fait, hier, le compte de tous les bureaux, caisses, comices, comités d'assistance, etc., où, dans un seul arrondissement, un homme avisé peut obtenir des secours : il y a *sept* caisses (mairie, assistance publique, garde nationale, église, cantines, etc.), qui lui en donneront à titres divers, sans qu'aucun de ces bureaux recherche s'il n'en a pas déjà reçu ailleurs, tant il y a à la fois ignorance et inaptitude ! Ces avocats, médecins, professeurs, journalistes, qui se sont établis dans les mairies, ne savent absolument rien de l'administration : de là, une dilapidation générale. La mairie du XIVe arrondissement s'était mise sur le pied de donner, non des *bons* de viande, de pain ou de vêtements, mais de l'argent ; elle s'est aperçue bientôt qu'elle dépensait jusqu'à 50,000 francs par jour, et s'est enfin décidée à revenir aux anciens errements. C'est ce désordre qui explique le scandale, dont tant des gens s'indignent, de femmes du peuple proposant et vendant, à moitié et *même au quart* de la valeur, le pain ou les *bons* de leur mairie. Comme elles en reçoivent d'un autre côté, elles peuvent faire commerce des dons d'une charité officielle et inintelligente, tandis que de pauvres gens, plus honnêtes et moins madrés, obtiennent à peine de quoi ne pas mourir d'inanition.

La plupart des hommes qui marquent ont déjà paru et étaient au moins mûrs en 1848 ; mais, de plus, la République a joint à ce vieux personnel démodé une nuée de comparses et d'acteurs secondaires, dont le moindre défaut est l'incapacité et parfois l'indignité.

En voyant arriver parmi eux, pour les gouverner, tous ces préfets et sous-préfets, les provinciaux ont compris que rien n'était changé depuis 1848, où un bon paysan, à qui l'on demandait s'il y avait des républicains dans son pays avant la Révolution, répondait : « Oh ! il y avait quatre à cinq mauvais sujets, qui passaient leur temps dans un café, à boire, à fumer et à jouer au billard ! A part ces fainéants, on ne connaissait point de républicains chez nous ! »

1 heure. — Le *Journal officiel* nous a appris, ce matin : 1° qu'il *ne savait pas* qu'il y eût des négociations relatives à un armistice, démenti donné aux bruits qui circulent, ce qui ne veut pas dire qu'il n'y ait pas de négociations, ni même que le gouvernement l'ignore ; 2° que le citoyen Jules Ferry est délégué à l'administration du département de la Seine, ce qui signifie que le citoyen Et. Arago rentre dans la coulisse, et n'est plus maire de Paris ; 3° que tous les jeunes gens, de vingt-cinq à trente-cinq ans, sont appelés à l'activité, ce qui a pour effet d'annuler le décret sur la mobilisation de la garde nationale porté il y a cinq ou six jours. Ce gouvernement a pris pour spécialité, en effet, de ne jamais dire précisément les choses, ils les donne à deviner et à commenter. En somme, cependant, ces nouvelles décisions sont louables ; seulement on révoque M. Et. Arago, après qu'il a fait tout le mal qu'il a pu, et l'on appelle à l'activité les jeunes

gardes nationaux, quand il n'est plus temps.

Les émeutes de femmes ont commencé, à l'occasion des denrées : hier, il y en a eu à la halle ; aujourd'hui, au moment où je passais sur la place Lacépède (près de la rue Mouffetard), des femmes attroupées et fort animées jetaient par terre la marchandise d'une revendeuse de légumes, qui avait eu l'audace, disaient-elles, de vendre un chou cinq francs.

3 heures. J'avais plus raison que je ne pensais, en disant que le gouvernement parlait un langage énigmatique : le décret qui appelle à l'activité les jeunes gens de vingt-cinq à trente-cinq ans n'a pas été compris, par tout le monde, dans le sens que je lui donnais plus haut ; des groupes se sont formés de tous côtés, les uns se félicitant, les autres se plaignant et, comme on ne s'entendait pas, on est allé demander aux mairies l'explication du décret. La mairie de Saint-Sulpice ne savait elle-même que répondre ; elle a envoyé une estafette à l'état-major, et il en est résulté cette explication nouvelle : le décret s'applique seulement aux *réfractaires* de la garde nationale, qui seront intercalés dans l'armée ou la garde mobile. Nouveaux commentaires sur cette explication : on espère que le décret de mobilisation demeurera lettre morte, les

réfractaires devant suffire, avec les volontaires et les jeunes gens non mariés. Ces allées et venues, ces éclaircissements, thèses et leçons sur un texte de décret, font sourire le public ; on prétend que notre pauvre gouvernement a perdu la tête, qu'il se décide et se déjuge à deux heures d'intervalle, qu'il ne sait plus ce qu'il fait, et *qu'il voudrait bien s'en aller !* Mais, c'est ce qu'on ne lui permettra pas, il s'est mis là ; qu'il y reste !

14. — Le gouvernement paraît résolu à combattre encore sous les murs de Paris, malgré le peu d'espoir de succès. Les travaux de défense deviennent de plus en plus formidables : de la Seine à Châtillon, on a élevé des redoutes armées de plus de cent pièces de gros calibre. En outre, on vient de fabriquer à la gare d'Ivry deux wagons blindés ; ces wagons sont revêtus d'une cuirasse de cinq plaques de fer, percée de meurtrières, qui descend jusqu'aux rails, et ne laisse vide qu'une étroite ouverture pour le canon placé en avant. On les doit amener à 500 mètres de Choisy, dans une courbe de la voie de fer couverte par une saillie de terrain ; ils s'avanceront, lâcheront leur coup, puis s'éloigneront, rapidement entraînés par la locomotive. Le tir de la pièce est de 5 à 6,000 mètres ; elle embrasse un rayon de 9,000, mais l'évolution ne peut être complète sur le wagon. Ces wagons résiste-

ront à toutes les balles et aux boulets, mais non aux boulets coniques, qu'on évitera en fuyant à la manière du Parthe.

La fabrication des ballons continue aussi avec une grande activité : à la gare d'Orléans, les frères Godard emploient plus de cent ouvriers, femmes, marins et douaniers. Aussi, un ballon qui, dans un temps ordinaire, exige deux mois de travail, se fabrique aujourd'hui en huit jours; on se sert de lustrine et non de taffetas, afin de diminuer la dépense : un forfait a été passé entre les frères Godard et le gouvernement, et le bénéfice des entrepreneurs est, assure-t-on, assez médiocre (un ballon est payé 3,500 francs); mais, la guerre finie, il leur restera une quantité de ballons, qu'ils pourront vendre à de riches Anglais.

M. ***, qui, par ses fonctions à la mairie de ....., est en relations avec plusieurs hommes du gouvernement, me donne quelques renseignements rétrospectifs. Les Préfets de la République, on ne nous l'a pas dit, n'ont pas été partout bien reçus, et quelques-uns, à peine arrivés, se sont hâtés de repartir et de déclarer qu'ils ne se souciaient pas de ces hautes fonctions; d'autres ont été mis au régime de l'isolement. Les anciens Préfets s'étaient éloignés avec leur personnel, laissant la place libre au fonctionnaire de la République; celui-ci s'est trouvé en face de cartons pleins, sans personne qui pût l'éclairer et l'aider. Il ne savait que faire, il ignorait tout, il n'a rien fait. Il doit y avoir, en province, une sorte d'anarchie comparable à celle de l'Espagne, depuis la fameuse révolution de M. Prim, dont nous nous moquions tant; mais, en fait de désordre, nous n'avons plus rien à envier à aucune nation.

Autre trait dont on ne parle pas : on a beaucoup crié, avant le 4 septembre et depuis, contre l'abominable despotisme de l'Empire, qui faisait enfermer, comme fous, des gens parfaitement raisonnables, et dont l'unique tort était de gêner quelque grand personnage. Le nom de M. Sandon, en particulier, a servi à soulever l'indignation, et on l'a présenté comme une victime de M. Billault. Or, M. Sandon, lorsque M. Billault le fit mettre dans une maison d'aliénés, avait déjà été traité comme fou; il l'est si bien qu'on a été obligé de le renfermer *dix-huit fois.* On le croyait guéri, il retombait bientôt; *on vient encore de le renfermer !* L'avènement de la République, qui devait le venger, a été impuissant à lui rendre la raison; mais, lui, a servi à l'avènement de la République.

Nous avons été gratifiés d'une nouvelle proclamation du général Trochu, longue comme les précédentes, et aussi molle, aussi maladroite et aussi vide. Le général Trochu a un style d'avocat, commun, tout de phrases faites, mais non toujours conforme à la syntaxe. Il aime à parler de « l'attitude virile » de la population, de la nécessité de serrer nos rangs « autour de la République ». Il est vantard et content de lui-même; il se contemple et s'admire dans son œuvre. Déjà, le lendemain de la révolution, il déclarait que « *jamais* un général n'avait passé en revue une si grande armée », parce qu'il venait de marcher durant cinq heures, le long de 400,000 *Rambuteau ambulants* [1]; aujourd'hui, il nous affirme « *qu'en aucun temps* et dans l'histoire *d'aucun peuple*, on n'a vu une grande cité, telle que Paris, qui, etc. ». Heureux homme d'avoir un si bon caractère et d'être si satisfait quand, autour de lui, tout est consterné ! Le fond vaut le style; il nous apprend : 1° que les négociations sont rompues, — nous le savions; 2° qu'elles ont été rompues *par l'accident* du 31 octobre, — on s'en doutait bien; 3° que *l'union* existe entre les riches et les pauvres, — quand il vient de nous prouver, par l'aveu précédent, que la même union est loin d'exister entre les gouvernants et une partie importante des gouvernés; 4° que « l'on va nous livrer des canons se chargeant par

---

[1] Expression d'une femme.

la culasse », ces fameux canons depuis si longtemps promis et, selon les journaux, *déjà livrés* presque tous. — Après ces déclarations, M. Trochu nous convie à nous défendre à outrance, à faire les derniers sacrifices, à « nous cramponner à toutes les formes *de la résistance»* (nouvelle *forme* de style). Et dans quel but ? « Afin de nous rendre dignes de l'admiration de l'Europe !» — Il n'y a pas de vraie armée de secours; chercher à forcer les lignes de l'ennemi est inutile; ce ne sera qu'une sortie meurtrière; les vivres tirent à leur fin[1], et la disette va tout à l'heure nous décimer; la variole fait des ravages de plus en plus affreux, qu'augmentera encore la famine; Belleville, où l'on vient de saisir des bombes Orsini, s'apprête pour une bataille acharnée : peste, combats, guerre civile, famine, qu'importe ! Ce n'est pas trop de quatre fléaux, ô Parisiens, pour vous grandir aux yeux du monde ! Ces sacrifices ne serviront à rien, mais il le faut, « le monde ne comprendrait pas », que vous ne lui donniez pas le beau spectacle de la population de Paris mourant pour la République de Paris ! — Tout cela

---

[1] Le gouvernement le disait et le croyait; il l'écrivait même à M. Gambetta, et c'est ce qui décida le mouvement intempestif de l'armée de la Loire, qui amena la reprise d'Orléans par les Prussiens. (Voy. Valfrey, *Histoire de la Diplomatie du Gouvernement de la Défense nationale,* chap. III.)

est d'un homme fou d'amour de la popularité, rongé de la manie d'écrire et qui ignore ce que c'est qu'écrire, ayant la prétention de passer pour un penseur et ne réfléchissant pas à ce qu'il dit. Sa proclamation n'est, en résumé, qu'un tissu de banalités, de contradictions et de rêveries, écrites en mauvais français. Le public a fait un fort triste accueil à ce morceau d'éloquence; on n'entendait partout que des plaintes et des cris de colère contre ce soldat bavard, qu'on appelait le *colleur d'affiches.*

15. — Hier soir, le gouvernement a annoncé, avec un certain fracas (quelques lignes de préface de M. J. Favre), une victoire remportée par les troupes de la Loire. Nous aurions repris Orléans, fait 1,000 prisonniers et enlevé deux canons. Bien que ce succès soit acheté au prix de pertes assez sérieuses (2,000 tués ou blessés), la joie a été très vive; cependant, telle est le peu de confiance qu'inspire ce gouvernement, que beaucoup de gens n'ont pas voulu y croire, et attendent la confirmation de la nouvelle pour se réjouir. Ces personnes prétendent que le gouvernement a un grand intérêt, en ce moment, à se relever dans l'opinion : il est attaqué de toutes parts; la proclamation du général Trochu a produit la plus mauvaise impression; le découragement même des troupes est évident; les hommes

de l'Hôtel de Ville avaient besoin d'une victoire, elle arrive à point; cela semble suspect.

Je parlais du découragement, il est général : la population, la garde nationale, la mobile, l'armée, les officiers, les généraux, avaient espéré l'armistice, c'est-à-dire, la paix. Les récits des journaux ne sont pas, par exception, exagérés : il est très vrai que, sur plusieurs points, les avant-postes Français et Prussiens ont *fraternisé* pendant quelques jours; les sentinelles conversaient ensemble, et les uns et les autres se réjouissaient que la guerre fût près de finir. Maintenant que cette illusion s'est envolée, et qu'au contraire on vient annoncer qu'il faut faire des efforts extrêmes, les esprits sont plus abattus que relevés par cette déclaration belliqueuse; on ne peut se reprendre à l'idée de recommencer à se battre et, on le craint, de se battre sans chance de réussite. Quand on entend discourir les généraux, on voit qu'ils ont une médiocre estime du général Trochu : ils le taxent de mollesse, de rêverie, de favoritisme; puis, il ne leur est pas assez supérieur par le talent et de grandes actions, pour les dominer. Il y a toujours des tiraillements et des jalousies entre généraux; le général Trochu n'a ni l'autorité suffisante, ni le prestige qui peut imposer silence à des compétitions et à des amours-propres heurtés. C'est dans ces occasions qu'on sent l'absence du Souverain; le Souverain est tellement au-dessus des généraux, qu'un mot de lui les fait céder; ils en attendent des grades, le bâton de maréchal, des titres, des dignités. Est-ce qu'un piètre général de division, porté par le hasard au rang de gouverneur de Paris, peut donner toutes ces choses, petites et grandes, qui dirigent les hommes !

Les généraux ne sont réellement ardents que contre les émeutiers : ils s'indignent des ménagements que l'on a pour les chefs de l'attentat du 31 octobre, qui, on n'en doute plus, vont être ou relâchés, ou acquittés. Ils sont persuadés qu'une tentative nouvelle sera faite par ces incorrigibles conspirateurs, qui entraîneront après eux les masses aveuglées, et ne dissimulent pas leur intention d'en finir, cette fois, avec l'émeute : « On les relâche après de tels crimes, disent-ils, il n'y a, à la prochaine occasion, qu'à les mitrailler ! » Ils n'attendront même pas les ordres, et leurs soldats, les mobiles surtout, leur obéiront avec entrain; ils sont exaspérés.

Et, puisqu'il s'agit du général Trochu, je tiens d'une personne qui vit dans l'intimité de son chef d'état-major que le malheureux, quand il revint, la nuit du 31 octobre, à son hôtel, fut pris d'une crise nerveuse qui dura

plus d'une heure ; il éclata en larmes et,
désespéré, humilié, prévoyant sans doute bien
d'autres déboires, il criait « qu'il ne voulait
plus être gouverneur, qu'il donnait sa démission, etc. ». Ses collègues eurent grand'peine
à le relever.

Il n'est pas rare, depuis quelques jours,
d'entendre des coups de feu dans les quartiers
excentriques : c'est la chasse aux moineaux,
devenus pour les Parisiens un nouvel aliment
(on les vend 50 c. pièce) et, malgré quelques accidents, personne ne s'y oppose ; en
ce temps, tout est permis. Que dire, d'ailleurs,
à de pauvres gens, à qui l'on signifie qu'il ne
sera plus distribué que 125 grammes de viande
2 fois *par semaine*, c'est-à-dire, *un quart de
livre*, un tout petit repas ! Et l'on nous affirme, du même coup, qu'il y a de la viande
pour *plus d'un mois !* On est modeste, on pourrait même en avoir pour trois ; il n'y a qu'à
réduire la portion encore davantage !

16. — « Nous sommes sauvés ! on vient de
remporter *trois* victoires, une à Orléans, une
à Chartres, et l'autre à Amiens ! L'armée de
la Loire et celle de Bretagne vont faire leur
jonction ! elle est déjà faite ! Dans quelques
jours, grande sortie, avec des vivres et des
munitions pour huit jours ; les Prussiens
seront pris entre deux feux ! Le chemin de

fer d'Orléans, par l'occupation de Choisy, va être ouvert, les communications reprises avec la France; les Prussiens n'ont pas les forces nécessaires pour s'y opposer; on exagère beaucoup leur nombre; le général Trochu le connaît, à *dix hommes près*. Ils n'ont pas, aussi, d'artillerie de siège; tout au plus, des canons de 20; leurs gros canons sont sur les côtes de la Baltique et n'en ont jamais bougé; ils ne peuvent rien contre nos forts! ils n'ont rien fait, et ils ne feront rien! ou se f... d'eux! »

Voilà ce qu'on entend dans Paris, que j'ai parcouru une partie de la journée. C'est bien là la population Parisienne, passant en un instant d'une extrémité à l'autre, hier découragée, abattue, prête à accepter la paix presque à tout prix, aujourd'hui folle d'espérance et d'illusions; hier tout était perdu, aujourd'hui tout est gagné.

La connaissance plus approfondie des actes de nos administrateurs ne leur est pas favorable. Voici ce qu'on apprend maintenant de M. de Kératry, pendant son passage à la Préfecture de police. Il ne s'est pas borné à révoquer des fonctionnaires de mérite et honorables (46 commissaires de police sur 80 à Paris et 12 sur 20 dans la banlieue); il les a remplacés par des hommes tarés, méprisables et méprisés, et dont quelques-uns méritent d'être poursuivis pour les délits les plus graves (le commissaire de ***, par exemple, ancien marchand de vins traiteur, qui recevait chez lui des filles de bas étage, et même des filles mineures, cas de police correctionnelle). Mais c'étaient des républicains recommandés par des républicains ! Sa conduite à l'égard des sergents de ville a été surtout odieuse : ces honnêtes et courageux soutiens de l'ordre étaient, depuis le 4 septembre, poursuivis par la haine d'un peuple aveugle et ingrat, et obligés de se cacher. M. de Kératry n'a garde de prendre leur défense, ou de penser à utiliser leur dévouement au profit de l'ordre et de la paix publique; il ne songe qu'à les punir. La plupart, anciens militaires, étaient âgés, mariés, pères de famille ; il les rappelle au service, ils redeviendront soldats, mais soumis à un règlement particulier. Quelques jours après l'investissement, il les convoque au *Point du jour;* ils vont marcher à l'ennemi, mais sans uniformes, avec le costume qu'ils ont en ce moment, sous le commandement de leurs officiers de paix, fonctionnaires civils, qui n'ont jamais fait la guerre; et de plus, après les manœuvres, après l'exercice, on leur reprendra leurs armes, ils les remettront au dépôt, où on les gardera, de peur, sans doute, qu'ils n'en abusent ! — A ces exigences, le cœur de ces braves gens se soulève : « Ils ne refusent pas de se battre, quoiqu'ils aient gagné, depuis longtemps, le droit de se reposer, ils donneront encore leur vie pour la patrie ; mais, puisqu'on les fait de nouveau soldats, qu'on les traite en soldats ! Ces armes qu'on leur remet, pour frapper l'ennemi, pourquoi les leur reprendre, tandis qu'on les laisse aux autres troupes ? Veut-on d'ailleurs, en les envoyant se battre sans uniformes, les livrer inhumainement à un danger inutile et certain ? S'ils sont pris, l'ennemi ne les regardera pas comme faisant partie de l'armée et, selon les lois de la guerre, les fusillera. Ils demandent de conserver leurs armes : qu'on les conduise contre les Prussiens, on verra s'ils savent s'en servir ! » Le Préfet de police parut convaincu de la force de ces raisons, qu'appuyaient les officiers de paix (l'un d'eux, M. Jarrige, se montra, en cette circonstance, particulièrement énergique), et se retira. Mais, le lendemain, les sergents de ville sont de nouveau rassemblés et, cette fois M. de Kératry n'est pas seul ; il arrive avec un bataillon de mobiles armés de chassepots : on les enveloppe, on leur annonce que plusieurs de leurs chefs (M. Jarrige le premier) sont arrêtés, et vont être jugés par un conseil de guerre, et on leur enjoint de remettre immédiatement leurs armes : force fut d'obéir. De son côté, le secrétaire général de la Préfecture de police M. Dubost, ancien rédacteur de la *Marseillaise*, avait mandé les officiers de paix, et leur avait déclaré « qu'ils devaient *se réhabiliter*, — sans doute d'avoir maintenu l'ordre sous l'Empire — que la République voulait bien leur pardonner leur *indignité*, à condition qu'ils iraient au feu, à la tête des sergents de ville ». Ceux qui protestèrent contre ces ignominieuses réprimandes furent destitués ; puis, sergents de ville et officiers de paix, on les expédia, au nombre de 1,500, aux avant-postes, à Issy, où on les laissa *sans abri, sans tente*, soumis au dur régime des compagnies de discipline, on les exposant dans les postes les plus périlleux, mais en affectant de ne les faire marcher qu'entre des troupes de ligne et des gardes mobiles, comme si l'on doutait de leur courage et de leur fidélité ! — Ils y sont encore, depuis deux mois, véritables parias, dont on semble avoir crainte et horreur, également indignes de rentrer dans la vie civile, et d'être considérés comme de vrais soldats.

Sous l'administration de M. Adam, qui a succédé à M. de Kératry, on pensa que ces soutiens si dévoués de l'ordre pouvaient être utiles dans la ville même, mais on n'a pas osé les employer ouvertement : on les a déguisés, les uns en *gardiens de la paix*, d'autres en mobiles, qu'on a spécialement chargés de la gardo de la Préfecture de police, de l'Hôtel de Ville et du *général Trochu*; on sait bien qu'il n'est pas de soldats sur qui l'on puisse mieux compter, mais on ne les avoue pas. M. Cresson, le nouveau Préfet de police, est, dit-on, animé de bonnes intentions : il veut remettre les choses en ordre ; il a déjà replacé plusieurs officiers de paix destitués, et se propose d'épurer le corps des commissaires de police républicains.

Au moment où la clémence de nos gouvernants nous rend les chefs de l'émeute du 31 octobre, *car ils sont tous remis en liberté*, il est à propos de signaler quelques-unes des lois que prépare la Commune : je détache du journal de M. Blanqui les lignes suivantes, relatives à la liberté de conscience et des cultes ; c'est, réellement, le rêve d'une bête féroce :

« La grande association française des *libres penseurs* a pour objet d'émanciper la raison humaine du fanatisme religieux.

« Elle réclame en conséquence l'instruction gratuite, à tous les degrés, obligatoire, exclusivement laïque et *matérialiste*.

« Considérant que l'*idée de Dieu* est la source et le soutien de tout despotisme et de toute *iniquité*;

« Considérant que la *religion Catholique* est la personnification la plus complète et la plus *terrible* de cette idée ; que l'ensemble de ces dogmes est la *négation* même de la *société* ;

« L'association des libres penseurs de Paris s'engage à travailler à l'*abolition* prompte et radicale du *catholicisme,* et à poursuivre son *anéantissement* par tous les moyens compatibles avec la justice, *en comprenant au nombre de ces moyens la force révolutionnaire,* qui n'est que l'application du *droit de légitime défense.* » (Verlet, *Patrie en danger,* 16 novembre 1870.)

Encore un épurement dans la garde nationale : le commandant du 156° bataillon, Leclère, a enfin été révoqué ; on a découvert qu'il existait un déficit d'environ 30,000 francs dans sa gestion ; cet honnête commandant se faisait donner la paie pour 200 hommes, quand il n'en avait que 160 ; il gagnait aussi sur les vareuses, les souliers, etc., qu'il fournissait : il a fallu deux mois pour reconnaître son indignité.

Les journaux nous apportent la nouvelle de l'arrivée de Mazzini à Tours : ainsi, à Rome, en 1849, accoururent, de tous les coins de l'Europe, tous les déclassés : Anglais, Français, Polonais, Hongrois, etc. L'odeur de la curée les attirait, et toute la bande s'abattit sur le cadavre. La malheureuse France est donc bien corrompue, pour que sa puanteur attire ainsi ces vautours à l'œil oblique et au col pelé !

17. — Nous sommes à la veille d'une sortie

qui aura pour but de percer les lignes Prussiennes, c'est le bruit général. Plusieurs indices annoncent un mouvement important : autour de Paris des marches et des rassemblements de troupes ; une grande quantité de canons sortis du palais de l'Industrie ; les grosses pièces des buttes Montmartre transportées, — sans que les journaux en aient parlé — aux forts de Vanves, d'Issy et au bastion 74 ; l'ordre donné aux mobiles campés sous Paris de renvoyer en ville tous les objets et effets d'habillement qui gêneraient leur marche en avant, etc. Le général Trochu attend sans doute d'être averti que les troupes de province sont proches, pour attaquer, forcer les lignes et passer. C'est le cas de répéter le mot de Catherine de Médicis : « Ce n'est pas tout de couper, il faut coudre, » c'est-à-dire, se réunir à l'armée extérieure ; et est-ce possible ?

Dans la lutte annoncée, j'aurai six de mes proches parents engagés.

Tous les journaux ont publié la proclamation où M. Gambetta ose flétrir la conduite du maréchal Bazaine, et l'accuser de *trahison*. Je m'étonne, je l'avoue, quand on insulte nos plus braves et nos plus habiles capitaines, et que, pour les remplacer, on appelle de son antre le misérable condottiere Garibaldi ; je m'étonne qu'il se trouve des généraux qui acceptent de commander des armées pour le compte d'hommes à qui la langue latine eût infligé le seul nom dont ils sont dignes, *nebulo*, que ne traduit qu'imparfaitement notre mot Français, *drôle*. La vraie cause de la fureur de cet orateur de café, c'est que, très probablement, le maréchal Bazaine a traité comme général de l'Empereur, à qui il avait prêté serment, et non de la République issue de la Villette et de Montmartre.

M.*** me disait, hier, qu'il y a douze jours qu'il n'a mangé de viande, il vit uniquement de riz et de café. Ceux qui souffrent le plus, en effet, ce sont les petits bourgeois de fortune moyenne. Les pauvres sont nourris par la ville, qui leur distribue des *bons* et des portions de *cantines;* mais les petits rentiers, les employés qui ont de médiocres traitements, les habitants des environs réfugiés à Paris, les commerçants qui ne vendent plus rien, etc., voilà les véritables pauvres. Ils n'ont pu faire de provisions, et le prix des comestibles devient exorbitant : on voit apparaître des comestibles inconnus, le *beurre de coco*, et c'est avec du suif que beaucoup de gens apprêtent leurs aliments; le siège est réellement commencé.

18. — Hier, nous ont été communiqués plusieurs extraits de journaux Anglais relatifs à la reddition de Metz : ces documents ont

ému tout Paris, et sont le sujet de toutes les conversations. Je ne me trompais pas : le maréchal n'a pas cessé de se regarder comme soldat de l'Empereur. De ces documents et des correspondances Anglaises, il résulte que la reddition de Metz a eu deux causes : le manque de vivres, et la connaissance de l'horrible désordre auquel était livrée la France, et qui ne laissait aucun espoir d'être secouru. Pour le défaut de vivres, on ne saurait, hélas ! en douter, quand le gouvernement lui-même, dans le *Journal Officiel*, constate que les soldats étaient réduits à 400 grammes de pain depuis le 15 octobre, et bientôt après à 200.

Dans cette extrémité, le général en chef voit la nécessité de traiter : il envoie à Versailles son aide de camp le général Boyer ; celui-ci, à son retour, communique à l'armée ce qu'il a appris de la situation de la France. Cette situation, quelle est-elle? L'anarchie sur toute la surface du pays, — Paris investi et condamné à succomber par la famine, — la discorde dans la capitale, — un parti violent menaçant sans cesse de renverser le gouvernement de l'Hôtel de Ville, — le drapeau rouge flottant à Lyon, à Marseille, à Toulouse, — le désordre dans ces grandes villes livrées au despotisme d'un dictateur et de la populace, — et, pour tout résumer, l'absence complète d'un véritable gouvernement,

Qu'y a-t-il là qui ne soit vrai ? où est le mensonge ? L'article du *Journal Officiel*, en atténuant les faits, et en les discutant, ne les confirme-t-il pas ? n'est-il pas obligé d'avouer, aujourd'hui même, que « l'autorité est relâchée sur beaucoup de points, que des tentatives anarchiques se produisent, que le général commandant à Toulouse est arrêté, etc., que la *République rouge existe à Marseille?* » et aussi à Lyon, dont il ne parle pas, réticence que, chez d'autres, il appellerait *Jésuitique.*

Mais, et c'est ce qui excite la fureur de M. Gambetta, ces généraux n'ont pas songé à trahir, comme M. Trochu, et à reconnaître la légitimité de la République de MM. Favre et Rochefort. Dans sa colère, semblable à la folie d'un homme ivre, il leur jette les noms de *traîtres*, de *lâches* et de *parjures.* Ils sont infâmes, parce qu'ils ont traité au nom de l'Empereur, parce que le Souverain, qu'ils avaient servi puissant, ils se sont crus encore liés à lui malheureux ! — Voilà où nous ont conduits les révolutions : le bien est appelé *mal*, et l'on qualifie de *crime* la fidélité à garder son serment !

« Nous tombons, du moins, avec honneur ! » s'est écrié avec larmes ce vaillant et noble vieillard, le héros Africain, Changarnier, qui n'est pas suspect de sympathies *dynastiques.* Non ! général, vous n'aurez pas l'*honneur* !

vous êtes déshonoré. Deux purs, honnêtes et irréprochables citoyens le déclarent à la France, M. Gambetta, et M. J. Favre, la face encore couverte des crachats du 31 octobre !

Ah ! quand on connaît les souffrances de ces valeureux soldats rongés par la famine, et dont la détresse touchait même l'ennemi, qui n'avait pas le courage de les empêcher de venir déterrer, à 100 pas de ses lignes, quelques racines pour soutenir leur misérable vie, la détermination du maréchal tentant, avec des troupes exténuées et des chevaux qui pouvaient à peine traîner les canons, une dernière sortie, et qu'on voit ce maréchal, ces généraux, ces officiers, tout « *cet Etat-major de l'Empire* », comme dit le *Journal Officiel*, récompensés de leurs généreux efforts par les outrages d'un tribun d'estaminet, on se demande s'il ne se trouvera pas un de ces capitaines, qui ira fendre d'un coup de cravache la figure de cet insulteur, et lui infliger la flétrissure due à la calomnie et au mensonge !

La fureur de M. Gambetta et de ses complices est si aveugle qu'ils ne voient pas que l'intérêt même du maréchal Bazaine était de ne pas capituler, mais, au contraire, de tout faire pour forcer les lignes Prussiennes : sorti de Metz, il chassait les intrus de l'Hôtel de Ville, et il prenait aussitôt la première place, que nul ne lui aurait pu contester.

Ces documents prouvent, en outre : 1° que M. Jules Favre connaissait, par M. Thiers, la démarche du général Boyer, la reddition de Metz et, qu'en démentant le journal *le Combat*, il nous trompait ; — 2° que la Prusse était, le 15 octobre, disposée à *traiter de la paix avec un gouvernement régulier*, et à accorder des conditions qui seraient acceptées par les Chambres.

M. Etienne Arago est enfin parti de l'Hôtel de Ville : en prenant congé de ses subordonnés, il leur a dit qu'il espérait laisser parmi eux une bonne impression ; que, s'il n'avait pas eu le temps de faire beaucoup de bien, il n'avait pas fait de mal. Ce vieux vaudevilliste n'a plus aucune notion du juste, il n'appelle pas *mal faire*, remplacer la statue d'un Prince valeureux, désintéressé, intrépide défenseur de sa patrie qu'il refusa d'abandonner, par celle du vil flatteur des rois, détracteur de son pays et insulteur de ses gloires, — ou instituer une Commission d'enseignement chargée d'introduire le matérialisme dans les écoles populaires, etc., etc. A peine parti, du reste, les langues se sont déliées, et l'on a appris que, depuis quelques jours déjà, il ne remplissait plus réellement les fonctions de maire : M. Ferry, qui enviait cette position, voyait, avec un mécontentement peu dissimulé, la différence de son traitement de membre du gouvernement et de celui de M. Arago, payé comme Préfet de la Seine, sur le pied de 180,000 francs par an, dit-on. Cette anomalie le choquait, lui, supérieur hiérarchique de M. Arago : il l'a fait évincer. Si l'on a attendu, pour le déclarer, c'est qu'il fallait une autre position à M. Arago. Heureusement, M. P. Clément, le savant historien, est mort : il était commissaire général des *monnaies*, poste élevé auquel l'avaient désigné ses travaux spéciaux sur les *finances*, *l'administration de Colbert*, les *contrôleurs généraux*, etc. Le gouvernement de l'Hôtel de Ville a jugé qu'il serait très bien remplacé par un ancien directeur de théâtre, *failli non réhabilité*! M. E. Arago était, d'ailleurs, menacé depuis le 31 octobre, où sa conduite avait été plus qu'équivoque : plusieurs des journalistes radicaux qu'il avait introduits à l'Hôtel de Ville, sous le titre de secrétaires, secrétaires-adjoints, etc., avec des appointements de 5,000 francs, et que l'on voyait errer dans les couloirs, sans pouvoir deviner à quoi ils servaient (il y en avait dix ou douze), ayant étourdiment acclamé la Commune dans ce jour des surprises, avaient été obligés de s'en aller; privé de son état-major, M. Arago devait, à son tour, disparaître.

Il est évident que les fonctions de maire ont

un attrait particulier, puisqu'il est si difficile
de décider à partir ceux qui ne sont pas réé-
lus. Dans le XIII° arrondissement, M. Passedouet refusait absolument de s'en aller; il a
fallu le menacer, pour l'y forcer. Dans le V°,
ce n'est pas encore fini : le fameux docteur
Bertillon ne bouge de son fauteuil, il prétend
rester ; il administre, il prend des arrêtés, etc.
En vain, M. Vacherot, maire élu depuis dix
jours, s'est plusieurs fois présenté; M. Bertillon ne semble pas comprendre et oppose la
résistance de l'inertie. M. Vacherot, qui ne
voudrait pas employer la violence, parlemente,
envoie des députés, fait parler à l'Hôtel de
Ville, se hasarde à venir lui-même jusqu'à la
porte de son cabinet ; le docteur Bertillon
demeure : hier, il tenait encore ; il est comme
une place assiégée. On pense, cependant, qu'il
fera ce que feront bientôt, pour Paris, nos
gouvernants, MM. J. Favre et Trochu : il se
rendra.

M. Prudhomme a parlé, et s'est fait applaudir au Collège de France : il a su, en effet,
employer les expressions qui plaisent au vulgaire, il a vanté « l'*homme de cœur* qui gouverne Paris », il a célébré « l'*épée illustre* de
Garibaldi ». M. Prudhomme ignore la différence qu'il y a entre *illustre* et *fameux :* un
homme *illustre* est toujours grand, on peut

être, à la fois, *fameux* et coquin : on dit le *fameux Cartouche*. Ce membre de la famille Prudhomme est connu sous le nom de Legouvé.

On parle de rationner le pain : cette mesure serait prise, afin d'obvier à un inconvénient et à un abus imprévu. Comme le fourrage est très cher, beaucoup de personnes nourrissent leurs chevaux *avec du pain*. Les chevaux sont encore nombreux à Paris, et, quelle que soit la quantité de farines en magasin, on redoute avec raison ces consommateurs, sur qui l'on n'avait pas compté. Les soldats et mobiles sont rationnés : on leur donne une livre et demie de pain par jour ; mais les mobiles, qui trouvent mauvais le lard et la viande de cheval, prétendent que cette ration de pain est tout à fait insuffisante.

Voici neuf jours qu'a été livré le combat d'Orléans ; pas de nouvelles depuis. Avant peu, on apprendra probablement que des forces supérieures Prussiennes ont repoussé les nôtres, et que ce succès qu'on a tant fait sonner, a été chèrement payé. Le gouvernement le sait peut-être déjà, mais il redoute la prostration où cette désillusion jettera Paris, et il attend. Une personne de ma connaissance l'affirme même, en raisonnant ainsi : « Le *Journal Officiel* de ce matin annonce qu'*on se fortifie* dans Orléans, et qu'*on croit pouvoir résister* à des forces même puissantes. Le gouvernement dit qu'*on croit* pouvoir, donc il ne *croit* pas ; s'il le croyait, il dirait *on est certain.* Ce dont il est certain, c'est du contraire ; donc Orléans est sur le point de retomber au pouvoir des Prussiens. » — C'est aller vite ! Mais mon ami prétend se tromper rarement, en jugeant les nouvelles données par le gouvernement, et son secret, ajoute-t-il, est à la portée de tout le monde. Il connaît les hommes de ce gouvernement : avant le 4 septembre, ils formaient ce groupe qui refusait systématiquement de voir et de dire la vérité, et qu'on appelait l'*Opposition.* Aujourd'hui qu'ils sont au gouvernement, ils n'ont pas changé, ils sont toujours les mêmes. Aussi, il suppose toujours le contraire de ce qu'ils disent ; s'ils affirment, il nie ; s'ils nient, il affirme, et, ainsi, il ne se trompe pas.

Jamais il n'y eut plus d'affiches de spectacles, concerts, soirées musicales, matinées littéraires, etc., avec les chanteurs, actrices et *étoiles* à la mode de l'an passé. Un certain monde y court ; on s'y retrouve, on s'y presse, on y entend et l'on y fait des rodomontades : « Les Prussiens vont bientôt lever le siège ; en province ils sont coupés, rejetés dans les Vosges ; il ne sera même pas besoin des francs-tireurs pour les poursuivre : les fem-

mes, les paysannes suffiront, avec *leurs man-
ches à balai !* etc. » (Voir le *Temps*, 16 novembre.) Avec quel dédain les Prussiens
doivent-ils lire ces insanités ! Que doit dire
la province ? « Voilà bien ces Parisiens, ils
ne peuvent se passer de spectacles, même
lorsque nos fils et les leurs tombent frappés
sous leurs yeux ! Tout leur est prétexte pour
s'amuser, ambulances, canons, blessés, misère, famine ! et ils ne sauraient faire l'au-
mône, si la bourse ne leur est tendue par une
belle dame aux yeux peints ! »

19. — Il est des chiffres qui épouvantent
l'imagination : ce sont les chiffres publiés par
les journaux et qui attestent l'étendue de nos
pertes, et le nombre prodigieux, sans exemple
jusqu'ici, de nos ennemis : 323,000 soldats
Français sont prisonniers, plus, 4 maréchaux, 140 généraux, 10,000 officiers. On
ne peut s'empêcher de penser à la défaite de
Varus : c'est la même histoire, presque dans
le même lieu, et les mêmes hommes, et
le neveu de César peut encore s'écrier, après
deux mille ans : « *Varus ! rends-moi mes lé-
gions !* » Et, d'autre part, on nous révèle
d'autres chiffres : 250,000 Allemands assié-
geaient Metz ; 75,000 Strasbourg ; 100,000
autres Toul, Verdun, Phalsbourg, Mézières,
New-Brisach, etc. Quelles armées pour tant
d'entreprises à la fois ! s'ils avaient 250,000

hommes autour de Metz, ils n'en ont pas moins autour de Paris. En même temps, deux grandes armées manœuvrent à l'Est et à l'Ouest. Le moins qu'ils soient ! c'est *un million !* Jamais, depuis l'ère Chrétienne, ne s'était vue pareille invasion. Il faut, pour trouver un point de comparaison, se reporter à la grande et effroyable invasion des Barbares, au Ve siècle, dont le nombre, d'ailleurs, ne nous est pas, au juste, connu. La prodigieuse armée de Xerxès même, qui couvrit la Grèce de sa multitude, et qu'on évalue à plus de deux millions d'hommes, ne se peut comparer à cette invasion des Germains modernes en France. Ces deux millions d'hommes ne comptaient que 5 à 600,000 combattants; tout le reste était un troupeau de valets, d'eunuques et d'esclaves, qui suivaient l'armée, sous les mille noms divers de la servitude Persane. Mais, ici, c'est un million d'hommes, qui s'étendent comme les eaux débordées, et tous ces hommes portent fusil et combattent. Ce n'est plus une armée marchant contre une armée, c'est une nation qui a rencontré une armée et l'a noyée dans son immensité. Et que l'on voie, par la promptitude avec laquelle tous ont passé le Rhin et se sont trouvés prêts, comme cette attaque était dès longtemps préparée ! Aussi, de toutes les lâchetés, les ingratitudes, les vilenies et les turpitudes qui forment la trame de notre histoire depuis trois mois, ce qui m'indigne le plus, ce que je ne peux écouter sans frémissement, c'est cette accusation contre ma mère-patrie, aujourd'hui gisante, blessée peut-être à mort : « *C'est elle qui a provoqué la guerre !* » Maudits soient les Français apostats qui l'insultent dans une telle infortune et presque à son agonie ! je les renie pour mes concitoyens; les Allemands me paraissent moins odieux que ces fils dénaturés !

La proclamation injurieuse et calomnieuse de M. Gambetta, accusant le maréchal Bazaine de trahison, continue à occuper l'opinion publique. Pour tous ceux qui ne sont pas infectés du virus révolutionnaire, cette accusation est un éloge, puisque tout ce que louent les révolutionnaires est mal, et tout ce qu'ils condamnent est bien. M. Gambetta écrit aujourd'hui à M. Jules Favre que « l'agitation causée par la reddition de Bazaine commence à se calmer ». Cette agitation, c'est lui qui l'a causée, et il semble s'en étonner. Mais l'effet qu'il a produit par ses insultes a été plus étendu qu'il ne le pense lui-même : les simples soldats, en qui l'on a semé l'esprit de révolte, accueillent ces bruits avec d'autant plus de complaisance, qu'ils y trouvent l'occasion de censurer et d'accuser leurs supérieurs. Deux jeunes zouaves du 1er régiment, qui me sont venus voir, sans permission bien entendu, n'ont pas dissimulé leurs disposi- tions : ils croient Bazaine traître, et répètent les infâmes accusations des journaux rouges et de l'avocat Gambetta. Aussi, tandis que les soldats Prussiens obéissent ponctuellement, sans regarder où on les mène et, par cette stricte obéissance, sont vainqueurs, les nôtres s'élèvent contre leurs officiers, murmurent de la discipline qu'on prétend leur imposer, et s'étonnent que « l'on soit si sévère pour des troupes *telles que les zouaves !* » Et ils ajou- tent, les malheureux, qu'à une prochaine affaire, « ils tireront sur *les officiers qui les trahissent !* » Ils n'en feront rien, je n'en doute pas, mais qu'espérer de soldats qui raisonnent comme des journalistes ! Notez que l'un de ces jeunes soldats est celui qui, il y a deux mois, voyait avec horreur l'insu- bordination Française, en la comparant à la discipline des zouaves Pontificaux. Quelques semaines de mauvais exemple ont suffi pour qu'il parle et agisse comme les soldats les plus dévergondés.

20. — Le gouvernement se tait sur les suites de la reprise d'Orléans; mais, dans le public, le bruit se répand d'un échec de nos troupes, qu'auraient attaquées des forces considérables

venues de Paris, et même, suivant quelques-uns, de l'Est. Si ce bruit se confirme, quelle espérance avons-nous d'être secourus ? Le gouvernement aura à prendre un parti. Il y a deux mois, trois semaines même, il aurait traité de la paix ; dans quelques semaines, il traitera seulement de la reddition de la place.

M. Jules Simon s'est empressé de rappeler au Collège de France M. E. Quinet. Nous savons d'avance quel sera l'enseignement de l'homme qui a écrit qu'il fallait « étouffer le Catholicisme dans la boue » !

Mon ami, M. X. Marmier, a reçu une lettre de son frère, qui commande à Verdun : il lui annonce qu'il est à bout de ressources, et qu'avant quinze jours il sera forcé de capituler. Ce sera, là encore sans doute, une occasion pour les hommes de l'Hôtel de Ville d'accuser ce général de trahison. En attendant, on se prépare de plus en plus à une sortie qui, assure-t-on, est imminente, et dont désespèrent d'avance soldats et officiers. Si le résultat est un échec, nous touchons à une insurrection des Communistes : ils la font pressentir dans leurs journaux chaque jour plus menaçants. Un ami du général Trochu n'aurait qu'un conseil à lui donner : se mettre à la tête des troupes et s'y faire tuer! Il trouvera, du moins, sur le champ de bataille, une mort plus honorable, qui le sauvera d'une autre mort, à laquelle on ne peut penser sans frémir, lorsqu'on connaît le *peuple.*

Les boucheries continuent à être administrées avec tant d'habileté, que les *queues* sont aussi longues qu'il y a un mois. Ce n'est pourtant pas faute de temps et d'argent. Les municipalités d'arrondissements ne ménagent pas les fonds publics : elles ont établi dans chaque boucherie une *caissière,* un *préposé,* payés 7 francs par jour, et des étaliers payés 15 francs. Si l'on eût laissé toutes les boucheries ouvertes, on évitait, à la fois, l'affluence, les réclamations et les dépenses exagérées. Mais loin de là : la mairie du VIe arrondissement vient de décider que le nombre des boucheries serait *diminué de moitié.* Il est vrai que ces singuliers administrateurs n'ont jamais administré, et se sont bornés, avant la République, à parlementer dans les clubs.

Grande canonnade, depuis hier, qui continue fortement ce matin, au sud-ouest.

Le général Trochu publie un ordre du jour très sévère, relatif à l'indiscipline de la garde mobile. Les faits qui ont motivé cet ordre ont d'autant plus de gravité qu'ils ne sont pas exceptionnels, mais habituels. J'en connais quelques-uns, qui attestent un relâchement dont on ne se doutait pas : des officiers du 11e bataillon de mobiles, à Saint-Denis et dans les forts voisins, se trouvant de grand'garde près des Bavarois, ont entamé conversation avec eux; on s'est rejoint, on a causé, fumé ensemble, etc., et un officier n'a pas craint de rentrer avec des cigares Allemands que lui avaient donnés les Bavarois. On conçoit les conséquences d'une telle conduite : pas de surveillance, propos indiscrets, révélations involontaires, excitations à la désertion, etc. On rapporte, dans quelques journaux, un déjeuner offert par les Prussiens aux officiers du 10° bataillon ; on a peut-être confondu les deux faits. Les officiers de la garde mobile de Paris sont souvent aussi indisciplinés que leurs soldats, et ont aussi peu le sentiment de leurs devoirs. On les voit, officiers et soldats (à Saint-Denis), plaisanter et jouer ensemble, sans souci de la hiérarchie, se donnant et recevant réciproquement des coups de pied, des coups de poing, etc. Mais aussi, quand l'officier donne un ordre, le soldat, si l'ordre lui déplaît, n'obéit pas, quelquefois même *envoie promener* son officier en termes énergiques; l'exercice l'*embête*, il n'y va pas ; il quitte son poste, habillé en civil, et reste absent trois ou quatre jours de suite; un camarade répond pour lui à l'appel, à charge de revanche. On a cédé au sentiment de la plèbe Parisienne, pour qui le mot *République* signifie *indépen-*

dance, on a fait élire les officiers par les soldats : les soldats ont élu ceux qu'ils trouvaient *bons enfants;* ces bons enfants ne sont pas obéis. Ce gouvernement, flatteu. du *peuple*, ignore que le Pouvoir porte une épée au côté afin de la tirer quand il le doit, et comme il le veut. Cet *ordre du jour*, qui dévoile et suppose de tels désordres, M. de Bismarck va probablement le faire afficher dans tous les quartiers de son armée !

Quant aux mobiles de province, ils donnent lieu à des observations d'un autre genre. Recrutés dans la même province, ils vivent, en général, entre eux et comme dans leur province : même langage, mêmes idées, mêmes habitudes ; séparés des autres corps, leur horizon s'élargit peu. Le séjour de Paris, d'ailleurs, ne leur aura pas été heureux : ils y reçoivent plus de mauvais exemples qu'ils n'en donnent de bons ; ils emporteront de fâcheuses impressions, et ceux qui ne feront plus leur prière seront plus nombreux que ceux à qui ils auront inspiré l'idée de la faire.

On vient de mettre à l'*ordre du jour* de l'armée le P. Tailhan, aumônier du 7º bataillon de mobiles : le P. Tailhan est un jésuite fort instruit et capable, spirituel, aimable, vif, alerte, gai, qui a beaucoup voyagé, assisté à la guerre des États-Unis d'Amérique, qui aime les jeunes gens, le mouvement, l'action, qui n'hésite pas à se porter en avant, et aussi loin qu'eux ; dans une occasion récente, il a reçu un coup de feu. Il est fort aimé de ses mobiles, mais, comme ce sont des Parisiens, c'est-à-dire, des sceptiques, il n'a pas une grande influence religieuse, et il ne fait pas beaucoup de conversions.

21. — Forte et incessante canonnade toute la nuit ; les coups étaient sourds, profonds, continus, comme le roulement éloigné de chariots sur le pavé.

Toujours même silence sur les suites de la victoire d'Orléans ! Le combat a eu lieu le 9 et le 10, et le 21 on ne sait ce qu'a fait notre armée.

On commence à s'apercevoir, après que plusieurs maraudeurs ont été tués par les Prussiens, des graves inconvénients de la maraude, qui se pratique depuis deux mois aux portes de Paris, et l'on parle enfin de l'*organiser*. Une grande quantité de légumes ont été arrachés avant leur maturité, gaspillés ou perdus ; ceux qu'on a apportés en ville ont été vendus à des prix élevés, que pouvaient seuls payer les riches ; ce n'est pas la masse de la population qui en a profité, mais les revendeurs. Si, dès les premiers jours, on eût réglementé la récolte de ces légumes, on se serait assuré des ressources pour plusieurs semaines; mais l'esprit d'insubordination est en haut comme en bas. Comment imposer l'ordre? On y pense maintenant, il n'est plus temps! On a suivi, là, le même principe de liberté absolue que dans la garde nationale et la garde mobile, où les soldats élisent leurs officiers, tandis que le *principe d'autorité* (autrefois on eût dit le *simple bon sens*) exige que ceux qui savent dirigent ceux qui ne savent pas.

La question des légumes devient d'autant plus intéressante, que l'on nous avertit qu'à partir de demain, 22, nous n'aurons plus tous les jours de la viande fraîche, même de cheval; on donnera alternativement de la viande salée et de la viande fraîche.

A défaut de nouvelles de la guerre, on s'occupe de la réunion d'une Assemblée, et les journaux bataillent à ce sujet: les monarchistes, orléanistes, légitimistes, bonapartistes, sont *pour*, preuve de leur confiance dans le sentiment public; les républicains rouges et modérés *contre*.

On s'attend à la grande sortie pour demain ou après demain : la gendarmerie à cheval, campée aux Champs-Élysées, est consignée. Déjà, il y a eu un petit combat, cette nuit ou ce matin ; des voitures ont été vues, à la barrière d'Italie, ramenant des mobiles blessés ; la canonnade a encore duré toute la journée.

19.

Ce matin, le *Journal Officiel* a publié une circulaire de M. de Bismarck, racontant ses entrevues avec M. Thiers, à l'occasion de l'armistice. M. Jules Favre annonce une réponse pour demain : sans attendre cette réponse, je n'hésite pas à dire que le récit de M. de Bismarck porte un tel cachet de vérité, que je le crois exact, et je doute que M. Jules Favre y puisse rien répondre de concluant. Nous apprenons, par cette pièce capitale, que, fidèle à son système de nous cacher la vérité, et de ne pas nous consulter sur nos plus chers intérêts, M. Jules Favre ne nous a pas fait connaître la proposition de M. de Bismarck, faite le 5, et qui consistait à nous accorder un armistice de quelques jours, indispensable pour convoquer une Assemblée, ou même la liberté de la convoquer sans armistice, en nous laissant toutes les facilités compatibles avec la guerre. M. J. Favre jugeait donc cette proposition acceptable, puisqu'il a craint de nous en donner connaissance, et il l'a rejetée sans nous en parler, nous condamnant, pour ne pas tomber du pouvoir, aux terribles et sanglants combats qui se vont livrer, et qui nous coûteront nos plus braves soldats. Le dédain le plus marqué, du reste, perce dans la circulaire du ministre Prussien, pour ces messieurs de l'Hôtel de Ville, à peine remis de leurs émotions violentes du 31 : il ne les appelle

que le *gouvernement actuel de Paris ;* c'est
encore une politesse, car il eût pu dire avec
plus de vérité : *d'une partie de Paris.*

Les journalistes ont souvent plus d'imagination que les poètes : ils ont raconté que la
mortalité sévissait cruellement dans l'armée
Prussienne ; que, pour dissimuler le nombre
de leurs morts, on les enterrait la nuit ; qu'on
les recouvrait de chaux vive, et notamment,
qu'à Marly, on en avait inhumé ainsi 3,000 ;
que M. Sardou, l'auteur dramatique, étant
allé à Marly, dont il est maire, *l'avait vu*, et
avait rapporté de ce spectacle la plus vive impression d'horreur. Or, M. Sardou, vendredi,
à un dîner chez M. Bertall, a rassuré les con-
vives sur l'effroi qu'il a ressenti : il n'est point
allé à Marly ; nul ne le peut et ne l'oserait ;
il n'a vu ni les 3,000 Prussiens, ni la chaux
vive, et il n'a de craintes que pour les objets
d'art qu'il a laissés dans sa maison. C'est avec
ces contes que l'on endort les Parisiens.

Quant à la province, le gouvernement de
Tours se charge de la renseigner avec la même
exactitude : « Les Prussiens, dit-il, commencent à souffrir du manque de vivres ; le
nombre de leurs malades augmente chaque
jour d'une manière très inquiétante ; leur armée se fatigue et *se démoralise.* » (Circulaire
aux agents diplomatiques, 14 octobre 1870.)

22. — La réponse de M. J. Favre à M. de Bismarck, publiée ce matin, a été telle qu'on devait la prévoir : c'est bien l'avocat, qui n'attend que la fin du discours de l'adversaire, pour se lever aussitôt et commencer à plaider. C'est, en effet, un plaidoyer, et une des pièces de rhétorique les plus creuses, les plus fausses et les plus sophistiques, qui aient paru depuis longtemps dans les chancelleries Européennes. M. J. Favre plaide, avec l'impudente assurance de l'avocat, à qui toute cause est indifférente, et qui expectore phrase sur phrase, sans s'embarrasser de la vérité. Il s'adresse, comme en cour d'assises, à un public qui l'écoute prêt à l'admirer, et il l'englue avec toutes les calomnies qui ont cours dans les clubs et les cabarets. Ainsi, il tonne contre la *trahison de Sedan*, contre les *hontes de l'Empire*. Il se jette aux genoux de M. de Bismarck : Non ! ce n'est pas vous qui avez voulu la guerre ! C'est nous qui en avons été les « *criminels instigateurs* » ! Il sait bien qu'on n'avait pas intérêt à trahir, que c'est la Prusse qui nous avait provoqués à la guerre ; l'Europe ne l'ignore pas, et la Prusse même en convient : n'importe ! c'est excellent pour la foule, qui croit tout ! Quant au fond, nulle réponse sérieuse : rien sur l'Alsace et la Lorraine, pour réfuter M. de Bismarck ; sur la question capitale, la convocation d'une Assemblée, sans armistice, ou avec armistice de quelques jours, pas un mot qui nous explique pourquoi il ne nous en a pas fait part. C'était « inadmissible ! » voilà tout. Vraiment ! Eh bien, nous l'aurions vu ! Nous sommes assez grands et assez raisonnables pour comprendre si une proposition qui nous touche de si près doit être accueillie ! Il va si vite, cet avocat, qu'il brouille son dossier : Voici, s'écrie-t-il, comment l'Angleterre s'exprimait pour presser le *roi de Prusse* de conclure un armistice ! Il lit tout haut, et l'on voit que l'Angleterre, au contraire, a insisté pour l'armistice, près de qui ? près du *gouvernement de l'Hôtel de Ville*, de lui, Jules Favre : « Le gouvernement Français a *décliné* les négociations de paix, mais le gouvernement de la Reine a pris sur lui d'insister *auprès de ce gouvernement*, pour qu'il *consente* à un armistice qui pourrait aboutir à la convocation d'une Assemblée. Le gouvernement de la Reine n'a pas omis de *faire sentir à Paris* la nécessité de faire toutes les concessions compatibles avec l'honneur de la France. Le gouvernement de la Reine ne peut pas croire que les représentations faites par lui resteront sans effet. » Cet étourdi ne s'aperçoit pas qu'il prouve contre lui ! — M. de Bismarck (dépêche à l'ambassadeur de Prusse à Londres, 28 octobre) l'avait déjà affirmé : « Le gouvernement Britannique a recommandé, comme un acheminement à la paix, de procéder à l'élection d'une Assemblée. Nous y avons été disposés dès l'origine et y avons prêté la main ; mais le gouvernement Parisien a repoussé cette main en tout temps. » Cette déclaration, lord Granville, au banquet du lord-maire, le 9 novembre, l'a de nouveau confirmée : « Nous savions, et j'ai la plus haute autorité pour le dire, que le gouvernement Prussien *inclinait à accepter un armistice*, pour donner l'opportunité de convoquer une Assemblée nationale et de négocier une paix permanente. » Donc l'Angleterre n'avait pas à insister près de la Prusse ! « Mais, a ajouté lord Granville, le gouvernement Français a *absolument refusé* un armistice. » — M. Jules Favre feint de prendre le ton de protection et de pitié avec lequel lui parle l'Angleterre pour un témoignage de *considération distinguée*. L'Angleterre a pour M. Favre la considération qu'un spectateur égoïste a pour un enfant battu par un grand garçon ; il rit de ce spectacle qui l'amuse, puis : « Laissez donc ce pauvre diable ! dit-il, il en a assez ! » Et comme le *grand* continue : « Il est bien malmené, il s'en souviendra ! C'est bien fait ! c'est un méchant drôle ! » Voilà la considération que lui témoigne l'Angleterre. Mais M. Jules Favre en triomphe, et se félicite des procédés de « *l'aimable* Angleterre ». Hypocrite, à qui sa lâcheté seule mériterait les camouflets qu'on a fait pleuvoir sur sa face écrasée, et les crachats qui ont lavé sa figure ! — Plaidant, enfin, ce qui n'est pas en question, il prétend que « ce qui a décidé à repousser l'armistice, c'est que l'Assemblée eût délibéré sous le feu de l'ennemi ! » Or, il s'agissait de la convocation d'une *Assemblée*, et non du *lieu* où elle délibérait. Elle eût délibéré où elle eût voulu et, certes, ce n'eût pas été à Paris, où elle aurait été exposée à subir la loi du *peuple*, à l'aide duquel M. J. Favre a commis le crime du 4 septembre.

Il est trop évident que cette réponse n'a été écrite que pour donner satisfaction à Belleville, et lui prouver qu'on ne traiterait pas. On parle, depuis quelques jours, et M. J. Favre le sait, des dispositions menaçantes des hauts faubourgs.

Nous n'aurons pas d'Assemblée : voici trois fois que M. J. Favre refuse les moyens qu'on lui offre de la réunir, et nous sommes, pour nous être révoltés contre le plus doux des gouvernements, réduits à subir la volonté de sept ambitieux vulgaires, ou plutôt d'un seul, un rhéteur qui les domine par sa faconde, et que, stupides esclaves, nous applaudissons et nous admirons ! Nous voici rejetés dans l'inconnu, ayant reçu lecture de l'arrêt, qui nous condamne à attendre une délivrance, sur laquelle on compta peu, et dont une partie de la population désespère. — Le gaz, à partir du 30, sera supprimé ; déjà, dans les rues, les lanternes apparaissent comme de rares étoiles dans un ciel noir ; cette obscurité de la ville est en harmonie dans nos sombres pensées.

Les circulaires de M. de Bismarck, les répliques de M. J. Favre, les projets qu'on prête au général Trochu, ne sont que des incidents. La grande et continuelle préoccupation est la question des subsistances, que l'on peut bien appeler, cette fois, une question *vitale*. Le blé ne manque pas, seulement on n'a pas suffisamment de farine, faute de moulins : c'est ce qui obligera à rationner le pain, comme il en a été déjà question. De plus, la distribution des bons de pain et les vivres de l'armée ont donné lieu à beaucoup d'abus : on voit, tous les jours et ouvertement, des femmes et des mobiles vendre à moitié prix leur pain, que des particuliers aisés achètent, pour *nourrir leurs chevaux* ou des lapins [1]. Le reste des denrées augmente rapidement de prix : un rat se vend quinze sous ; sur plusieurs points, à Rosny, à la Briche, les mobiles ne reçoivent que du riz et des choux, avec un tout petit morceau de lard ; le prix des bougies s'est

[1] Le 26, M. J. Ferry signalait cet abus, dans une lettre au ministre du commerce.

beaucoup élevé, et les épiciers, pour les vendre encore plus cher, les ont fait disparaître des étalages. Du reste, sauf un petit nombre, la plupart des marchands n'ont vu, dans la pénurie des denrées, qu'une occasion de gagner beaucoup d'argent et impudemment. Il n'est pas sûr que quelques-uns ne portent pas un jour la peine de leur cupidité. Déjà des boutiques ont été pillées à Montrouge, et les marchandes hésitent à reparaître au marché, malgré la proclamation rassurante du maire. Les femmes du peuple commencent, dans les *queues* des boucheries, à se plaindre hautement de leurs souffrances ; il faudra avant peu une solution, et c'est Belleville qui hâtera le dénouement.

Les maires ont cru devoir publier des proclamations, pour exciter le courage de la population, au moment où commence la période des viandes salées : ils annoncent que la viande de cheval va être *à peu près* supprimée ; on a besoin de garder les chevaux pour l'artillerie. Ces viandes salées même, combien de temps dureront-elles ? En vain les journaux haussent le ton, les uns feignant de croire aux 250,000 *soldats* de l'armée de Paris ; les autres énumérant les différents corps des armées de province, *qui comptent au moins 150,000 combattants ;* ceux-ci affirmant que nous avons des vivres *pour trois mois ;*

ceux-là, funèbre prophétie, demandant qu'on donne aux mobiles des abris mieux aménagés, « afin qu'ils puissent attendre la belle saison », ce qui suppose que le siège se prolongera jusqu'au printemps ! Le public s'inquiète fort, et nos gouvernants même aussi. Il leur arrive parfois de laisser échapper la vérité : l'un d'eux, M. Pelletan, l'avouait, il y a déjà quelques jours, à M. *** : « On a peu de viande salée, le reste des vivres ne durera que trois ou quatre semaines ; si donc on n'est pas secouru de l'extérieur, il faudra se rendre, sans attendre le dernier moment ; car, après la capitulation, ce ne serait qu'au bout de quelques jours que l'on aurait des vivres en quantité suffisante. »

23. — La circulaire de M. J. Favre va être commentée avec plus de vivacité, à mesure qu'on y réfléchira, et l'impression qu'elle produira sera de plus en plus pénible. M. J. Favre déclare, en effet, en concluant, que l'on n'aura pas d'Assemblée, tant que la Prusse ne nous aura pas accordé « un armistice avec ravitaillement » ; et la Prusse ne nous l'accordera certainement pas : c'est ce qu'il y a de plus net dans le morceau de M. J. Favre. Pas d'armistice à espérer, donc résistance à outrance, donc effort de Paris contre les lignes Prussiennes, et attente d'une attaque de ces lignes par les armées de province, voilà

la perspective que l'on présente à la population. Désormais, c'est le général Trochu que
cela regarde : il faut assaillir les retranchements Prussiens, pour se dégager et passer ;
on s'y prépare de tous côtés.

Déjà quelques petits combats ont été livrés
depuis trois jours ; nos gouvernants ne nous
disent rien des résultats ; trois ou quatre
lignes au *Rapport militaire*, sans détails, et
c'est tout : on ne vit jamais des bavards plus
silencieux. Cependant, on tue quelques hommes tous les jours, plusieurs voitures ont
amené des blessés ; tous les jours aussi, on se
dit : c'est pour demain ou après demain ! —
Hier soir, mon ami, M. Dubray, le sculpteur, est
venu me faire ses adieux. M. Dubray est capitaine d'une compagnie de marche de la garde
nationale ; malgré son âge, cinquante-huit ans,
il a voulu partir ; son gendre l'accompagne.
Ils vont dans la plaine Saint-Denis, aux avant-
postes, avec quatre bataillons mobilisés, les
seuls qui soient encore prêts, composés seulement de 575 à 600 hommes, mais choisis.
Bien armés, bien équipés, soldés, nourris,
traités comme la troupe, ils passeront plusieurs jours sous la tente. Ces nouvelles
troupes ont fort bon air et une allure vraiment martiale : elles marchent, manœuvrent,
font l'exercice, avec la précision de la ligne,
et elles ont souvent l'intelligence qui manque

aux soldats encore épais de la boue de leurs villages. Il faut voir défiler dans Paris les bataillons des quartiers riches, la tête relevée, l'œil ouvert, chaussés de guêtres jaunes qui rendent leur démarche leste et décidée. Ils ont, en outre, une sorte de luxe militaire : ils sont suivis de voitures vernies et peintes, et précédés de cantinières fringantes, le chapeau sur l'oreille et le petit poignard au flanc. Et ces gardes nationaux, qu'on a exercés à Vincennes, tirent fort bien et, conduits par de bons officiers, feraient, je le crois, plus de mal à l'ennemi que la plupart des simples soldats, qui tirent précipitamment et sans penser. — Hélas ! oui, le mot *penser* doit ici s'appliquer !

Ce qui fait, malheureusement, toujours défaut, c'est la discipline : voici un petit épisode de la revue des bataillons de marche, passée hier par le *général* Clément Thomas (ancien maréchal-des-logis). Le rendez-vous était pour midi ; mais M. Clément Thomas, impatient et devançant l'heure, est arrivé dès 11 heures et demie, et avait passé devant le front de quelques bataillons, quand survient le 72ᵉ bataillon (de Passy), commandé par M. de Brancion, ancien officier, et fils du général tué devant Sébastopol. M. Clément Thomas se porte vivement au-devant de M. de Brancion : « Monsieur, quand on est militaire, on est exact ! — Monsieur, riposte

M. de Brancion, quand les ordres sont bien donnés, ils sont bien exécutés ! — Que voulez-vous dire ? — Je dis que midi sonne en ce moment, et que nous sommes convoqués pour midi ! — Monsieur, je vous changerai de bataillon, crie M. Clément Thomas, qui s'éloigne. » Mais le bataillon, qui avait assisté avec mécontentement à cette scène, réservait une leçon au *général :* quand ils défilèrent devant lui, les gardes crièrent, d'un air provocateur, et à plusieurs reprises : *Vive le commandant de Brancion !* Les journaux, bien entendu, ont raconté que la revue avait eu lieu, *sans qu'il ait été poussé un seul cri.* Le soir, M. Clément Thomas faisait appeler M. de Brancion et lui présentait ses excuses : « Nous avons été trop vifs tous les deux, qu'il n'en soit plus question ! » Exemple encourageant de discipline, de dignité, de gravité et d'esprit de subordination !

Et, puisque voilà un *général* en scène, j'ajoute cet autre petit récit, fait par le général Trochu au commandant de Brancion, récit qui a son côté comique. Dans une récente inspection aux avant-postes, du côté de Vanves et d'Issy, le général Trochu vit une planche posée en travers de la route et à moitié cachée par un bouquet de bois et, sur cette planche, des débris de papiers noirs de poudre. Il ne comprenait pas comment et pourquoi cette planche se trouvait là ; un habitant du pays lui en donna l'explication : *C'était la batterie des Prussiens*, qui avait tonné toute la nuit ; sur cette planche étaient rangées, à la file, des *fusées d'artifice*, auxquelles un soldat, changé d'heure en heure, mettait le feu ; cette pétarade simulait si bien un feu de mousqueterie, que les forts de Vanves et d'Issy s'y étaient trompés, et avaient tiré toute la nuit dans cette direction, naturellement sans résultat : « Je ne l'ai pas dit à nos mobiles, ajoutait le général Trochu, ils ne marcheraient plus ! »

Je suis allé voir, hier, mes jeunes amis du 7e bataillon de mobiles, à Rosny. Depuis le commencement du siège, ils sont aux avant-postes, et ont tout à fait les allures de vieux troupiers : l'un faisait la cuisine, l'autre lavait ses chaussettes ; la plupart n'avaient pas changé de chemise depuis quinze jours ; tous, du reste, d'une saleté qu'expliquent les marches, les exercices et les travaux de terrassement. Ils n'en sont pas moins gais et bien portants. Ces jeunes gens, habitués au bien-être, aux commodités de toute sorte, à un luxe qu'on pourrait appeler raffiné, qui se montraient si délicats pour leur nourriture, si difficiles sur la coupe de leurs habits, qui ne trouvaient jamais leur linge assez fin, nous reviendront avec d'autres idées et d'autres mœurs. Après avoir été nourris de choux et de lard, de cheval dans les bons jours, et de pain de munition, dont ils n'ont pas toujours assez ; après avoir couché par terre, souffert le froid, passé les nuits dans la boue, ils trouveront excellent ce qui leur semblait à peine supportable, ils se moqueront de ce qu'ils étaient jadis ; ils sont partis *petits crevés*, ils reviendront hommes.

Cette population de Paris montre, de cent façons, combien elle est agacée de la prison où elle se sent enfermée : ne pas sortir de ses murs lui semble le plus cruel supplice. On n'a pas de nouvelles du dehors, on ne reçoit pas de lettres ; les pigeons voyageurs apportent çà et là trois ou quatre mots. Dès que le canon se tait, et qu'il fait à peu près beau temps, si c'est un dimanche, on sort ; on voit, du côté des forts du S.-O. surtout, une procession de Parisiens se diriger vers les Hautes-Bruyères, Villejuif, etc. Tout ce monde ne peut tenir en ville, la curiosité l'emporte ; on a entendu les canons Prussiens, mais on n'a pas encore aperçu un Prussien, on veut en voir. On veut aussi visiter les ouvrages Français, les redoutes, les barricades, les batteries, les gros canons ; on aura peut-être même la chance qu'une fusillade éclate tout à coup ; on ne sera pas atteint, c'est convenu, on se sauvera ; mais on aura entendu siffler les balles, et on le racont-ra ! Et cette foule endimanchée s'écoule sur la route, à pied, en voitures : voitures de toutes sortes, fiacres, calèches, omnibus, tapissières, etc., hommes, femmes, enfants, populaire, dames en toilette ; la route en est encombrée, c'est un Longchamps. Puis, à la redoute, où l'on braque sa lorgnette, à la recherche d'un Prussien, on trouve des petits marchands qui ont précédé les promeneurs, et qui y débitent des rafraîchissements, des gâteaux, du coco et du pain d'épices ; c'est une foire.

De même que les chimistes *traitent* un *corps* par des réactifs, qui en font connaître les *éléments*, de même il faut traiter les actes du gouvernement du 4 septembre par la *défiance*, pour les *décomposer ;* la défiance, quand il s'agit de ce gouvernement, est un réactif d'un effet inévitable : rien ne lui résiste. Ainsi, aujourd'hui, à la lecture de lâ dépêche de M. Gambetta, adressée de Tours à M. Jules Favre, des doutes viennent aussitôt à l'esprit: on se demande: 1° comment une dépêche datée du 16 n'arrive-t-elle que le 24 à Paris ? Ne serait-ce pas parce que, postérieurement au 16, l'armée de la Loire avait subi quelque échec, que l'on veut encore nous cacher, qu'Orléans, par exemple, a été repris ; et ne

se ménage-t-on pas, ainsi, un échappatoire,
en nous disant, dans quelques jours : « Le 16,
Orléans tenait encore ; la nouvelle n'étant par-
venue à Tours que le 17 ou le 18, M. Gambetta ne pouvait nous en informer ; » 2°
M. Gambetta affirme « qu'on ne s'occupe plus,
en province, d'armistice et d'élections ».
Comment concilier cette affirmation avec la
dépêche postérieure (du 18), qui nous est
connue par une autre voie, et dans laquelle
M. Gambetta se plaint avec amertume que
« les partis monarchiques s'agitent avec rage,
pour la réunion d'une Assemblée »? Comment
d'ailleurs, croire, à part cet aveu de M. Gambetta, que les journaux de province qui, il y
a deux jours encore, réclamaient si vivement
la réunion de cette Assemblée, se soient tus
tout à coup ? 3° comment ajouter foi à ces
« sympathies nouvelles » des puissances étrangères pour le gouvernement de Paris, sympathies qui *charment* M. Gambetta, autant qu'elles
« l'étonnent », quand on a lu les discours de
M. Gladstone et de lord Granville ? Ces sympathies nous viennent sans doute de « l'admiration et de la *crainte* que, selon M. Gambetta,
inspire à l'Europe Paris assiégé et résistant ».
(Dépêche du 24 octobre) Tout cela est si
évidemment faux, qu'on est porté, malgré soi,
à supposer que le reste l'est également ; et,
quand M. Gambetta nous annonce *cinq cent*

mille hommes prêts à marcher, il excite plutôt le soupçon que la confiance. Ces dépêches, qu'elles soient rédigées à Tours, ou arrangées à Paris, sont destinées à prolonger les illusions de Paris. Le gouvernement, qui a vu si mal accueillir la circulaire de M. Jules Favre, et qui connaît le découragement de la population Parisienne, est trop intéressé à la tromper, et il n'hésite pas. Pourquoi hésiterait-il ? Il sait bien avec quelle facilité le peuple croit ce que lui disent le gouvernement et les journaux de la République. Depuis quelques jours, j'écoute les hommes du peuple et les soldats parler du maréchal Bazaine : ils n'ont aucun doute sur sa *trahison*, le gouvernement l'a dit : « Le maréchal Bazaine *s'est vendu*, il a reçu de l'argent, Metz était imprenable, *il avait des vivres jusqu'au mois de mars !* etc. » Ils ne raisonnent pas, ils n'examinent pas quel intérêt le maréchal avait à souiller sa gloire, à se déshonorer; ils l'ont lu, cela suffit ! Ce que je vois, ce que j'entends, ne fait que me confirmer dans cette conviction : *le peuple a le droit d'être mené — doucement, — autant que possible ; il n'a que ce droit, mais il l'a.* Tout autre droit, dont on lui parle, ne sert qu'à ceux qui le veulent mener [1].

---

[1] Le même jour, 21 novembre, on annonçait, au camp de Conlie, une *sortie victorieuse* de l'armée de Paris, et sa

J'ai appris, m'étant présenté à la porte de Flandre, pour aller à Pantin, qu'il est défendu de sortir de Paris sans *laissez-passer*, à cause de la prochaine attaque. En même temps, ordre a été adressé aux journaux de ne plus parler des mouvements de troupes : deux mesures énergiques et raisonnables en un jour ! On ne peut qu'applaudir, en regrettant seulement qu'on les ait prises deux mois trop tard.

25. — Le 72° bataillon de la garde nationale a *donné* hier dans un combat, près de Bondy ; ces braves gens se sont fort bien conduits, et ont eu quelques blessés. C'est la première affaire des bataillons de marche.

Le gouvernement connaît le découragement de la population, il sait aussi qu'il y a des symptômes de lassitude dans les troupes. Le 3° bataillon de mobiles (Vienne) était à Créteil depuis un mois, où il échangeait tous les jours des coups de feu avec l'ennemi ; on a été obligé de le faire revenir en ville. Il ne pouvait plus résister : les privations de toutes sortes, la mauvaise nourriture, les veilles

onction avec celle de la Loire. » La nouvelle était officielle, elle était affichée *au camp, à l'état-major.* » (Henri Monnié. *Souvenirs et impressions d'un mobilisé de Nantes.*) — Or, c'était une pure invention : depuis les combats du Bourget, le 29 et le 30 octobre, l'armée de Paris n'avait pas fait une seule sortie. Jamais ne fut plus vrai le mot de M. Gambetta : « On trompe Paris avec la province et la province avec Paris. »

prolongées, etc., avaient épuisé ces jeunes gens ; sur 1,200, 400 sont malades ; ils rentrent très affaiblis et découragés : ils ne dissimulent pas qu'ils ont peu de confiance, et disent qu'une telle situation ne peut durer.

Quelques privations qu'ils aient subies, ils ont, pourtant, été surpris de la difficulté que l'on éprouve à Paris pour se nourrir. Aux avant-postes, ils avaient des vivres, en petite quantité, mais ils les recevaient assez exactement ; ici, ils ont vu avec quelle peine on se procure les moindres denrées. Le gouvernement et les journaux affirment en vain que Paris possède des vivres, pour *plusieurs mois* ; rien n'est moins sûr, et les marchands en donnent des preuves assez saisissantes : ils élèvent leurs prix, non seulement du jour au lendemain, mais du matin au soir, comme cet épicier de la rue Sèvres qui, hier matin, avait mis du riz en vente à 60 centimes, et, à 4 heures, voyant l'affluence du public, le porta à 90 centimes : on l'a arrêté, tant était grande l'irritation de la foule. On a dû arrêter aussi plusieurs femmes, qui vendaient les pommes de terre 8 francs le boisseau, et quatre petits choux qui, en temps ordinaire, valent un sou pièce, *cinq francs.*

Autre symptôme de la rareté des vivres : le pain est moins blanc, on y mêle du son ; aussi, est-il moins nourrissant. Le régime des viandes salées, l'usage de la viande de cheval, très échauffante, le manque de légumes, etc., ont agi sur la santé publique. Ce n'est plus le lieu de dire, comme il y a six semaines, que *jamais on ne s'était mieux porté ;* les privations ont causé beaucoup de maladies, la mortalité a notablement augmenté et, la semaine dernière, les décès se sont élevés à plus de 2,000 ! Et, de cette pénurie qui ne fait pourtant que commencer, deux conséquences : la mendicité a pris une proportion inusitée ; nombre de gens, jadis à l'aise, après avoir épuisé leurs dernières ressources, ne vivent qu'avec l'aide de leurs amis ; dans toutes les rues, on est accosté par des pauvres, et leur pâleur, leur maigreur, leur affaissement, disent assez que ce n'est pas par *métier* qu'ils demandent, ou bien ce métier n'est guère lucratif. D'autre part, le nombre de malfaiteurs s'est accru : les attaques nocturnes sont devenues si fréquentes, que le gouvernement s'est enfin décidé à armer les *gardiens de la paix.* Mais, toujours humble et lâche flatteur de la populace, il n'a pas osé leur rendre ces *coups de poing,* dont étaient jadis munis les sergents de ville : il va, dit-on, leur donner des revolvers ; or, un gardien de la paix regardera à se servir d'un revolver qui tue, tandis qu'il frapperait sans pitié un voleur, de cette baleine plombée, qui meurtrit et ne blesse pas sérieusement ; de sorte qu'un malfaiteur, plus d'une fois, échappera à des gardes, qui hésiteront à lui envoyer une balle dans le corps.

Ainsi, commencement de disette, misère, mortalité croissante, crimes en plus grand nombre, voilà notre situation actuelle. C'est le moment que choisit un certain monde à Paris pour s'amuser. Les représentations, concerts, etc., deviennent de plus en plus fréquents : tous les théâtres se disputent un public avide de plaisirs ; on donne, à la fois, des représentations à l'Opéra, au Théâtre-Français, à l'Odéon, à la Porte-Saint-Martin, à l'Athénée, etc. Le lion de ces représentations est M. Victor Hugo : on ne joue que les pièces de M. Victor Hugo, on ne dit que des vers de M. Victor Hugo, les *Châtiments* sont le fond des soirées et des matinées littéraires. Aujourd'hui, le Théâtre-Français annonce une grande représentation : *Lucrèce Borgia*, de M. Victor Hugo, *Hernani*, de M. Victor Hugo ; on déclamera des vers de la *Légende des siècles*, de M. Victor Hugo, des *Contemplations*, de M. Victor Hugo, des *Châtiments*, de M. Victor Hugo. C'est une occasion, en applaudissant le poète, d'insulter l'Empereur et l'Empire.

Mais voici un incident inattendu : des per-

sonnes du monde, le *vrai monde*, et non le
tout Paris de la presse bohème, ont imaginé
d'organiser à l'Athénée une représentation, au
profit des *Amis de la France* (corps de francs-
tireurs), et ont demandé à Mlle Agar, de la
Comédie-Française, de concourir à cette œuvre
de charité. Mlle Agar, se souvenant peut-être
qu'elle a été admise à la Comédie-Française,
grâce à la bienveillante intervention de la
Cour, a proposé de déclamer une ode de
M. Victor Hugo, mais une ode d'un autre
temps et d'un autre sentiment que les *Châtiments*, — l'*Ode à la Colonne*, une de ces
poésies enthousiastes, que le poète jetait à la
foule comme un cri de son âme, et où Napoléon était glorifié, idéalisé, presque divinisé :

« Toujours lui ! lui, partout, ou brûlante, ou glacée,
Son image sans cesse ébranle ma pensée ! »

La proposition de Mlle Agar a été favorablement accueillie par les dames patronnesses ;
mais le gouvernement lui a fait dire qu'il
croyait convenable qu'elle s'abstînt de déclamer ces vers. Mlle Agar a répondu qu'elle
n'avait pas besoin d'autorisation : le gouvernement craint une manifestation bona-
partiste, des cris de *Vive l'Empereur !* Il in-
siste ; Mlle Agar, soutenue et encouragée,
reste inébranlable : on va, et on vient de la
maison de l'actrice au ministère de l'Intérieur,

on négocie : rien n'est encore décidé. C'est demain qu'a lieu la représentation : nous verrons qui l'emportera, du principe de la *liberté*, que ce gouvernement a tant réclamée, ou de la *raison d'État*, qu'il a tant niée.

J'ai déjà signalé un éloquent article de M. Louis Veuillot sur le Pape : depuis, M. Louis Veuillot en a publié d'autres, aussi remarquables par la verve et l'élévation des pensées, notablement trois avant-hier, dans le même numéro, d'une si évidente supériorité que plusieurs journaux les ont reproduits, et que l'*Opinion nationale*, feuille qu'on ne peut taxer de complaisance pour l'*Univers*, lui a rendu cet hommage : « De tels articles honorent la presse Française. » Un de ces articles est adressé à M. J. Favre, et est relatif aux viles et obscènes caricatures, dont le gouvernement autorise la vente sur la voie publique ; les autres sont une réplique au journal de M. Blanqui et à ses menaces de mort. Jamais M. Veuillot ne montra plus de talent que depuis la guerre.

26. — La permission demandée par Mlle Agar n'a pas été accordée ; Mlle Agar n'est pas venue au concert.

Ordre est affiché de ne plus laisser sortir aucun *civil* de Paris, à partir de demain. Déjà, avant-hier, on exigeait un *laissez-pas-*

ser ; aujourd'hui, on ne parle même plus de cette formalité, donc la mesure est générale et sans exception. Les troupes ont reçu pour quatre ou cinq jours de vivres ; les payeurs de l'armée doivent renvoyer en ville tout ce qui ne leur est pas indispensable, et se préparer à suivre l'armée *partout où elle ira.*

En même temps, nouvelles rumeurs relatives à un mouvement insurrectionnel des faubourgs : les journaux modérés l'annoncent, les journaux Communistes en menacent, le public en parle ; on croit, si ce mouvement est tenté, qu'il prendra pour prétexte la cherté des vivres et mettra en avant des femmes. Il y a déjà une vive exaspération dans les quartiers populeux : aujourd'hui, le marché de la place d'Italie, faubourg Saint-Marceau, est entouré de gardes. La *Patrie en danger* fait très clairement entendre que, si le gouvernement traite de capitulation, les *républi…* se lèveront.

Les journaux officieux continuent leurs récits de succès importants remportés par les armées extérieures : ainsi, l'un d'eux fait grand bruit d'une victoire remportée à Châtillon-le-Duc, d'après un détail rapporté par un journal Anglais : l'ennemi aurait emmené 17 wagons de blessés. Or, un wagon de blessés ne contenant guère que 10 blessés, cela ne fait pas 200, et, les morts étant aux blessés comme

1 à 4, il y aurait eu environ 50 morts à ce combat : voilà la victoire dont on nous flatte. Mais les journaux n'ignorent pas que le public ne fait ni ce raisonnement ni ce calcul, qu'il se prend aux mots, et qu'il reste dans l'esprit seulement ce grand mot de *victoire*.

Deux publications nous apportent des révélations sur les événements des derniers jours qui ont précédé la catastrophe du 4 septembre. L'une (dans le *Figaro*) attribuée à un chapelain de la Cour, raconte le départ de l'Impératrice, en termes émus, touchants, avec simplicité, tact, réserve et délicatesse. L'autre est le 11e fascicule des *Papiers secrets des Tuileries*. Ces deux publications donnent lieu à quelques observations, non sans importance.

L'article du *Figaro* montre cette admirable, douce et pieuse femme, l'Impératrice, près de tomber du trône, occupée d'une unique pensée, non d'elle et de la *dynastie*, mais du sort de la France ; ce n'est pas son chapelain seulement qui le dit ; les *Papiers des Tuileries*, qui ne continuent à révéler que des faits et des paroles honorables pour l'Empire, citent la lettre de l'*Impératrice à sa mère* pour lui annoncer le désastre de Sedan : « Du courage ! dit-elle ; si la France veut se défendre, elle le peut ! je ferai mon devoir ! » Et elle ne change pas : dans toutes ses paroles, pendant cette affreuse journée du 4 septembre, la France, la France seule remplit sa pensée. On pouvait résister, refouler cette vile foule déchaînée par des ambitieux ; il suffisait de quelques troupes ; elle refuse : « Qu'il ne soit pas versé une goutte de sang ! dit-elle, n'employez pas la force ! je ne le veux pas ! » Cela est beau et louable dans une femme et, si elle ne parlait pas ainsi, je l'avoue, je l'aimerais moins, elle ne serait pas une Souveraine Française ; elle ressemblerait à ces reines dures et implacables, les Élisabeth d'Angleterre ou les Catherine de Russie. On ne peut, cependant, trop regretter qu'elle ne se soit pas défendue ; si elle eût résisté, si elle eût fait arrêter la gauche et 150 meneurs dans Paris, si quelques batteries avaient été braquées devant le Corps législatif et les Tuileries, on aurait vu le même résultat que le 3 novembre dernier, à Marseille, où M. Esquiros plaça des canons *chargés* devant l'Hôtel de Ville, ce qui fit, dit la dépêche, que les rouges « sont *devenus raisonnables* ». La Chambre n'eût pas été envahie, ou eût échappé à cette harpie, la République ; la France n'aurait pas été désorganisée, divisée, incapable de repousser l'invasion ; nous n'aurions vu ni ces ruines, ni ces morts et ces désastres sans nombre, suite d'une révolution aussi criminelle qu'insensée.

L'ordre ne sera rétabli en Europe, que lorsque le principe révolutionnaire aura été reconnu, *par les peuples et par les rois*, ce qu'il est : un sophisme infernal ; la Révolution, c'est le *mal* admis, enseigné, suivi et pratiqué comme s'il était le *bien !*

Dans ce même récit des dernières heures de l'Impératrice aux Tuileries, elle laisse échapper un mot profond : « *Il ne faut pas être malheureux en France !* » Oui, elle disait vrai ! Le succès, le bonheur, c'est là, maintenant, notre loi pour nos Souverains ; principe abominable, principe d'égoïsme et de société pervertie ! Cela veut dire : « Rois, soyez toujours heureux, afin que, moi sujet, je n'aie jamais à m'inquiéter, à craindre, à douter, à supporter aucun ennui ! Sinon, je vous jette à bas ! » Avec un tel principe, plus d'État, de société possible ! Les gouvernements s'écrouleront les uns après les autres, jusqu'à ce que, sous leurs décombres, soient écrasés les misérables peuples qui l'ont adopté ! Que serait devenue la France, si elle eût eu ces sentiments et ces pensées, sous tous ses rois captifs, saint Louis, Jean, François Iᵉʳ ; sous Louis XIV, vaincu pendant dix années consécutives ? C'est, au contraire, alors, qu'elle se redresse, avec les plus grands efforts, que se révèlent les généraux, que se manifeste la générosité et la proverbiale fidélité des Français pour leurs rois.

Le 14ᵉ fascicule des *Papiers des Tuileries* ne contient, du reste, que des dépêches relatives à la campagne, et l'on ne pouvait souhaiter une plus complète justification de la conduite de l'Empereur et du maréchal Mac-Mahon. On y voit : 1° que c'est le général comte de Palikao qui, au nom du Conseil des ministres, sous la pression du sentiment public, de l'opinion, de la population Parisienne, obligea le maréchal et l'Empereur à quitter Châlons, pour marcher au secours de Bazaine (dépêches des 17, 18, 19 et 29 août); 2° que l'Empereur voulait se replier sur Paris, afin de le couvrir ; 3° que le maréchal Mac-Mahon, dès qu'il fut obligé de battre en retraite, avait pour but de se retirer sur Mézières, place forte où il pouvait longtemps résister (dépêches du 27 août) ; 4° que, s'il ne le fit pas, c'est que des mouvements Prussiens l'obligèrent à se replier sur Sedan (dépêche du 31 août). Ainsi, et qui en doutait, même les républicains? ce n'est ni la *trahison*, mot stupide employé par les niais, ni l'incapacité, qui causa la catastrophe de Sedan; ce fut l'innombrable masse des armées ennemies, qui noyèrent la nôtre dans leur houle. Le *fascicule* veut faire entendre que l'Empereur continuait à commander, et le *contraire est attesté,* ne fût-ce que par la dépêche de l'Impératrice à sa mère, qu'elle n'avait pas intérêt à tromper : « Seul, sans commandement, il a subi ce qu'il *ne pouvait* empêcher (dépêche du 4 septembre). » Les folliculaires, qui trient ces papiers, prétendent que l'Empereur commandait, parce qu'ils voient partout son nom au haut des ordres ; ils ont si complètement perdu le sens du vrai, qu'ils confondent le fond et la forme, la chose et le mot. L'Empereur ne régnait-il pas ? Tout se faisait *au nom* de l'Empereur, mais les *ordres* étaient donnés par le général en chef ; il suffit de les lire. Du reste, lorsque l'Empereur se mêlait de donner, non des ordres, mais des conseils, il semble qu'il n'était pas si déraisonnable : c'est lui qui demande, *dès le 18 août*, si l'on « *ne pourrait pas incorporer dans chaque bataillon de ligne* 100 *hommes de la garde mobile* » ? Que l'on consulte les généraux, et l'on verra si ce n'était pas, en effet, « le meilleur moyen de les utiliser » ? C'est lui qui distingua le général Frébault, un des généraux les plus compétents de l'artillerie et des plus oubliés, et obligea le ministre à l'employer, pour étudier la transformation des canons, etc.

Dans ce même fascicule, on trouve une dépêche, datée de Lyon, le 4 septembre, à 1 heure 40, annonçant que « la révolution est faite, et que la République vient d'être proclamée ». Et, c'est à cette heure même que les émeutiers, à Paris, envahissaient la Chambre et renversaient le gouvernement. Dira-t-on, maintenant, que cette révolution *était l'effet d'un mouvement populaire*, et niera-t-on qu'elle n'ait été qu'une conspiration de quelques hommes ? D'où vient cette coïncidence d'un soulèvement, *le même jour, à la même heure*, à Lyon, à Marseille, à Bordeaux, etc. ? Tout avait été préparé par les maîtres conspirateurs. Une première fois, trois semaines auparavant, les valets avaient manqué leur coup (le 14 août), et les maîtres les avaient désavoués. Mais, le 4 septembre, les valets réussissent : les maîtres, en leur compagnie, se rendent à l'Hôtel de Ville et s'y installent. Et aujourd'hui, s'y voyant établis en sûreté, fiers de leurs succès et aveuglés par leur vanité satisfaite, ils avouent hautement ce qu'ils ont fait : « Oui, c'était une conspiration ! » Ils en publient les preuves officielles, et ils se glorifient d'être ces mêmes voleurs de grande route, qu'on accusait d'avoir assailli la diligence, mais qui protestaient si haut de leur innocence, qu'on avait hésité à les arrêter.

C'est une revanche du 2 décembre, disent-ils, conspiration contre conspiration ! — Avec cette différence : le 2 décembre préserva la nation de tomber dans l'anarchie, et le 4 septembre l'y a précipitée, en la poussant par

derrière, tandis qu'elle faisait face à l'ennemi.
Le 2 décembre, c'était le gendarme qui accompagne la voiture et l'empêche d'être dévalisée
par les brigands ; le 4 septembre, ce sont les
voleurs qui ont grimpé dans la diligence, se
sont assis près des voyageurs tremblants, les
tiennent en respect, le pistolet au poing, et
les mènent — l'enfer sait où !

La question des subsistances est d'un
intérêt si vif, que nos édiles en sont autant
troublés que la population. Celle-ci, l'on ne
doit pas s'étonner de ses excès ; hier encore,
au marché Saint-Maur, le public, exaspéré du
prix impudent auquel les marchands portaient
leurs denrées, s'est jeté sur les boutiques et
en a pillé deux ou trois ; on a couru chercher
la garde nationale, et le marché a été fermé.
Le bruit se répand aussi, et ce public naturellement y ajoute foi, que les épiciers cachent
une partie de leurs marchandises dans des
caves, et même dans des appartements loués
à cet effet. On cite deux appartements de la
rue du Dragon, où seraient entassées des provisions, qui ne paraîtront que plus tard, pour
les vendre plus cher. Ces rumeurs se conçoi-
vent, quand il s'agit de la foule ; mais on ne
devrait pas s'attendre à les voir accueillies par
un maire : M. Clémenceau, pourtant maire,
du XVIIIe arrondissement (Montmartre), en

juge apparemment comme le public, car il vient d'ordonner des visites à domicile, chez certains particuliers, pour chercher des provisions cachées. Si l'on emploie ce procédé, ce sera d'abord avec le concours de l'autorité, puis, le *peuple* se chargera tout seul des visites, et alors ce sera le pillage, la ruine, et la famine encore plus prompte. Ce sont là les moyens révolutionnaires de 93, et ils doivent plaire à M. Clémenceau, maire communiste.

Nos gouvernants, eux, tombent dans l'excès opposé, par ignorance des plus simples notions administratives : M. J. Ferry, Préfet de Paris, a donné ordre de livrer à la consommation les immenses quantités de pommes de terre accumulées dans les caves des halles (une partie, du reste, a été trouvée pourrie et est perdue, par suite d'un mauvais aménagement). Il n'a pas eu l'idée de les faire distribuer dans cent, dans mille endroits de Paris ; tout se vend et se distribue dans un seul, à la Halle. Aussi, la Halle est-elle assiégée par une véritable armée de femmes, qui remplissent toutes les rues voisines, et attendent leur tour une partie de la journée et de la nuit, sous la pluie et dans la boue. Les journaux enfin ont réclamé et indiqué au Préfet ce moyen si simple : la vente simultanée sur plusieurs points ; il n'y avait pas pensé !

Il est vrai que M. J. Ferry a des préoccu-

pations plus hautes ; il réorganise, en ce moment , toute l'administration intérieure de
l'Hôtel de Ville : changements d'attribution
des bureaux, suppression d'emplois, mise à la
retraite, modification des traitements, intro-
duction de nouveaux fonctionnaires, etc.,
c'est toute une révolution. Sans préjuger les
avantages ou les inconvénients de ce bouleversement, on peut dire que ce n'était pas le moment. Nombre de fonctionnaires ont été ren-
voyés avant l'âge, avec une retraite insuffisante ;
les plaintes sont vives et légitimes. Plusieurs
journaux se sont exprimés à l'égard de
M. J. Ferry avec une juste sévérité : « Vous
êtes, lui ont-il dit, un gouvernement provisoire, non reconnu, vous n'avez pas le *droit*
de changer la position des personnes, de déclarer close leur carrière, et de leur enlever,
sans qu'ils aient démérité, le bénéfice de services antérieurs ! » M. Ferry ne s'est pas ému
de ces plaintes, et continue.

On a voulu que les grades, dans la garde
mobile, fussent donnés à l'élection, l'élection
étant un instrument démocratique ; voici comment, dans un bataillon, s'en servent nos
jeunes mobiles. Il y a quelques jours, il s'a-
gissait de nommer un sous-lieutenant ; deux
sous-officiers briguaient ce grade, l'un sergent-major, l'autre fourrier ; le sergent-major

a cru s'apercevoir que le fourrier avait plus de chance, qu'il intriguait fort et se donnait beaucoup de mouvement pour réussir; il a profité d'une très légère infraction à la discipline, et lui a infligé *quinze jours de prison.* Il s'est ainsi débarrassé de son concurrent, au moment le plus pressant, et l'a mis dans l'impuissance de cabaler et, de plus, il lui a enlevé une partie de son prestige par ce châtiment disciplinaire. Mais ses menées électorales n'ont pas eu le succès qu'il espérait; le fourrier a été élu, au grand désenchantement du sergent-major.

Une correspondance du *Times* nous apprend que les maréchaux et généraux de l'armée de Metz, emmenés prisonniers en Allemagne, n'ont pas voulu passer près de la résidence de l'Empereur sans lui présenter leurs hommages : ils ne reconnaissent que lui; ils savent bien le juger, eux qui ont souffert comme lui et subi les mêmes malheurs!

Il y a des hommes qui ne sont pas fous, mais qui ne voient jamais les choses dans leur vrai sens; leur regard ne porte pas droit, ils voient de côté. Tel est M. Jean Wallon, écrivain, journaliste et philosophe, dont nul ne nie la valeur. Il se dit Catholique, et il n'est d'accord avec aucun Catholique; il était Impérialiste, et il ne s'entendait avec aucun conservateur, pas plus de la droite que du tiers-parti ; de même en littérature, en arts, etc. Esprit philosophique, instruit, profond même, spirituel et original dans ses expressions, il n'est, cependant, appuyé par personne, parce qu'il ne juge aucune question comme personne ; c'est toujours l'inattendu, l'imprévu, le contraire de ce qu'on pense à droite, à gauche, vis-à-vis ; il semble que ce soit pour lui qu'on ait emprunté aux Anglais le mot *excentric*. Ainsi, aujourd'hui, on le rencontre : il déplore tous nos malheurs, la révolution de septembre, la guerre désastreuse, la République, la famine, le siège de Paris, la reddition prochaine, etc., puis, il vous fait une théorie, il vous explique la cause de tous ces malheurs, il vous le démontre, il n'y en a eu qu'une seule ; *la proclamation par le Concile de l'infaillibilité du Pape!* Notez, je le répète, que cet homme n'est pas fou.

Les journaux Anglais nous apprennent que les gouvernants de Tours (MM. Glais-Bizoin et Gambetta) ont pris une récente décision relative au commandement des troupes du Nord-Est : ils ont remplacé le général Cambriels par le général Michel. Le motif de ce changement, c'est que « le général Michel *s'entendra mieux avec Garibaldi* » ; c'est-à-dire, que l'on sacrifie le général Cambriels à Garibaldi, un Français à un Italien, c'est-à-dire encore, que ces républicains préfèrent leur République à la France ! A la place du général Cambriels, ils nomment le général Michel, pourquoi ? « Le général Michel n'a pas voulu signer la capitulation de Sedan, et il s'est échappé des lignes Prussiennes avec 2,000 chevaux » (le *Siècle*). Malheureusement, ce que le public ignore, dans cette allégation il n'y a rien de vrai : le général Michel n'était pas dans Sedan, il était entre Sedan et les lignes Prussiennes, et c'est ainsi qu'il a pu s'échapper, non avec 2,000 chevaux, mais avec 800 ; donc, il ne se trouvait pas à la signature de la capitulation, donc il n'a pu *refuser* de la signer. De plus, le général Michel est un général de cavalerie, général de *brigade;* or, le procès-verbal de la capitulation constate qu'on n'appela au conseil de guerre que les généraux *chefs de corps*, et les généraux de *division;* donc, le général Michel, eût-il même été dans Sedan, n'eût pas eu à signer; on ne le lui eût pas proposé, et il n'eût pas eu à refuser. Il est vrai qu'il « est républicain », donc, il a toutes les capacités — et « libre penseur »; il s'entendra avec le condottiere qui prétend extirper du monde « le chancre du Christianisme » !

« Les gouvernants de Paris sacrifient la vie et la fortune des habitants à leur propre ambition, » disait, il y a déjà un mois, M. de Bismarck, dans une dépêche publiée aujourd'hui. Hélas ! qui en doute?

Alors, nous avions plus de forces et de ressources qu'à cette heure : nous avions l'armée de Bazaine, nous avions l'armée de Vinoy, nous avions Strasbourg, Verdun, Metz; Paris était entier, comme un bloc d'une seule pièce, et, derrière lui, la France formidable, dont on ne pouvait dire ce qu'elle ferait ! Combien la paix eût été moins dure que celle qui nous sera imposée [1] !

Note rétrospective. Après le 4 septembre, la domestique de Mme *** refusa nettement d'obéir à un ordre que lui donnait sa maîtresse, et lui dit : « Pas d'observations ! les temps sont changés; le règne du peuple est arrivé; bientôt ce sera à vous d'obéir; baissez le ton, je ne souffrirai plus que vous me parliez ainsi ! » Cette domestique n'était pas pro-

---

[1] M. J. Favre l'a avoué lui-même, dans son livre, le *Gouvernement de la Défense nationale*. Lors de l'entrevue de Ferrières, le 18 septembre : « Strasbourg est une menace perpétuelle contre l'Allemagne, lui dit M. de Bismarck, la clef de notre maison, nous la voulons. — Mais, s'écria M. J. Favre, c'est l'Alsace et la Lorraine ! — Non, répliqua M. de Bismarck, *je n'ai pas parlé de la Lorraine*, mais, quant à l'Alsace, nous la regardons comme indispensable à notre défense. » Ainsi, à ce moment, dix-huit jours après Sedan, et Paris étant déjà assiégé, les Prussiens ne réclamaient qu'*une* province; grâce au refus du gouvernement du 4 septembre, nous en avons perdu *deux*.

bablement l'unique de son espèce; pour beaucoup de gens, la République proclamée a signifié : votre hôtel, votre voiture, vos beaux habits, c'est à moi de les avoir ! — J'ai entendu le même discours, en 1848, adressé à moi-même.

Ce matin, silence dans toute la ville, par l'absence des charrettes des maraîchers, qui ne sont pas entrées, les portes étant fermées, et des voitures de toutes sortes, parties à la suite des troupes. Tout le monde est attentif, attendant le premier coup de canon qui annoncera le commencement de la grande bataille ; on en parle peu, tout est dit : on écoute avec anxiété. Ce qui fait l'horreur particulière de ce combat, c'est que Paris le voit devant lui, tout près ; il est forcé d'assister à ce spectacle sanglant, et il frissonne d'épouvante.

Un paysan, qui a été obligé de passer neuf jours parmi les Prussiens, raconte que « plusieurs autres paysans des environs de Paris travaillent aux redoutes ennemies, ont *l'air de se plaire beaucoup avec eux*, et ne songent pas, comme il l'a fait, à profiter de la première occasion pour s'enfuir ». (Lettre publiée dans les journaux.) On en dit autant des Chinois : dans la dernière guerre, ils venaient s'offrir à nos généraux, pour travailler à nos fortifications, et porter nos échelles destinées à escalader les villes Chinoises. Nous nous indignions alors : « Vile nation ! peuple corrompu ! renégats de leur patrie, ne connaissant plus que l'argent, et ne vivant que pour en gagner ! » Que sommes-nous donc, nous, à cette heure ? Avons-nous lu, jamais, dans Monstrelet ou Froissart, que les *vilains* et les *manants*, au temps des grandes invasions Anglaises, se soient mis au service de l'ennemi contre la France ? Qu'est donc devenue cette race et ce sang généreux ? Sont-ils donc vos fils, ô rustres si dédaignés du Moyen Age, ces paysans-citadins, formés par l'esprit nouveau, sans foi, sans enthousiasme, sans préférence, sans haine et sans amour, qui, pour quelques sous, aident à élever des redoutes et des batteries Prussiennes, sans s'inquiéter quel drapeau flottera dessus, et qui elles iront frapper, des Allemands ou des Français !

L'institution de la garde nationale a malheureusement amené parmi les ouvriers de tristes résultats : habitudes d'ivrognerie, de jeu, de débauche, d'oisiveté surtout. Les ouvriers n'ont plus de goût au travail : en vain leur promet-on un prix élevé pour un ouvrage urgent, indispensable, les souliers des troupes, par exemple, en les exemptant de tout service, ils refusent; ils gagneraient 4, 5 et 6 francs, mais il leur faudrait se donner de la peine, et ils préfèrent les trente sous de la garde nationale, et ne rien faire. C'est ce déplorable abus que nous révèle un *ordre* du commandant supérieur, M. Clément Thomas, et il est à craindre qu'à tant de maux de la guerre et du siège, il me faille ajouter ce vice, qui se perpétuera longtemps, la paresse.

Les journées de dimanche et de lundi ont été remplies par de continuels mouvements de troupes : au pont d'Austerliz, je rencontre des francs-tireurs ; un général monte le boulevard de l'Hôpital, accompagné d'un nombreux état major ; les voyageurs attendent en vain les bateaux-omnibus, pas un ne passe ; ils ont été mis en réquisition, pour transporter, dit-on, des troupes du côté de Choisy. Il y en a 30, à 200 hommes par bateau ; avec les barques qu'ils peuvent remorquer, ce serait un corps de 7 à 8,000 hommes, qu'on débarquerait sur le flanc de l'ennemi. On se servirait, dans cette expédition, des wagons blindés fabriqués à la gare d'Ivry.

En attendant les nouvelles, j'inscris ici un détail relatif aux vivres : prix de quelques objets de consommation, aujourd'hui : une boîte de sardines, 4 francs ; un lapin, 25 francs ; un poulet, 28 francs. Hier, il n'y avait, à proprement parler, plus de légumes à la halle, les portes étant fermées ; les marchandes annonçaient qu'elles ne viendraient pas aujourd'hui ; de même, au marché de la place d'Italie, et probablement ailleurs. Cette rapide diminution des vivres fait comprendre pourquoi l'on n'a pas tardé davantage à tenter ce « suprême effort »; le mot est du général Ducrot.

Toutes les canonnières, dès ce matin, ont remonté la Seine ; à la place de la Bastille, défilent des batteries d'artillerie, se dirigeant vers Vincennes ; plus loin, sur le boulevard, débouche, de la rue de la Paix, un bataillon de marche de la garde nationale, tambours en tête, sac au dos, avec les bidons, les gamelles, les tentes, tout l'attirail de campagne. A la démarche ferme, solide, de ces soldats bourgeois, à leur aplomb, à leur allure, on les prendrait pour des soldats des meilleurs régiments de ligne, de la garde Impériale. On voit comment le gouvernement avait été mal inspiré, en faisant appel aux *volontaires :* chacun étant libre de s'engager, on ne s'engageait pas ; au contraire, on a enrôlé tous les jeunes gens de vingt-cinq à trente-cinq ans ; ce sont eux qui forment ces belles compagnies, à l'air si décidé, résolues à bien se battre, et qui se battront bien. On ne peut trop demander aux hommes, la plupart ne savent pas ce dont ils sont capables ; on ne saurait assez le dire : pour le bien, comme dans l'intérêt général, *presque tous les hommes sont faits pour être menés.*

Tous les bataillons de la garde nationale ne se ressemblent pas : ce matin, défilaient, dans la rue du Bac, les compagnies de marche du 17ᵉ bataillon (faubourg Saint-Germain), et l'on ne pouvait ne pas être frappé et ému de leur attitude : leurs aumôniers et chirurgiens en avant, ils marchaient, graves, la physionomie sérieuse, les rangs serrés, en silence ; quelques-uns voulurent commencer un chant, on leur fit signe de se taire, on n'entendait que leurs pas cadencés. Rue de Rivoli, au contraire, passait, quelques heures après, un bataillon de la Villette : les hommes s'en allaient à la débandade, beaucoup ivres et trébuchant, d'autres quittant leurs rangs et entrant chez les marchands de vins, le reste chantant, sans ensemble et à leur guise, trois ou quatre airs patriotiques, à la fois ; ils se rendaient où on leur avait dit de marcher, en désordre, sans réfléchir, sans penser ! Pauvres gens, que je plains, que je ne condamne pas ! Le matin, le commandant du bataillon du faubourg Saint-Germain, M. de Crisenoy, avait eu l'idée d'invoquer, avant de partir, les secours du Ciel ; il avait fait dire une messe, et tous y avaient assisté, se préparant, par la prière et une élévation du cœur, au combat mortel.

Ces pauvres ouvriers ignorants des faubourgs populaires, au contraire, que leur a-t-on dit ? Où les a-t-on réunis ? De quelles paroles généreuses, nobles, consolantes, les a-t-on fortifiés? Ils sont livrés à leurs seules passions, à leurs préjugés et à leurs haines; ils vont combattre côte à côte des bourgeois, et ils les détestent peut-être encore plus que les Prussiens !

Un détail sinistre de ce mouvement universel de bataille, c'est le passage des voitures d'ambulance, se dirigeant vers les portes : à les voir si nombreuses, on s'attend donc à une bien grande quantité de blessés et de mourants ! Les visages de tous ceux que l'on aborde sont mornes, les paroles brèves; quelques mots à peine, pour se communiquer ses craintes, ses doutes, et l'on s'en va, chacun de son côté, le cœur comprimé, l'esprit recueilli.

TABLE DES MATIÈRES

NOVEMBRE

ÉVREUX, IMPRIMERIE DE CHARLES HÉRISSEY

KALIXT DE WOLSKI

LA

RUSSIE JUIVE

TROISIÈME ÉDITION

Un volume in-18 jésus. . . . . . **3 fr. 50**

Cette production forme pour l'Empire moscovite, le pendant de la *France juive*. (*Journal des Débats.*)

Ce livre a pour moi la valeur d'un témoignage. (*Rappel.*)

C'est une œuvre de combat, mais c'est aussi et surtout un livre d'étude. (*National.*)

Ouvrage documenté et curieux, qui a sa place marquée dans la bibliothèque de tous ceux qu'indigne ou simplement inquiète la conquête juive. (*Pilori.*)

Curieux renseignements sur la vie et la condition sociale ou politique des Juifs d'Orient. (*Echo de Paris.*)

Ce livre est une œuvre de combat, qui retrouvera la même faveur que la *France juive*. (*Mémorial diplomatique.*)

La *Russie juive* est un livre à méditer.... de tels livres ne sont pas assez nombreux. (*Bibliographie catholique.*)

Toute la presse allemande et russe parle de ce livre étonnant qui ressemble à la *France juive* d'Édouard Drumont... L'auteur y point au vif la Russie juive, c'est-à-dire l'influence immense et occulte que les Juifs y exercent, au moyen de l'usure, de la vente de l'alcool et d'autres infâmes spéculations. (*Osservatore catolico.*)

AUGUSTE CHIRAC

L'AGIOTAGE
SOUS LA TROISIÈME RÉPUBLIQUE

Troisième édition

Deux volumes in-18 jésus. . . 7 francs.

L'auteur se propose de faire, à grand renfort d'anecdotes scandaleuses et de noms propres, « l'histoire de tous les tripotages financiers qui ont, depuis dix-huit ans, mis à sec l'épargne publique et fait le vide dans les caisses de l'État ». Il suffit d'un mot pour définir le caractère de cette compilation : c'est pour la France financière le pendant de la *France Juive*, de M. E. Drumont.
> (*Journal des Débats*, 25 juillet.)

Un pamphlet sanglant, mais aussi un ouvrage documentaire intéressant et instructif. (*Indépendance Belge*, 29 juillet.)

Deux volumes dont on peut dire qu'ils sont redoutables.
> (*Gazette de France*, 11 juillet.)

Le livre montre, dans une argumentation serrée et inflexible, jusqu'à quel cynisme imprévoyant peuvent aller des classes dirigeantes improvisées et sans éducation préalable. Il révèle la situation intolérable faite aux *petits* par la coterie juive qui draine le capital national, sans le moindre souci des intérêts des travailleurs... Je ne puis d'ailleurs ni ne veux analyser ici ces deux volumes, bondés de faits et saisissants d'actualité douloureuse.
> (*Observateur Français*, 21 juillet.)

Pamphlet en deux gros volumes, où sont impitoyablement étalés, chiffres en main, les tripotages financiers qui ont scandalisé, depuis dix-huit ans, la morale publique. (*Nouvelle Revue*, 15 août.)

La grande volerie agioteuse s'étant perpétuée et même extensifiée sous la troisième République, Toussenel et Duchêne devaient avoir des continuateurs et les ont eus en la personne d'Auguste Chirac et d'Edouard Drumont. Du moment où les agissements des monopoleurs et des accapareurs financiers constituent un véritable danger public et se traduisent en spoliations mongoliques, nous avons voulu appeler l'attention du public démocratique sur ces livres vengeurs. (*L'Homme Libre*, 28 août.)

Dans aucune œuvre contemporaine n'ont été dévoilés, analysés, catalogués, expliqués, flétris avec cette science certaine et cette maëstria justicière, les tripotages financiers et les intrigues politiques de la bande rapace et malfaisante des tripoteurs.
> (*Intransigeant*, 18 juillet.)

JUAN VALERA

LE

COMMANDEUR MENDOZA

MŒURS ANDALOUSES

NOUVELLE ÉDITION

Un volume in-18 jésus. . . . .   3 fr. 50

Il faudrait parler de l'art supérieur du romancier, de sa science psychologique, de sa verve, de sa finesse, du charme de sa couleur locale.

(Revue du Monde catholique.)

Ce curieux roman emprunte de très loin son point de départ à la *Religieuse*, de Diderot. *Le Commandeur Mendoza* met en présence trois types fortement accusés : le commandeur, homme du dix-huitième siècle, libre penseur à sa manière ; le père Zacinto, un homme de foi sincère, mais de foi tolérante ; dona Blanca, fanatique, implacable comme l'Inquisition, mais grande passionnée, qui sait pleurer et mourir, si elle n'a pas su vivre.   *(Figaro.)*

Vous y apprendrez du nouveau : ce que c'est que la casuistique, l'usage que le romancier peut en faire, ce que vaut enfin, comme instrument d'analyse psychologique, cette science tant décriée.   *(Revue des Deux-Mondes.)*

Parlez-moi du *Commandeur Mendoza* ! Voici un roman de fière allure et d'une saveur toute particulière, une œuvre à la fois mystique et moderne, très fouillée et d'une puissante observation psychologique.   *(Le Polybiblion.)*

Cet héritier de Cervantès, qui écrit une prose merveilleusement sensée, a fait du *Commandeur Mendoza* un roman de mœurs fort original, infiniment intéressant.... Valera se montre écrivain très spirituel, émaille son récit d'épisodes charmants, de mots très fins, de sous-entendus très drôles.   *(Le Foyer.)*

www.ingramcontent.com/pod-product-compliance
Ingram Content Group UK Ltd.
Pitfield, Milton Keynes, MK11 3LW, UK
UKHW020721120726
13693UKWH00001B/95